독자의 1초를
아껴주는 정성을
만나보세요!

세상이 아무리 바쁘게 돌아가더라도 책까지 아무렇게나 빨리 만들 수는 없습니다.

인스턴트 식품 같은 책보다 오래 익힌 술이나 장맛이 밴 책을 만들고 싶습니다.

땀 흘리며 일하는 당신을 위해 한 권 한 권 마음을 다해 만들겠습니다.

마지막 페이지에서 만날 새로운 당신을 위해 더 나은 길을 준비하겠습니다.

마인크래프트 게임 제작 2
무작정 따라하기

신윤철, 이상민 지음

길벗

마인크래프트 게임 제작 무작정 따라하기 2
The Cakewalk Series - Making Minecraft Game with MakeCode 2

초판 발행 · 2020년 8월 5일
초판 2쇄 발행 · 2022년 7월 11일

지은이 · 신윤철, 이상민
발행인 · 이종원
발행처 · ㈜도서출판 길벗
출판사 등록일 · 1990년 12월 24일
주소 · 서울시 마포구 월드컵로 10길 56(서교동)
대표 전화 · 02)332-0931 | **팩스** · 02)323-0586
홈페이지 · www.gilbut.co.kr | **이메일** · gilbut@gilbut.co.kr

기획 및 책임 편집 · 김윤지(yunjikim@gilbut.co.kr) | **디자인** · 장기춘 | **제작** · 이준호, 손일순, 이진혁
영업마케팅 · 진창섭, 강요한 | **영업관리** · 김명자 | **독자지원** · 송혜란, 홍혜진

교정교열 · 황진주 | **전산편집** · 도설아 | **CTP 출력** · 북토리 | **제본** · 신정문화사

* 잘못 만든 책은 구입한 서점에서 바꿔 드립니다.
* 이 책은 저작권법에 따라 보호받는 저작물이므로 무단전재와 무단복제를 금합니다. 이 책의 전부 또는 일부를 이용하려면 반드시 사전에 저작권자와 ㈜도서출판 길벗의 서면 동의를 받아야 합니다.
* 이 도서의 국립중앙도서관 출판사도서목록(CIP)은 서지정보유통지원시스템 홈페이지(http://seoji.nl.go.kr)와 국가자료공동목록시스템(http://www.nl.go.kr/kolisnet)에서 이용하실 수 있습니다. (CIP제어번호 : CIP2020029205)

ⓒ 신윤철, 이상민 2020
ISBN 979-11-6521-234-6 73000
(길벗 도서번호 080216)

정가 16,000원

독자의 1초를 아껴주는 정성 길벗출판사
길벗 | IT실용서, IT/일반 수험서, IT전문서, 경제실용서, 취미실용서, 건강실용서, 자녀교육서
더퀘스트 | 인문교양서, 비즈니스서
길벗이지톡 | 어학단행본, 어학수험서
길벗스쿨 | 국어학습서, 수학학습서, 유아학습서, 어학학습서, 어린이교양서, 교과서

추천의 글

유튜브 채널 구독자가 253만 명인 〈도티TV〉의 메인 소재는 마인크래프트입니다. 〈도티TV〉의 주인공인 도티는 마인크래프트 유튜브 채널을 통해 '초통령'이라는 별명까지 얻었고, 이제는 유튜버를 넘어 방송인으로서 활약하는 모습도 보여 주고 있지요. 그만큼 아이들이 좋아하는 게임이 바로 마인크래프트입니다.

이처럼 아이들이 좋아하는 게임을 통해 핵심 미래 역량인 컴퓨팅 사고력(Computational Thinking)을 기를 수 있다면 얼마나 좋을까요? 코딩을 공부로 접근하면 지겨울 수 있지만, 아이들이 가장 좋아하는 게임을 이용하면 즐겁게 배울 수 있습니다. 재미있는 미니 게임을 만들면서 컴퓨팅 사고력과 논리적 사고력을 자연스럽게 익힐 뿐만 아니라, 마인크래프트 특유의 공간 감각 등 다양한 역량을 기를 수 있습니다. 그리고 이 말은 억지로 코딩 학원을 보내지 않아도 아이가 스스로 즐기면서 배울 수 있다는 것을 의미합니다.

이 책을 접하고 따라 하는 학생들은 마인크래프트와 메이크코드를 활용하여 스스로 게임을 기획하고 디자인해 보는 과정을 통해 성취감을 느끼게 됩니다. 이처럼 즐기면서 배우는 과정을 통해 자기도 모르는 새 성장하게 될 것입니다.

꼭 장래 희망이 소프트웨어 개발자나 게임 관련 디자이너가 아니더라도, 컴퓨팅 사고력과 디자인 능력, 창의성, 문제해결능력은 21세기를 살아가는 데 꼭 필요한 역량입니다. 아이가 앞으로 어떤 진로를 선택하더라도 이러한 역량이 있다면 리더가 될 수 있습니다.

컴퓨팅 사고력은 선택이 아닌 필수입니다. 억지로 학원에서 배우는 것이 아닌 즐기면서 자연스럽게 익혀지는 것이 최고의 방법입니다. 이 책을 통해 많은 아이들이 컴퓨팅 사고력을 기르고 미래 리더로서 필요한 역량들을 배우는 유익한 시간이 되기를 바랍니다.

스마트교육학회 회장
조기성

저자의 글

요즘 초등학생들이 여가 시간에 많이 하는 일은 무엇일까요? 바로 유튜브 시청입니다. 유튜브에서 주로 무엇을 보냐고 물어 보면 대부분 노래를 듣거나 마인크래프트 게임 관련 콘텐츠를 본다고 합니다. 사실 마인크래프트는 단순한 게임입니다. 광산을 파서 광물을 캐고, 광물로 재료를 만들고, 그 재료로 집을 만듭니다. 생활하다 보면 배가 고프니 농사도 짓고, 수렵과 채집, 목축을 하며 허기를 채우지요. 그리고 몬스터를 막기 위해 불을 피우고, 때로는 무기를 사용해서 동물을 잡으며 탐험도 합니다. 기존 게임과는 다르게, 주어진 퀘스트(게임에서 이용자가 수행해야 하는 임무)를 수행하는 것이 아니라, 스스로 원하는 대로 플레이하는 게임입니다.

이렇게 단순한 게임을 학생들이 좋아하는 이유가 무엇일까요? 대부분은 '내가 원하는 대로 할 수 있기 때문'이라고 말합니다. 그래서 '이렇게 유명하고 사랑 받는 게임을 우리 아이들이 학습하는 데 이용할 수는 없을까?'하는 고민에서 나온 것이 바로 이 책입니다.

다보스포럼에서 4차 산업혁명이라는 말이 나온지 벌써 4년이 지났습니다. 그동안 '코딩'이라는 생소한 단어가 학교 현장에 접목되는 과정을 지켜보았습니다. 《마인크래프트 게임 제작 무작정 따라하기 2》에서는 1권에서 배운 코딩 실력을 바탕으로 본격적으로 미니 게임을 만들어 즐길 수 있도록 구성하였습니다. 1권과 가장 큰 차이점은, 혼자서도 즐길 수 있는 1인용 게임과 친구들과 온라인에서 만나서 같이 할 수 있는 멀티플레이 게임, 두 종류를 모두 담았다는 점입니다. 물론 1권에서처럼 차근차근 과정을 설명하며, 이해되지 않는 부분은 유튜브 동영상 강의를 보면서 해결할 수 있도록 준비하였습니다. 코딩은 문법을 배우는 게 중요한 것이 아닙니다. 내가 코딩한 결과물을 마인크래프트라는 세상에서 구현하여 플레이한다면, 학생들은 자연스럽고 재미있게 코딩을 배울 수 있을 것입니다.

많은 학생이 이 책의 도움을 받을 수 있기를 바라며, 책을 집필하는 데 큰 도움을 준 스티브코딩 회원 모두에게 고맙다는 말을 전합니다. 그리고 좋은 책이 나올 수 있도록 애써 주신 길벗출판사 김윤지 차장님, 스마트교육학회 조기성 선생님, 한국마이크로소프트의 심재경 이사님, 정재은 과장님 및 여러 관계자께 감사드립니다.

저자 신윤철 드림

신윤철 선생님은 학생들이 좋아하는 교육을 찾아 STEAM, GBL, SW교육에 관심을 두고 연구하는 현직 초등학교 선생님입니다. 신비의 탄생을 기다리며 현재 마이크로소프트의 혁신교육교사(MIEE)로 활동하고 있으며, 구글인증교육자(GCE)를 취득하고, 마인크래프트 글로벌 멘토로 선정되어 왕성한 활동을 하고 있습니다. 한국과학창의재단의 SW마스터티처(으뜸교원)으로 위촉되어 KERIS, 시도교육청, 한국교총 등에서 마인크래프트와 SW교육, 온라인 수업 등을 주제로 강의하고 있습니다.

〈심시티〉, 〈엑스컴〉, 〈삼국지〉, 〈워크래프트〉, 〈대항해시대〉는 모두 제가 어렸을 때 시간 가는 줄 모르고 했던 게임들입니다. 그때는 인터넷을 이용하기 어려워서 게임을 구매하는 것부터 설치하고 공략하는 과정 하나하나가 쉽지 않았습니다. 우리말로 번역되지 않은 내용도 많아 영어 사전을 옆에 끼고 공략집 하나 없이 공책에 적어 가면서 게임을 했던 기억이 납니다. 그렇게 공부하고 연습해야 끝을 볼 수 있었고, 그 성취감은 수학 시험에서 100점을 맞는 것 못지 않았었지요.

지금 학생들에게 게임은 어떤 의미일까요? 게임은 문화 콘텐츠로 크게 발전했으며 특히 청소년들이 가장 많이 즐기는 놀이문화의 하나로 자리 잡았습니다. 물론 게임이 발전한 만큼 그 부작용과 우려 또한 커졌습니다. 하지만 게임은 이미 피할 수 없는 청소년들의 문화가 되었기에 이제 어떻게 즐겨야 하는지에 대한 교육이 필요하다고 생각합니다. 그래서 게임을 즐기는 게이머이자 교육자로서 게임의 교육적인 활용에 대해서 연구하며 마인크래프트에 관해 알게 되었습니다.

마인크래프트를 단지 어린 학생들이 좋아하는 레고 같은 게임이라고만 생각한다면 마인크래프트의 절반도 모르고 있는 것입니다. 마인크래프트는 특유의 게임성과 자율성으로 전 세계에서 가장 성공한 게임으로 인정받고 있으며, 마인크래프트로 만든 놀라운 결과물은 이제 게임의 영역을 넘어섰습니다. 또한 교육용 에디션이 나온 이후로는 전 세계 많은 교육자들이 수업에서 마인크래프트를 활용하고 있습니다.

마인크래프트에서 자신만의 창의적인 결과물을 만드는 것은 더없이 흥미로운 활동 중 하나입니다. 그리고 만약 이 과정이 코딩을 통해서 이루어진다면 더 놀라운 경험이 되겠지요. 자신의 생각을 코드로 작성하고, 그것을 마인크래프트에서 실현하는 것입니다. 《마인크래프트 게임 제작 무작정 따라하기 2》에서는 다른 플레이어들과 함께 즐길 수 있는 다양한 게임을 준비했습니다. 마인크래프트 세상에서 함께 만들고 즐기는 놀라운 경험을 만끽하세요!

저자 이상민 드림

이상민 선생님은 게임을 좋아하고 그중에서도 특히 마인크래프트를 즐기는 현직 초등학교 교사입니다. 마인크래프트 교육 연구회 스티브코딩의 멤버로 게이미피케이션, SW교육과 관련된 활동에 힘쓰고 있습니다. 또한 마이크로소프트의 혁신교육교사(MIEE)와 마인크래프트 글로벌 멘토로 활동 중입니다. 스티브코딩 유튜브채널 크리에이터로 많은 학생들과 선생님들에게 다가가려고 노력하고 있습니다.

스티브코딩은 마인크래프트를 활용한 교육을 연구하는 현직 초등학교 교사들의 모임입니다. 2016년부터 지금까지 게이미피케이션, SW교육과 관련하여 집필, 강의, 사례 연구 등 다양한 활동을 하고 있습니다.
유튜브 https://www.youtube.com/스티브코딩에듀크리에이터

이 책의 구성과 특징

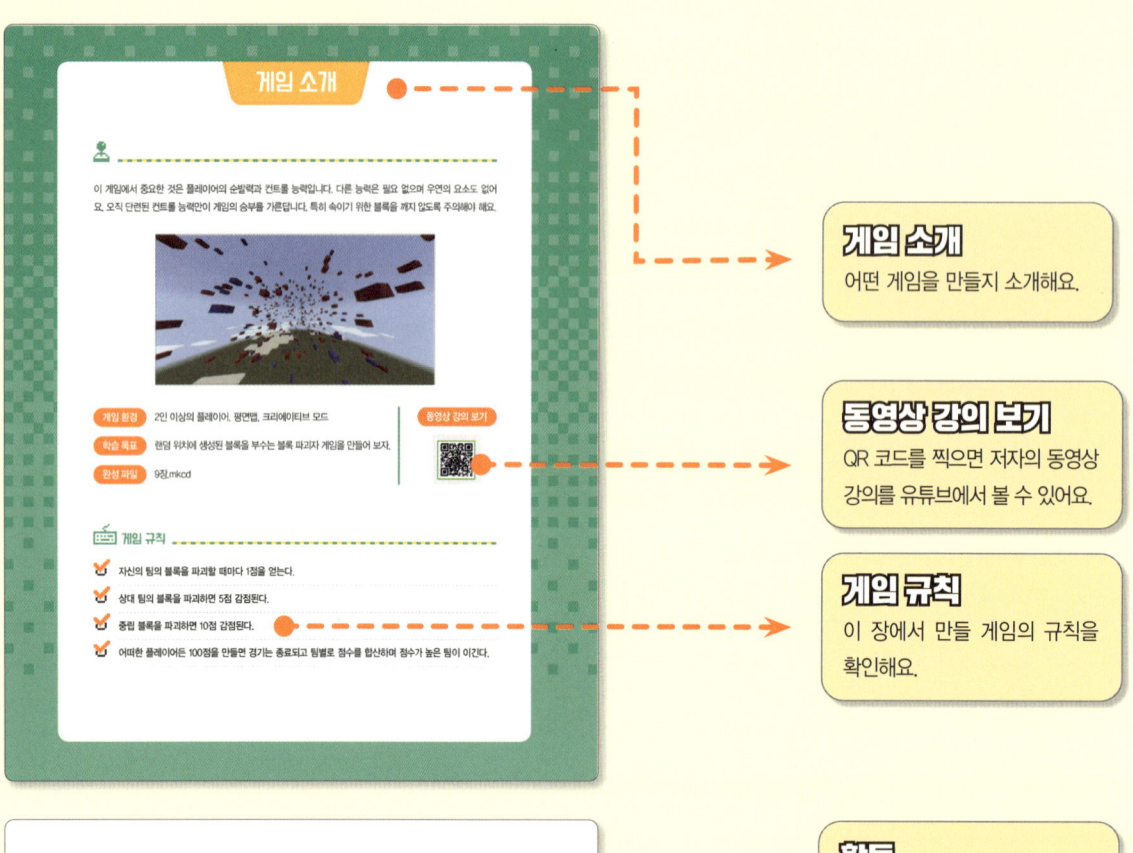

게임 소개
어떤 게임을 만들지 소개해요.

동영상 강의 보기
QR 코드를 찍으면 저자의 동영상 강의를 유튜브에서 볼 수 있어요.

게임 규칙
이 장에서 만들 게임의 규칙을 확인해요.

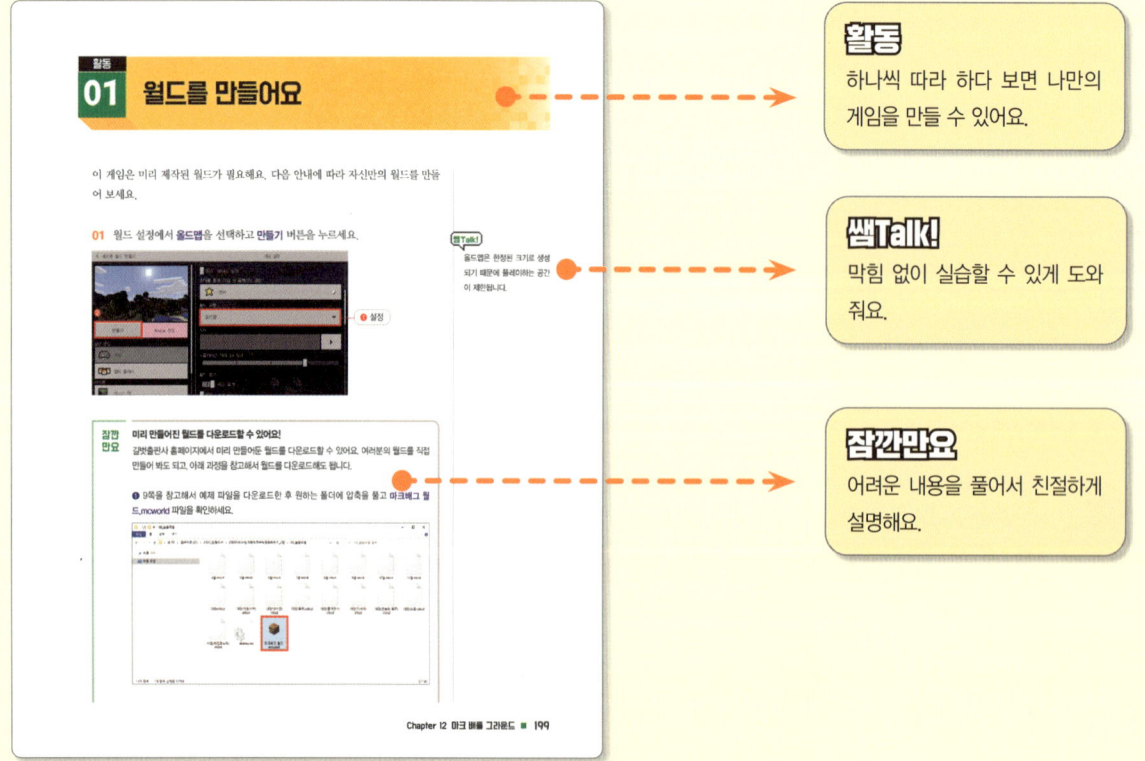

활동
하나씩 따라 하다 보면 나만의 게임을 만들 수 있어요.

쌤Talk!
막힘 없이 실습할 수 있게 도와줘요.

잠깐만요
어려운 내용을 풀어서 친절하게 설명해요.

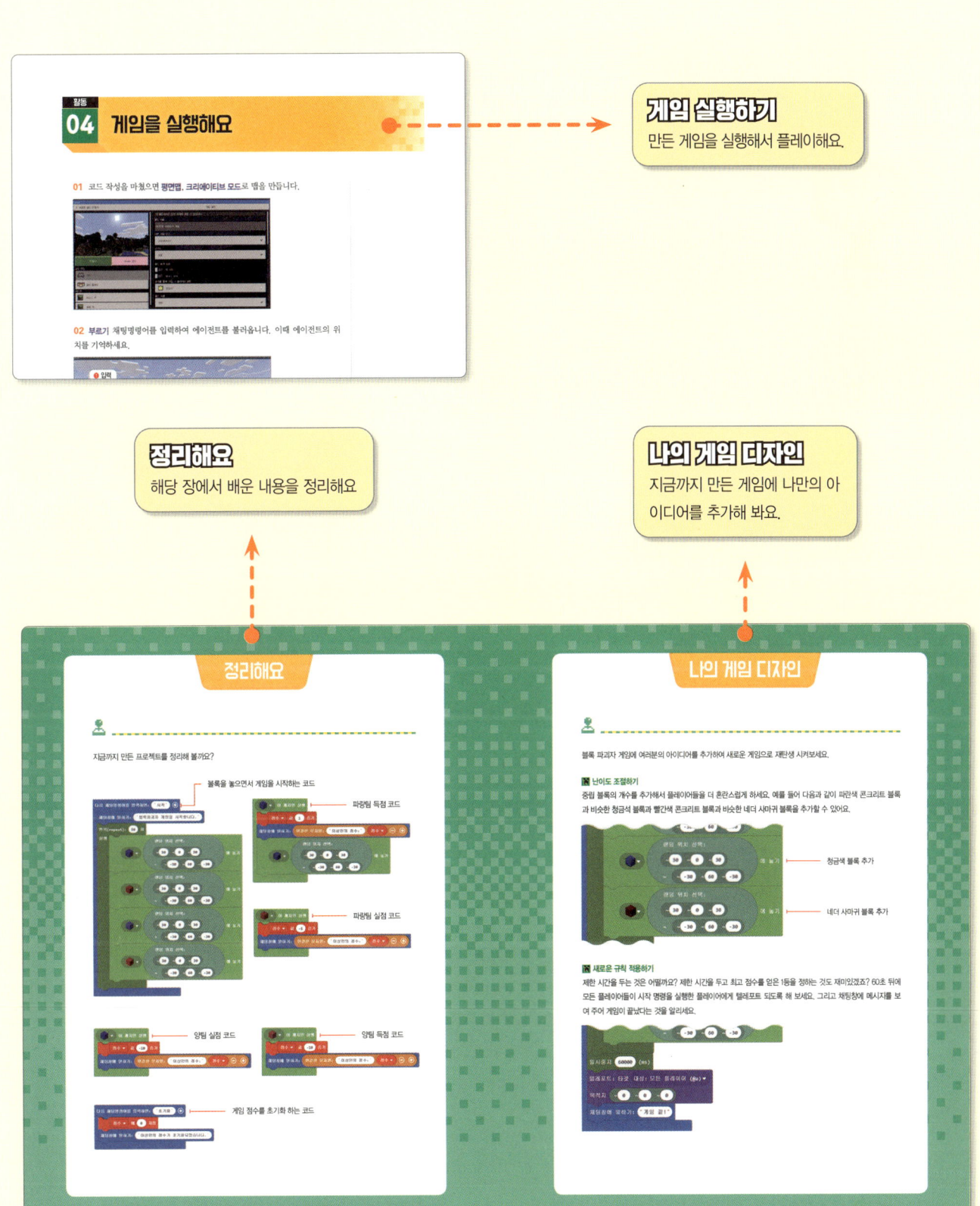

베타테스터 후기

마인크래프트에서 주로 집을 짓는 것 위주로 실행했었는데 이 책을 통해 배틀 게임에 대한 것들을 접할 수 있어 좋았어요. 중간에 살짝 어렵기도 했지만 몰랐던 것을 알게 되었고, 책을 볼수록 더 재미있었어요.
박오윤 • 초등학교 3학년

마인크래프트에서 메이크코드를 이용하여 다양하고 재미있는 게임들을 만들 수 있다는 것을 알게 되었어요. 1권에는 없었던 내용인 멀티플레이를 활용하여 다른 사람들과 함께 게임을 즐길 수 있다는 것이 특히 좋았어요. 기본적인 코딩 방법을 배운 후에 메이크코드를 활용한다면 더욱 재미있는 게임을 만들 수 있을 것 같아요. 이 책을 통해 코딩의 즐거움을 느낄 수 있었어요.
김세훈 • 초등학교 4학년

1권과 비슷하지만 더 재미있고 흥미로웠어요. 내가 직접 게임을 만든다 생각하니 더욱 즐거운 것 같아요. 마인크래프트 코딩은 즐겁고 재미있어요.
양준서 • 초등학교 6학년

내가 직접 코딩으로 게임을 만드니 더 재미있었어요. 앞으로 더 멋진 게임을 만들어서 친구들과 멀티플레이를 해볼 거예요.
김상윤 • 초등학교 3학년

마인크래프트 게임만 알고 있었는데 직접 게임을 만들어 볼 수 있다니 신기했어요. 책에 설명된 코딩 방법을 하나씩 따라하면서 만들어 볼 수 있었어요. 게임을 하는 즐거움보다 만드는 즐거움이 더 크다는 점을 배울 수 있었어요.
이다현 • 초등학교 2학년

완성 파일 내려 받기

이 책에 나오는 모든 코드 파일은 완성된 파일 형태로 내려 받을 수 있습니다. 하지만 되도록이면 직접 책의 내용을 따라서 만들어 보세요. 만드는 즐거움을 느낄 수 있을 것입니다.

❶ 길벗출판사 홈페이지(www.gilbut.co.kr)에 접속합니다.
❷ 검색 창에서 도서명을 검색한 다음 자료실에서 예제 파일을 내려 받습니다.
❸ 원하는 폴더에 내려 받은 파일의 압축을 풉니다.
❹ 마인크래프트와 메이크코드를 연결한 다음 메이크코드 화면 오른쪽에 있는 **가져오기** 버튼을 누릅니다(메이크코드 연결 및 실행 방법은 33쪽에서 다룹니다).

❺ 가져오기 창이 뜨면 **파일 가져오기**를 누르고, .mkcd 파일 열기 창이 뜨면 **파일 선택** 버튼을 누릅니다.

❻ 예제 파일이 있는 폴더에서 원하는 파일을 선택하면 코드 파일을 확인할 수 있습니다(파일을 메이크코드에 드래그 해도 실행할 수 있습니다).

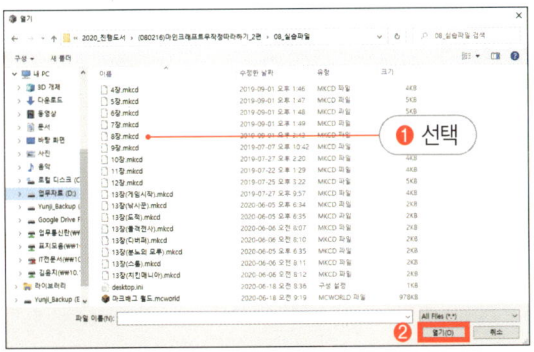
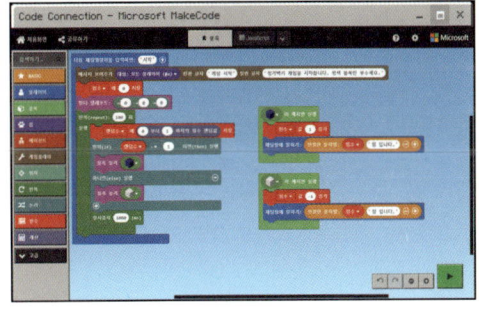

목차

CHAPTER 01	마인크래프트 코딩 준비하기	013
CHAPTER 02	메이크코드 사용법 배우기	033
CHAPTER 03	마인크래프트랑 친해지기	043
CHAPTER 04	순발력이 필요해_청기백기 게임	059
CHAPTER 05	인공지능_에이전트 미로 찾기 게임	073
CHAPTER 06	재빨리 길을 건너자_도전! 스피드런	095
CHAPTER 07	내가 만드는 파쿠르 게임	113

CHAPTER 08	다함께 즐기는 퀴즈 맞히기 게임	127
CHAPTER 09	블록 파괴자 게임	155
CHAPTER 10	어둠 속의 추락 게임	167
CHAPTER 11	복불복 블록 뽑기	181
CHAPTER 12	마크 배틀 그라운드	197
CHAPTER 13	마크 파이터즈 1	221
CHAPTER 14	마크 파이터즈 2	251

CHAPTER 01

마인크래프트 코딩 준비하기

마인크래프트는 2011년에 정식 출시된 샌드박스 형태의 건설과 모험 게임입니다. 3차원 마인크래프트 월드에서 네모난 블록으로 여러 건축물과 도구를 만들며 생존 모험을 하는 게임이랍니다. 2016년에 마인크래프트 교육용 에디션이 나오면서, 기존에는 없었던 '코딩 도구'가 생겼습니다. 바로 메이크코드(MakeCode)입니다. 메이크코드를 사용하면 내 손으로 코딩한 것을 마인크래프트 월드에서 적용할 수 있습니다. Chapter 01에서는 마인크래프트 코딩을 준비해 볼게요.

활동 01 나에게 맞는 마인크래프트 에디션을 골라요

'코딩(프로그래밍)'이란 컴퓨터가 알아들을 수 있도록 명령을 작성하는 것을 말해요. 엔트리나 스크래치 같은 다양한 프로그래밍 언어를 들어본 적이 있을 거예요. 우리는 '메이크코드'라는 코딩 도구를 사용해서 건축이나 날씨 바꾸기와 같은 다양한 명령을 만들고 마인크래프트 월드에서 실행해 볼 거예요.

메이크코드를 사용하려면 마인크래프트 윈도우 에디션, 마인크래프트 교육용 에디션 두 가지 중에서 하나를 선택해야 해요. 둘 중 어느 것을 사용할지 고민이라면 다음 표를 보면서 나에게 꼭 맞는 에디션을 준비해 보세요.

> **쌤Talk!**
> 마인크래프트 자바 에디션에서는 메이크코드를 사용할 수 없습니다.

	마인크래프트 윈도우 에디션	마인크래프트 교육용 에디션
설명	윈도우 운영체제에서 실행되는 에디션으로 베드락 에디션이라고도 불러요. 콘솔이나 모바일 기기에서 실행되는 마인크래프트 에디션과 함께 멀티플레이를 할 수 있어요.	학교 교육을 위해 출시한 에디션으로, 학교 계정(오피스 365 계정)으로 플레이할 수 있어요. 또는 개인 사용자도 구입해서 사용할 수 있답니다. 단, 같은 도메인을 사용하는 사용자끼리만 멀티플레이를 할 수 있어요.
사용자	개인	학교, 개인
지원 플랫폼	윈도우	맥(MAC), 크롬북, 윈도우, 아이패드

> **잠깐만요**
> **먼저 내 컴퓨터의 운영체제가 윈도우인지 확인해 보세요!**
> 마인크래프트 윈도우 에디션을 설치하려면 윈도우 운영체제가 필요해요.
> 작업표시줄의 돋보기 모양(🔍) 아이콘을 눌러 검색 창을 실행한 후, '시스템 정보'라고 입력하고 Enter 를 누르면 윈도우인지 확인할 수 있습니다.

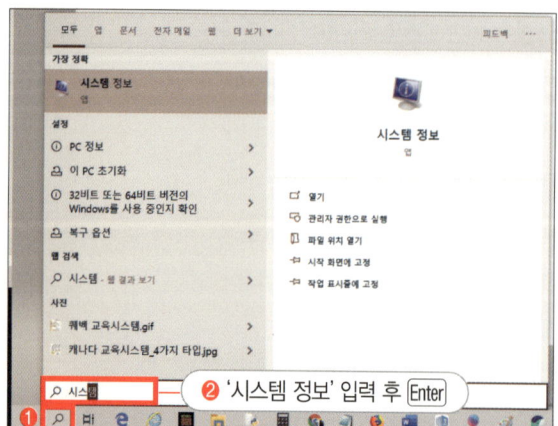

❶ ❷ '시스템 정보' 입력 후 Enter

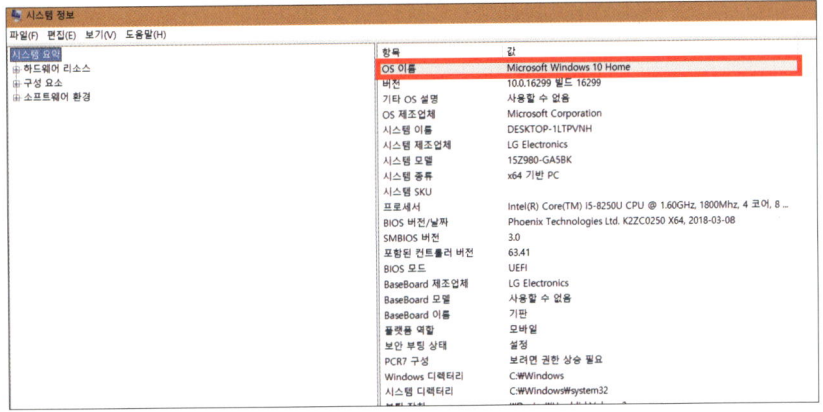

또는 작업표시줄에 다음과 같은 아이콘이 있으면 여러분의 PC는 윈도우랍니다.

마인크래프트 윈도우 에디션 준비하기

마인크래프트 윈도우 에디션은 3만원으로 구매할 수 있어요. 한 계정으로 한 번 구매하면 여러 대의 기기에서 같은 계정으로 로그인해서 사용할 수 있어요(단, 동시 접속은 불가능해요). 윈도우 에디션은 자바 에디션과 패키지로 판매하고 있기 때문에, 둘 중 하나만 구입하면 두 개 모두 플레이할 수 있어요. 만약 자신이 두 가지 에디션 중에 하나를 이미 가지고 있다면 다른 에디션을 무료로 받을 수 있답니다. 자세한 내용은 마인크래프트 공식 홈페이지에서 확인해 보세요.

> **잠깐만요** **마인크래프트를 구입할 때는 부모님(성인)이 도와주세요!**
> 마인크래프트 게임은 12세 이용가입니다. 하지만 마인크래프트를 이용하려면 Xbox Live라는 계정을 통해 로그인을 해야 하는데, Xbox Live의 경우 미성년자는 이용할 수 없게 되어 있습니다. 이는 마인크래프트 게임의 등급 제한 때문이 아니라 Xbox Live의 기준 때문입니다. 따라서 처음 마인크래프트를 구입하고 로그인을 할 때는 부모님 계정을 사용해야 하므로 부모님(성인)에게 도움을 받으세요. 자세한 내용은 52쪽을 참고하세요.

01 게임을 구매하고 설치하기 위해서 작업표시줄의 돋보기 모양(🔍) 아이콘을 누른 후 store를 입력하세요. 목록의 위쪽에 Microsoft Store가 보이면 클릭하세요.

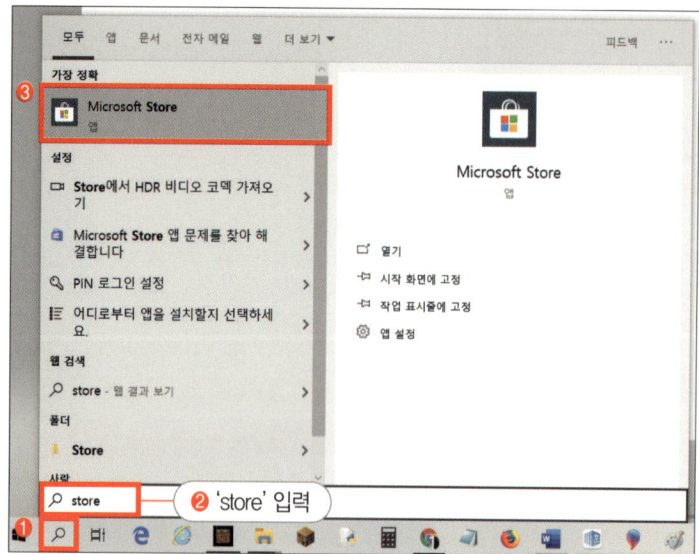

02 마이크로소프트 스토어(Microsoft Store)에서 Minecraft Launcher를 찾아 설치하세요.

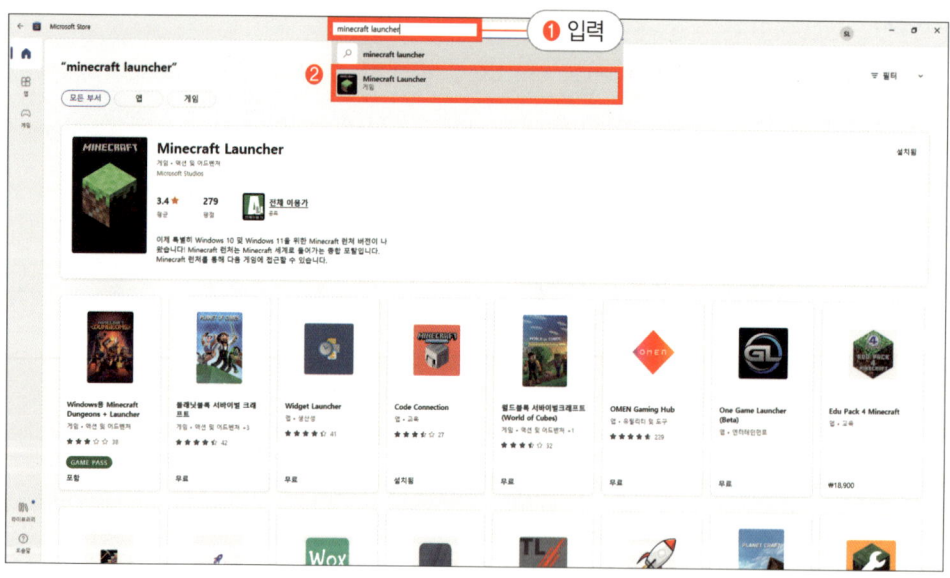

03 설치된 Minecraft Launcher를 찾아 실행해 볼게요. 작업표시줄의 돋보기 모양(🔍) 아이콘을 누르고 minecraft를 입력하세요. 위쪽에 Minecraft Launcher가 보이면 선택하세요.

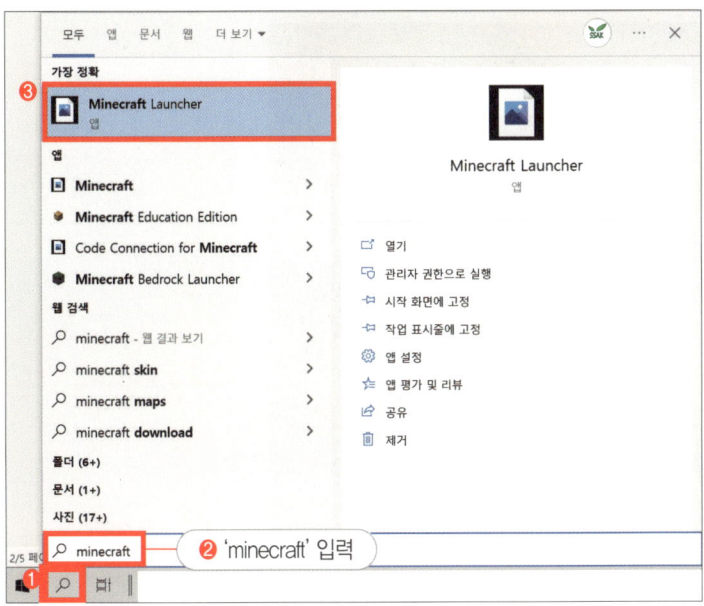

04 실행되면 로그인해 주세요. 계정이 없다면 생성해야 해요.

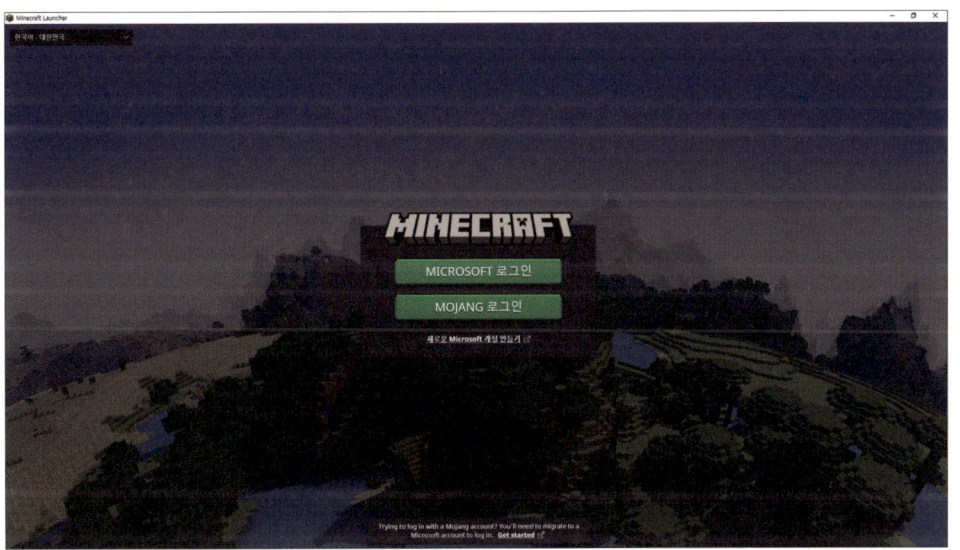

05 로그인하여 MINECRAFT for Windows를 클릭하세요. 그리고 구입 버튼을 눌러 결재를 하면 설치 버튼으로 바뀌어요. 설치를 마치면 다시 **플레이** 버튼으로 바뀌고 실행할 수 있어요.

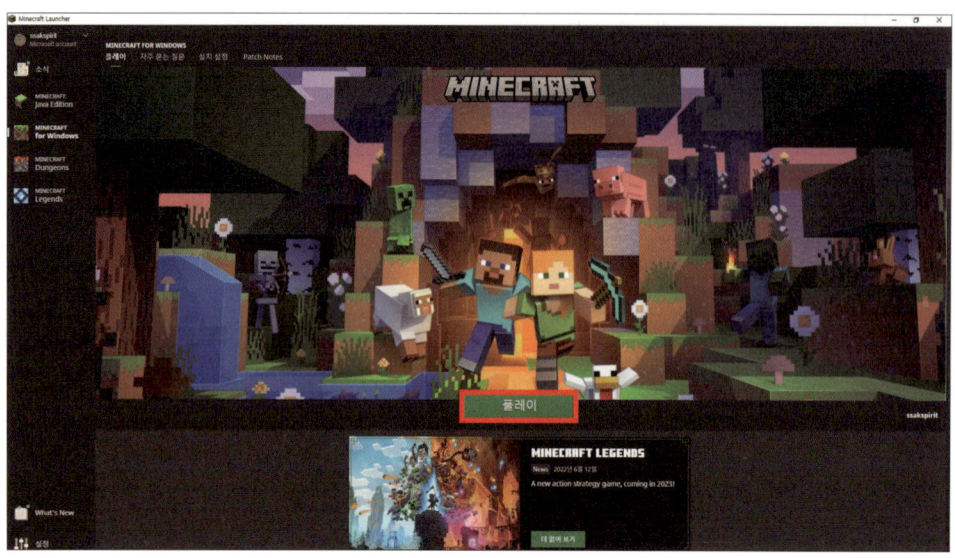

🟢 마인크래프트 교육용 에디션 준비하기

학교와 같은 교육기관의 교사나 학생들은 마인크래프트 교육용 에디션을 사용할 수 있어요. 교육용 오피스 365(Office 365) 계정만 있으면 최대 15회까지 무료로 로그인할 수 있습니다. 또는 라이선스를 구입해서 사용하는 것도 가능해요. 윈도우 에디션과는 달리 교육용 에디션은 1년에 일정 금액을 지불하는 구독 형태의 서비스로 제공되고 있어요.

01 마인크래프트 교육용 에디션 공식 홈페이지(http://education.minecraft.net)로 들어가서 DOWNLOAD(다운로드)를 선택하세요.

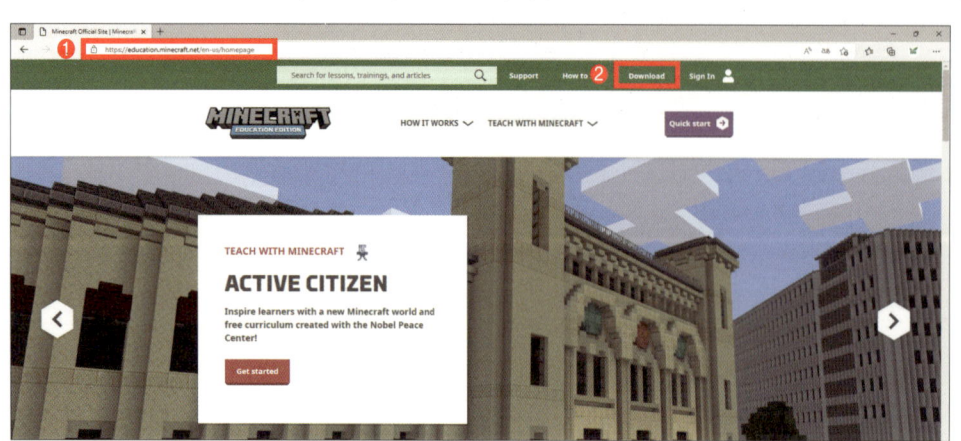

> **쌤Talk!**
> 여러분이 만약 초, 중, 고등학생이라면 담임 선생님께 교육용 O365 계정을 받을 수 있는지 여쭤어 보세요. 전국의 모든 학교에서 교육용 O365 계정을 만들 수 있습니다. 하지만 그 방법은 학교마다 다를 수 있으므로 학교 혹은 페이스북 마이크로소프트 에듀케이션 코리아(https://www.facebook.com/msedukorea/)에 문의하세요.

02 자신의 디바이스에 맞는 설치 파일을 추천해줘요. **Download now**를 눌러 설치를 시작하세요. 마인크래프트 교육용 에디션은 윈도우(Windows), 크롬북(Chromebook), 맥(MAC), 아이패드(IPAD)에서 실행할 수 있어요.

만약 MAC 컴퓨터를 사용하고 있다면, MAC 버튼을 클릭해야 해요.

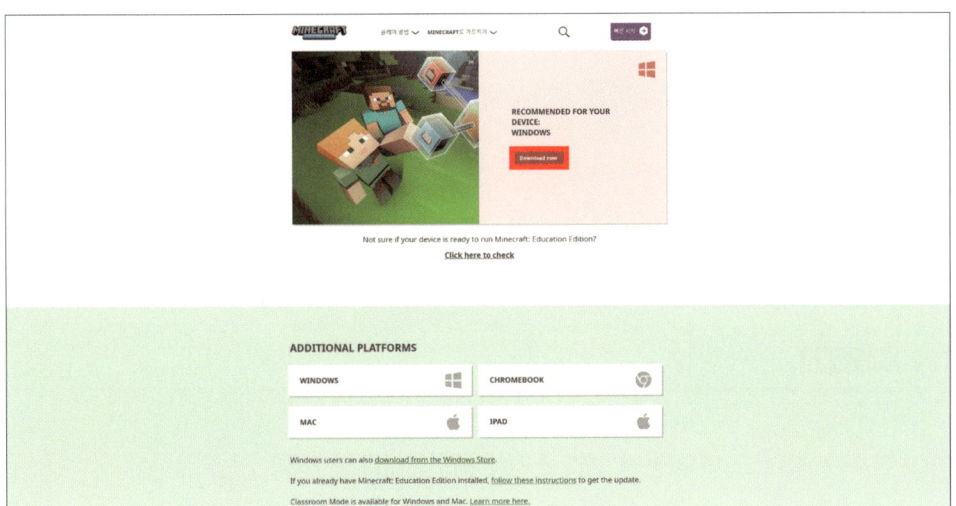

03 다운로드를 마쳤으면 다운로드 경로에 있는 실행 파일(MinecraftEdu….exe)을 찾아 실행하세요. 'Minecraft Education Edition 설치' 창이 뜨면 **한국어(대한민국)**가 선택되어 있는지 확인하고 **다음** 버튼을 눌러 설치를 시작하세요.

04 설치에 필요한 공간을 준비하고 설치 마법사 시작이라는 창이 뜨면 **다음** 버튼을 누르세요.

05 사용권 계약 내용을 보여주는 창이 뜨면 **사용권 계약 조건에 동의합니다**를 선택하고 **다음** 버튼을 누르세요.

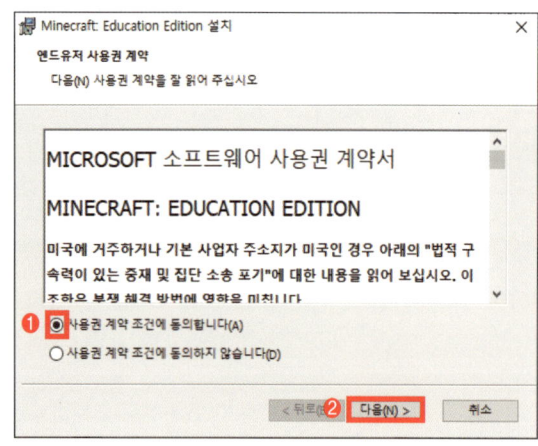

06 설치 폴더를 선택하라는 창이 뜨면 원하는 경로를 지정하고 **다음** 버튼을 누르세요. 설치를 시작할 준비가 되었다는 메시지가 뜨면 **설치** 버튼을 클릭하세요.

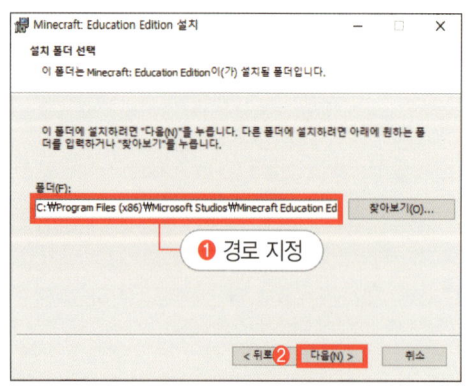 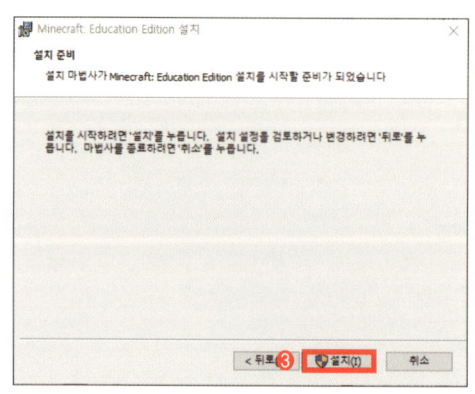

> **쌤Talk!**
> 설치에는 몇 분 이상 걸릴 수 있으니 인내심을 가지고 기다려야 해요.

07 설치 마법사를 완료하는 중이라는 창이 뜨면 **마침** 버튼을 눌러서 설치를 마쳐요.

08 마인크래프트 교육용 에디션을 실행하려면 O365 계정으로 로그인해야 해요. 학교에서 받은 교육용 O365 계정으로 로그인하세요.

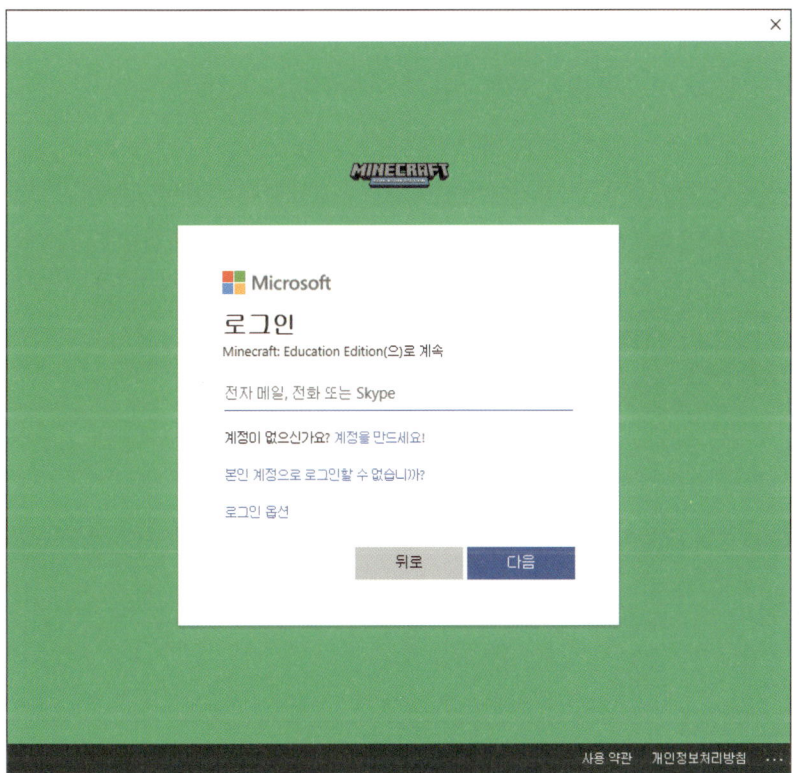

09 교육용 에디션 라이선스를 구입할 수도 있어요. 교육용 에디션 공식 홈페이지 상단에 How to Buy를 클릭하세요.

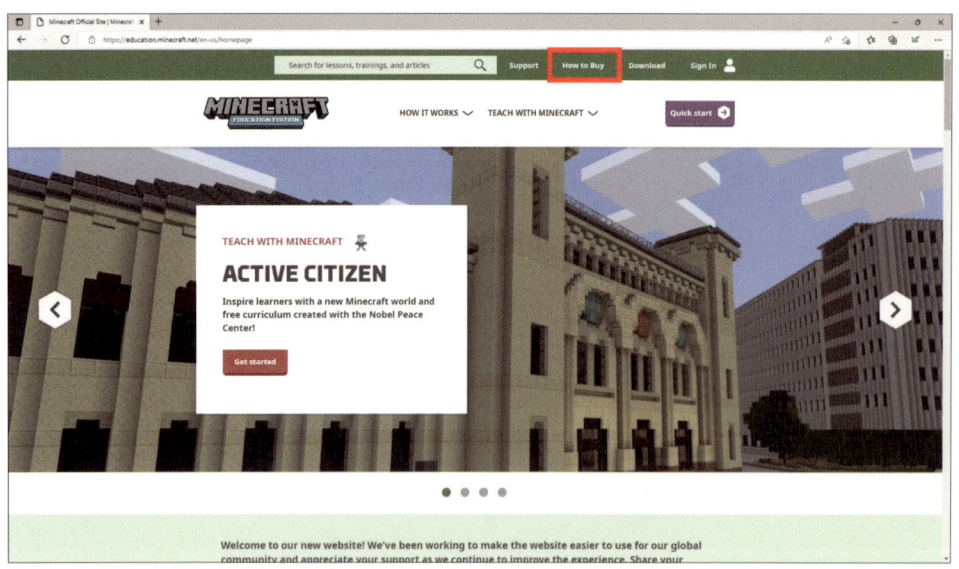

10 자신에게 맞는 조건을 선택하여 구입하세요. 인증된 교육기관이 아닌 캠프, 클럽, 개인 사용자는 1년에 14,000원 정도의 금액으로 횟수 제한 없이 사용할 수 있어요.

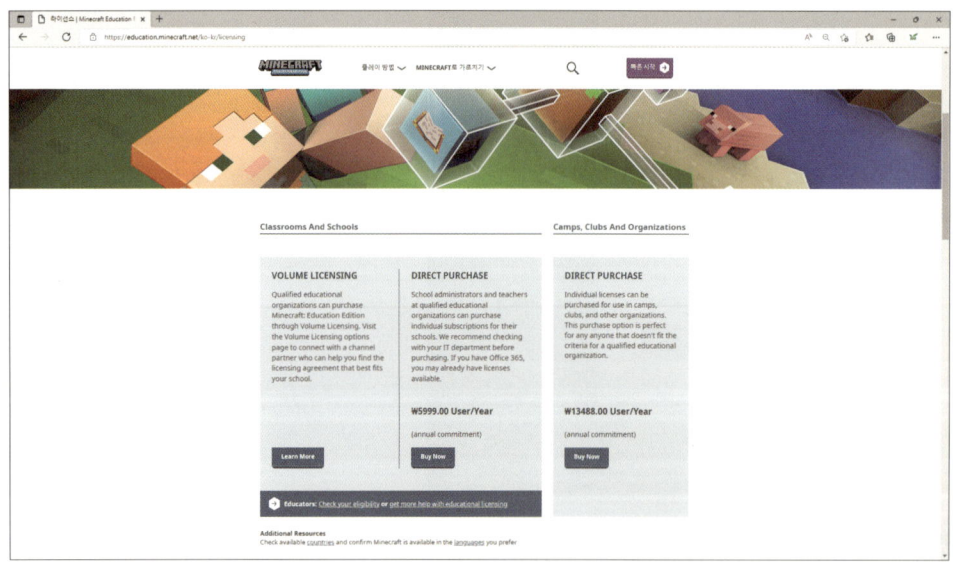

 쌤Talk!

라이선스 구입에 관한 자세한 내용은 유튜브 '스티브코딩'의 영상을 확인해 보세요.

활동 02 마인크래프트 코딩 도구를 설치해서 연결해요

마인크래프트 월드에서 코딩하려면 메이크코드가 필요합니다. 그리고 마인크래프트와 메이크코드를 연결하기 위해서는 프로그램이 하나 더 필요한데, 바로 '코드 커넥션(Code Connection)'이라는 프로그램입니다. 이 프로그램은 여러분이 메이크코드에서 코딩한 것을 마인크래프트와 연결시켜 줍니다. 커넥션이라는 영어 단어의 뜻이 '연결'인 것을 기억하면 이해가 될 거예요.

윈도우 에디션을 사용하는 경우

01 코드 커넥션은 마이크로스프트 스토어에서 간단하게 다운로드 받을 수 있습니다. Microsoft Store에서 **code connection**이라고 검색한 뒤 아래 그림과 같은 아이콘의 **Code Connection for Minecraft**를 클릭하세요.

02 **설치** 버튼을 눌러 코드 커넥션을 설치하세요.

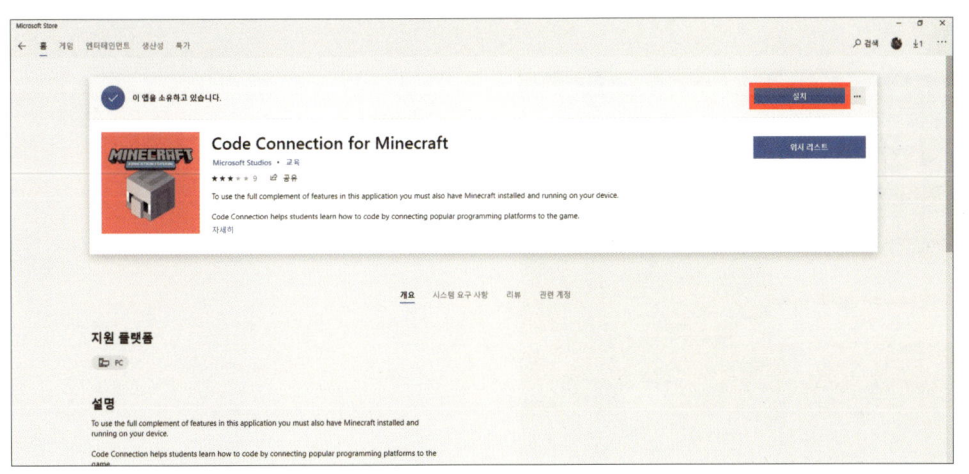

> **쌤Talk!**
> 코드 커넥션을 설치하는 방식은 마이크로소프트 회사 방침에 따라 달라질 수 있어요. 만일 크게 달라지면 이 책의 공식 유튜브 채널 '스티브 코딩'에서 그 방법을 안내할 예정이에요.

03 설치가 끝났으면 코드 커넥션을 실행할 거예요. 작업표시줄의 돋보기 모양(🔍) 아이콘을 누르고 code connection이라고 검색한 뒤 Code Connection for Minecraft를 선택하여 실행하세요.

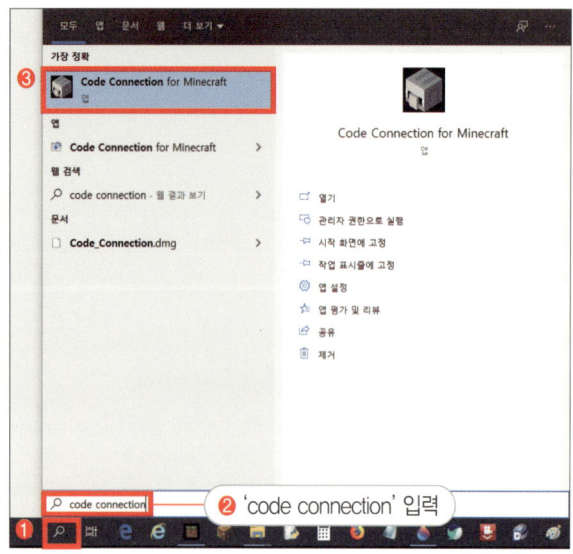

04 다음과 같이 'Code Connection' 창이 나오면 성공이에요. 어렵지 않죠? 바로 코드 커넥션을 사용해야 하므로 창을 닫지 말고 기다리세요!

05 마인크래프트를 실행하고 **플레이** 〉 **새로 만들기** 〉 **새 월드 만들기** 버튼을 차례대로 눌러 월드를 만들어요.

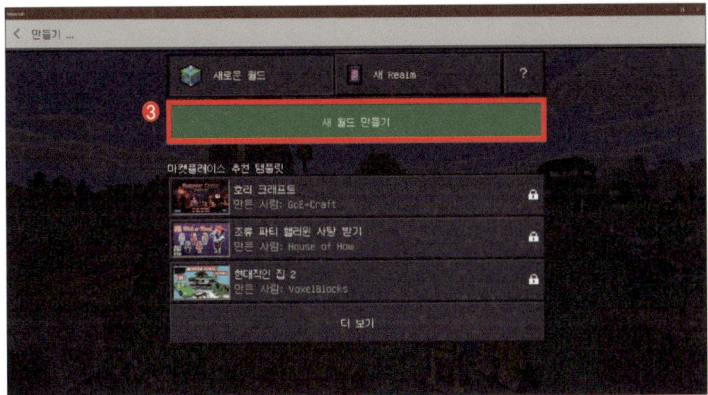

06 '새로운 월드 만들기' 창에서 기본 게임 모드와 난이도, 플레이어 신뢰 권한, 월드 유형을 선택할 수 있어요. 나머지는 그대로 두고 **치트 활성화**를 선택한 후 **만들기** 버튼을 누르세요.

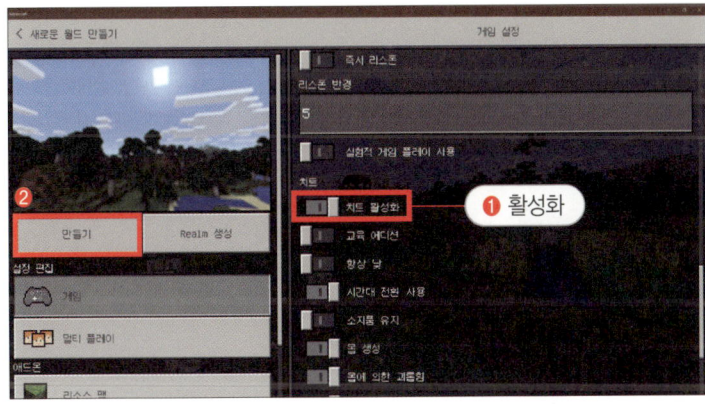

07 친구와 멀티플레이로 미니 게임을 만들 경우는 '초대를 통해 가입 시 플레이어 권한'을 운영자로 바꿔야 해요. 다음과 같이 **멤버**를 클릭하여 **운영자**로 바꾼 뒤 **만들기** 버튼을 누르세요.

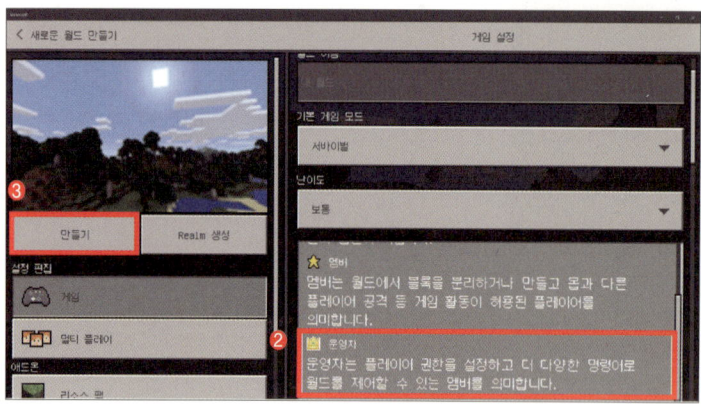

08 랜덤으로 월드가 만들어집니다. 돌아다니면서 넓은 평지를 찾아 보세요.

> **쌤Talk!**
>
> 마인크래프트에서는 '시드'라는 설정을 통해 특정한 월드를 선택하여 만들 수 있습니다. 예를 들어 오아시스나 사바나 섬, 정글 사원 등을 만들기도 하지요. 하지만 지금처럼 아무런 시드를 입력하지 않은 상태에서 **만들기** 버튼을 누르면 랜덤(임의)으로 월드가 만들어진답니다. 이 책에서는 특정한 월드가 필요하지 않으므로 랜덤으로 월드를 만들도록 할게요.

09 이제 메이크코드를 연결할 차례입니다. [ESC]를 눌러 잠시 마인크래프트를 멈춘 뒤 [Alt]+[Tab]을 눌러 아까 실행했던 '코드 커넥션' 창을 열고 주소 옆에 있는 **복사**(📋) 아이콘을 누르세요.

혹시 코드 커넥션을 실행하지 않았다면 24쪽을 다시 보고 실행하세요.

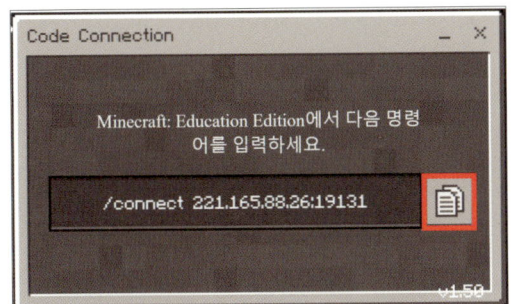

10 다시 마인크래프트로 돌아와서 **게임 계속하기** 버튼을 누르세요.

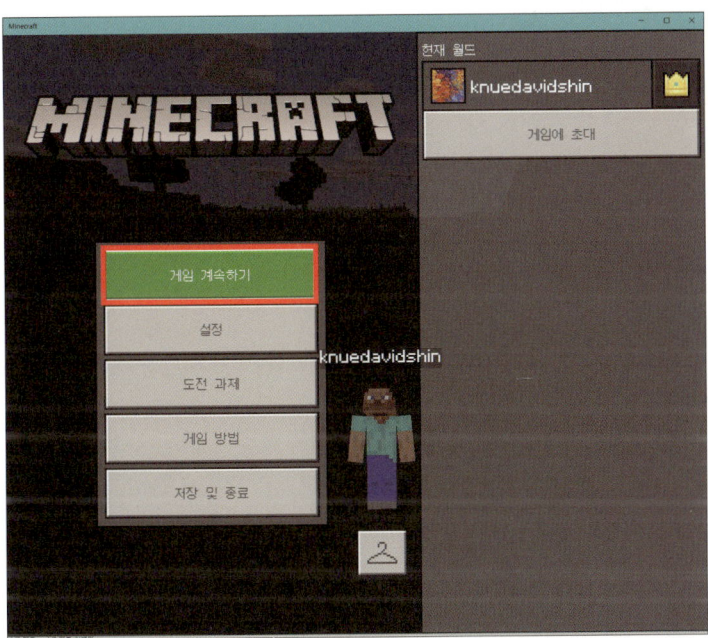

Chapter 01 마인크래프트 코딩 준비하기 ■ **27**

11 이제 Enter를 눌러 채팅 창을 켜세요. 그리고 Ctrl+V를 눌러 **09**에서 복사한 주소를 붙여 넣고 Enter를 누르세요.

> **쌤Talk!**
> 마인크래프트에서 채팅 창을 켤 때는 Enter를 눌러도 되고 Ctrl+Space를 눌러도 됩니다.

12 연결이 되면 채팅 창에 '연결되었습니다'라고 뜰 거예요. 다음 그림과 같이 로봇처럼 생긴 에이전트(Agent)가 보이면 연결에 성공한 것입니다.

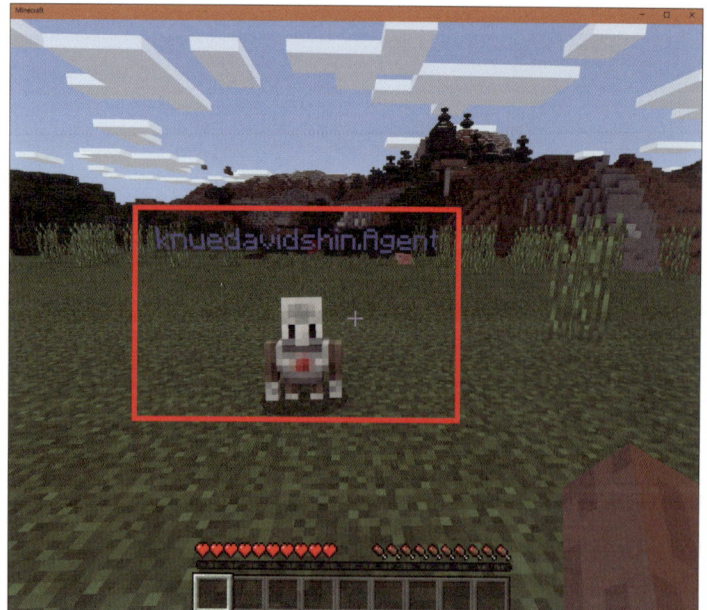

> **쌤Talk!**
> 간혹 연결이 되지 않고 '서버 연결이 닫혔다'는 메시지가 나올 때가 있어요. 이는 마인크래프트 업데이트 때문에 발생하는 문제로, 코드 커넥션 또는 마인크래프트를 재설치하면 됩니다. 또는 마인크래프트 최신 업데이트에 코드 커넥션이 대응을 하지 못해서 연결이 안 되는 경우도 있어요. 이때는 추가 업데이트가 될 때까지 마인크래프트를 이전 버전으로 다운그레이드를 하면 해결이 된답니다. 자세한 방법은 '스티브코딩'의 영상을 확인해 보세요.

13 이제 다시 코드 커넥션으로 돌아가서 메이크코드를 연결해야 합니다. 마인크래프트에서 ESC 를 눌러 잠시 멈추고, 키보드의 Alt + Tab 을 눌러 코드 커넥션으로 다시 돌아가세요.

> **쌤Talk!**
> 혹시 연결이 안 될 경우에는 40쪽의 '잠깐만요'를 참고하세요.

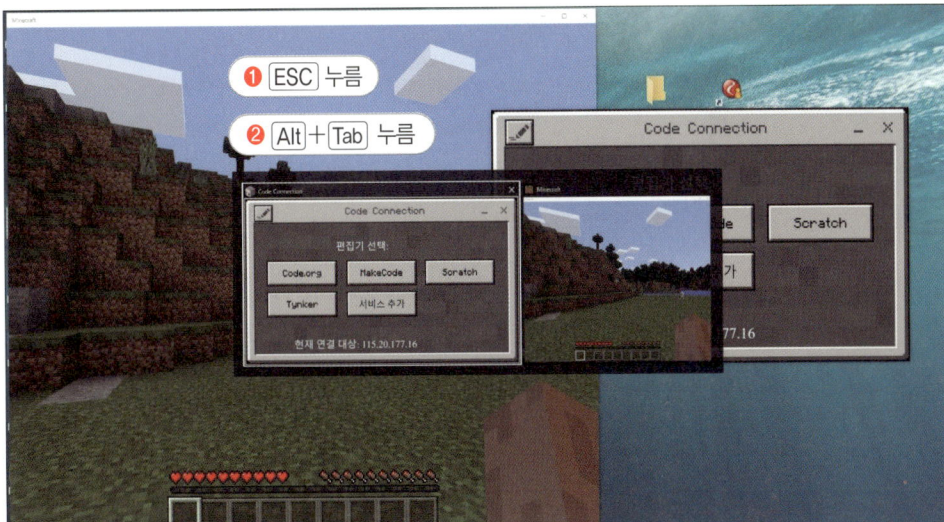

14 코드 커넥션에서 **MakeCode**(메이크코드) 버튼을 선택합니다.

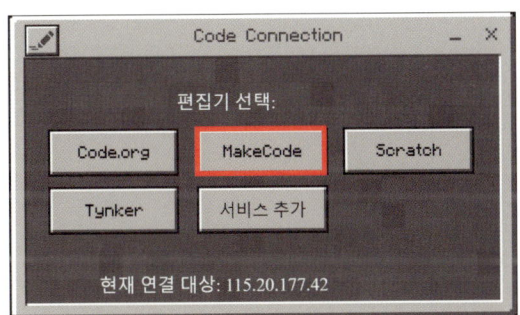

> **쌤Talk!**
> 이 코드 커넥션을 종료하면 연결이 끊겨요. 코딩을 완료하고 나서도 코드 커넥션을 종료하지 말고 Alt + Tab 을 눌러 마인크래프트로 이동하세요.

15 이제 메이크코드라는 코딩 도구에 접속할 수 있습니다. **새 프로젝트**를 누릅니다.

Chapter 01 마인크래프트 코딩 준비하기 ■ **29**

16 다음과 같이 프로젝트 이름을 만들라는 창이 뜨면 프로젝트 이름을 여러분이 원하는 대로 입력하고 Create 버튼을 누르세요.

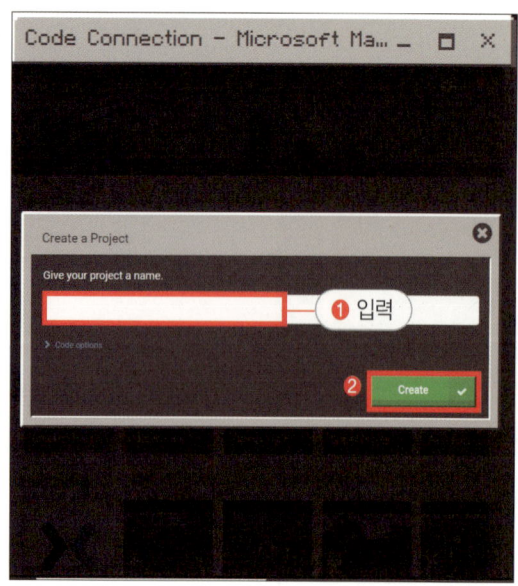

17 다음과 같이 코드를 만들 수 있는 창이 뜨면 성공입니다!

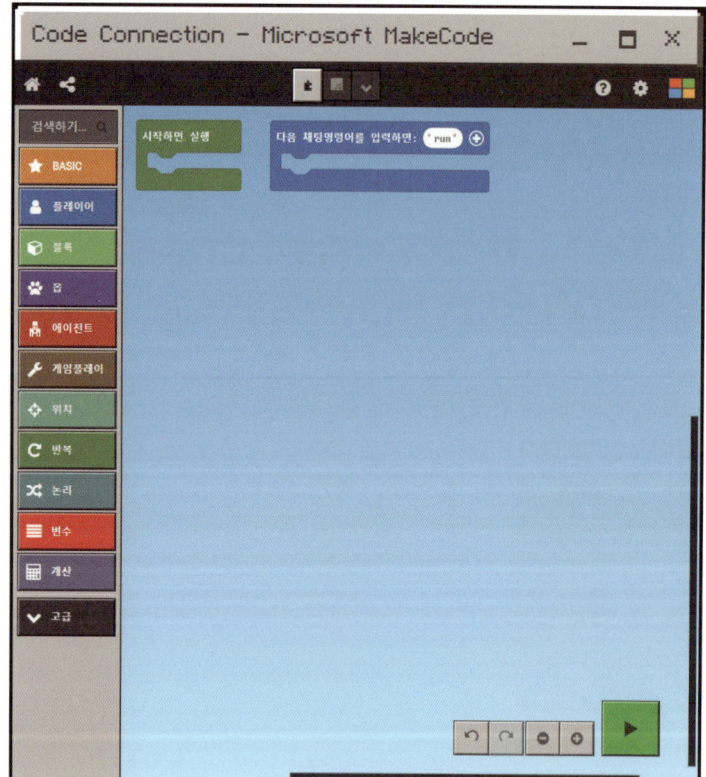

> 🗨️ **쌤Talk!**
>
> 혹시 설치가 잘 안 되었더라도 실망하지 말고 처음부터 다시 보면서 천천히 따라해 보세요.

교육용 에디션을 사용하는 경우

마인크래프트 윈도우 에디션에서는 코드 커넥션 프로그램을 따로 실행했었습니다. 하지만 마인크래프트 교육용 에디션에는 코드 커넥션이 포함되어 있습니다. 따라서 코드 커넥션을 따로 켜서 실행하지 않고, 다음과 같은 방식으로 열 수 있습니다.

01 마인크래프트에서 맨 처음 월드를 만들 때, 코드 커넥션(마인크래프트 교육용 에디션에서는 '코드 작성기'로 번역)이 허용되어 있는지 확인해 주세요.

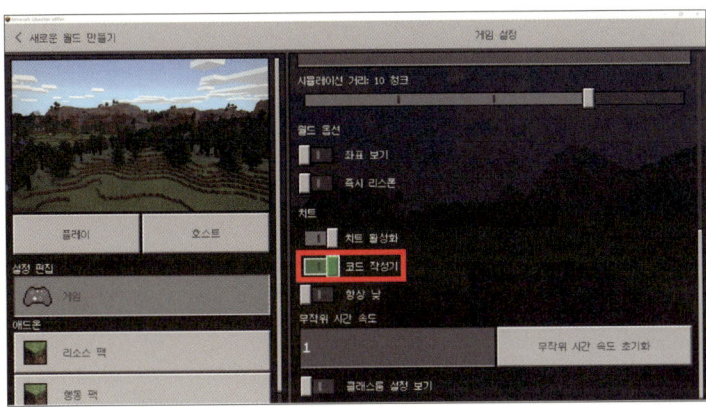

> **쌤Talk!**
> 마인크래프트 교육용 에디션에서도 치트 키가 비활성화되어 있다면, 설정에서 '치트 활성화'를 반드시 활성화하세요.

02 월드에 들어가면 키보드의 ⓒ를 누릅니다. MakeCode를 선택합니다.

03 아래 그림과 같은 페이지가 나옵니다.

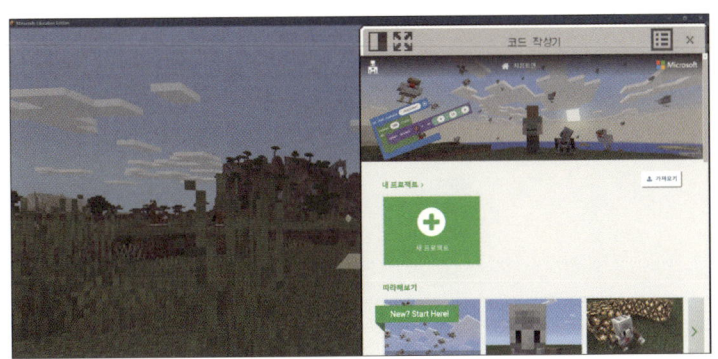

> **쌤Talk!**
> 교육용 에디션은 윈도우 에디션과 다르게, 마인크래프트 안에 이렇게 코드 커넥션이 포함되어 있으므로 Alt + Tab 을 눌러 왔다갔다 하지 않아 편리합니다. 단, 마인크래프트의 업데이트 상황에 따라 이러한 방식으로 바뀔 수도 있어요.

CHAPTER 02
메이크코드 사용법 배우기

메이크코드는 마이크로소프트에서 만든 프로그래밍 플랫폼이에요. 소프트웨어(SW) 교육을 할 때 자주 사용하는 엔트리나 스크래치 같은 프로그래밍 도구이지요. 기본적으로 블록형 코딩으로 간단하게 코딩을 할 수 있어요. 그러면 마인크래프트 월드에서 다양한 게임을 만들 수 있습니다.

활동 01 메이크코드 구경하기

메이크코드에 접속하면 처음으로 보게 될 화면이에요. 메이크코드에는 어떤 메뉴가 있는지 잠깐 둘러볼까요?

메이크코드를 이용한 간단한 코딩 방법을 배울 수 있습니다.

위 화면에서 **새 프로젝트**를 누르면 오른쪽 그림과 같은 화면이 나타나요. 화면의 왼쪽에는 명령 블록 목록이 보여요. 가운데 하늘색 부분은 코드를 직접 만들 수 있는 공간이에요. 나머지 위, 아래, 오른쪽에 보이는 아이콘과 메뉴는 코드를 만들면서 쓸 수 있는 기능과 설정이에요.

활동 02 나의 첫 코딩: 하늘에서 닭이 내린다면

01 플레이어 에서 다음 채팅명령어를 입력하면 이라는 명령 블록을 끌어오세요.

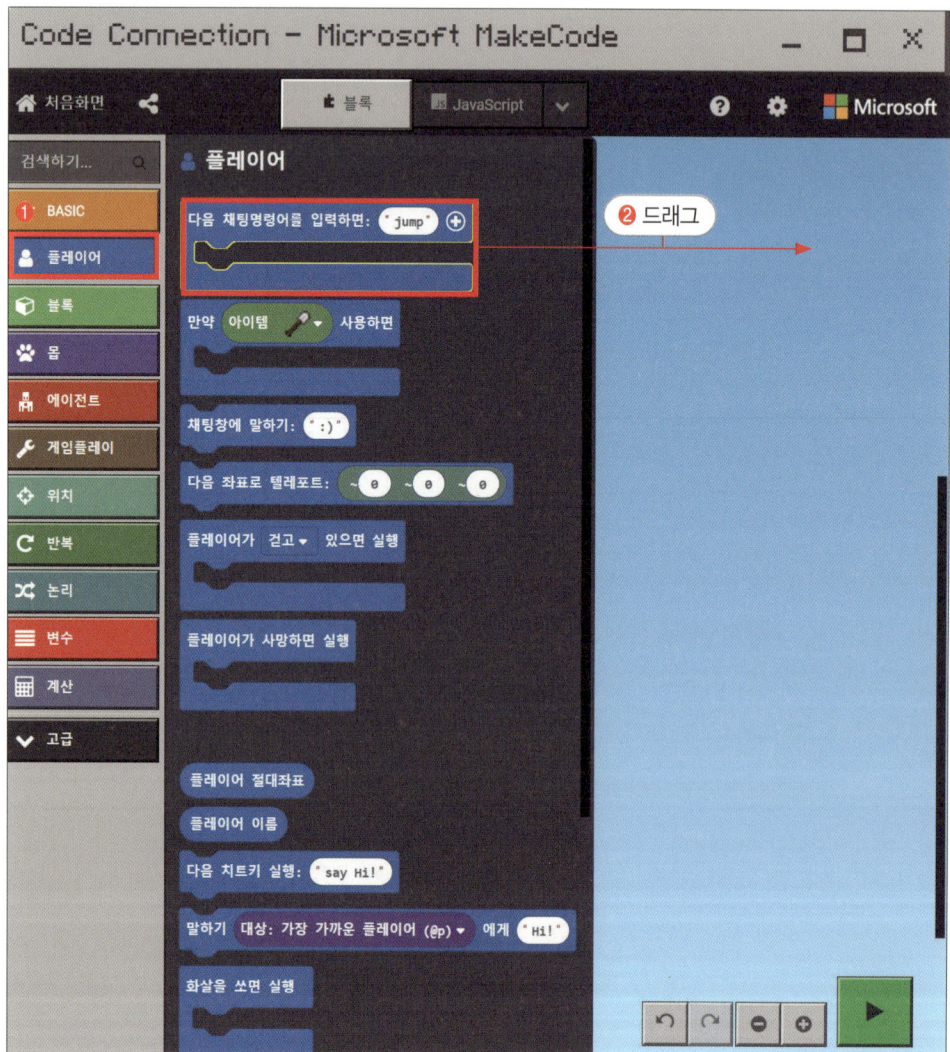

> **쌤Talk!**
> 원하는 명령 블록을 선택해서 오른쪽 화면에 끌어다 놓으면 됩니다.

02 다음 채팅명령어를 입력하면 명령 블록의 채팅명령어를 **하늘닭**으로 수정하세요.

03 🐾몸 에서 소환 동물 을 끌어와 다음 채팅명령어를 입력하면 안쪽에 끼우세요.

04 소환 동물 의 위치를 ~3 ~3 ~3으로 바꾸세요.

> **쌤Talk!**
> 플레이어 칸 앞에 동물이 소환되도록 하였어요. 위치는 ~3 ~3 ~3이 아닌 다른 값으로 바꾸어도 괜찮아요. 단, 너무 멀면 소환되는 닭이 안 보이니 10 이상의 숫자는 쓰지 않는 게 좋아요.

05 🔄반복 에서 반복(repeat) 실행 을 끌어와서 다음과 같이 연결하세요.

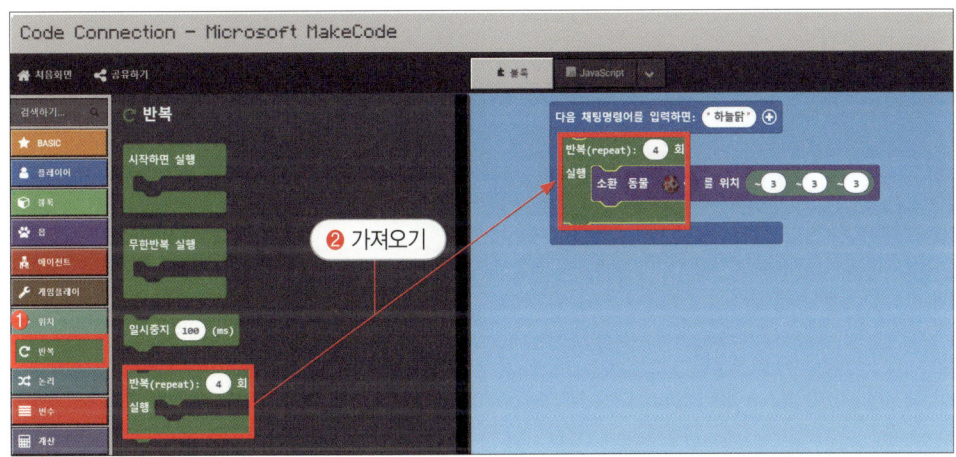

> **쌤Talk!**
> 반복(repeat) 실행 명령 블록은 그림과 같이 연결해야 합니다. 주의해서 끼우세요.

06 반복(repeat) 실행 의 반복 횟수를 4에서 20으로 바꾸세요.

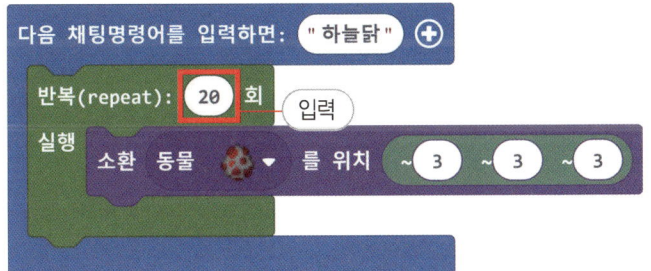

> **쌤Talk!**
> 반복 횟수는 소환되는 동물의 마릿 수입니다. 우리는 닭을 소환했고 20이라고 입력했으므로 이제 닭 20마리가 소환될 거예요.

Chapter 02 메이크코드 사용법 배우기 ■ 37

07 닭만 소환되면 조금 쓸쓸하겠지요? 메이크코드의 복사 기능을 사용해서 돼지도 같이 소환해 볼게요. `다음 채팅명령어를 입력하면` 명령 블록 위에 마우스를 올려놓고 오른쪽 버튼을 누르고 **복사**를 선택하세요.

> **쌤Talk!**
> 반드시 `다음 채팅명령어를 입력` `하면` 명령 블록 위에서 마우스 오른쪽 버튼을 눌러야 해요.

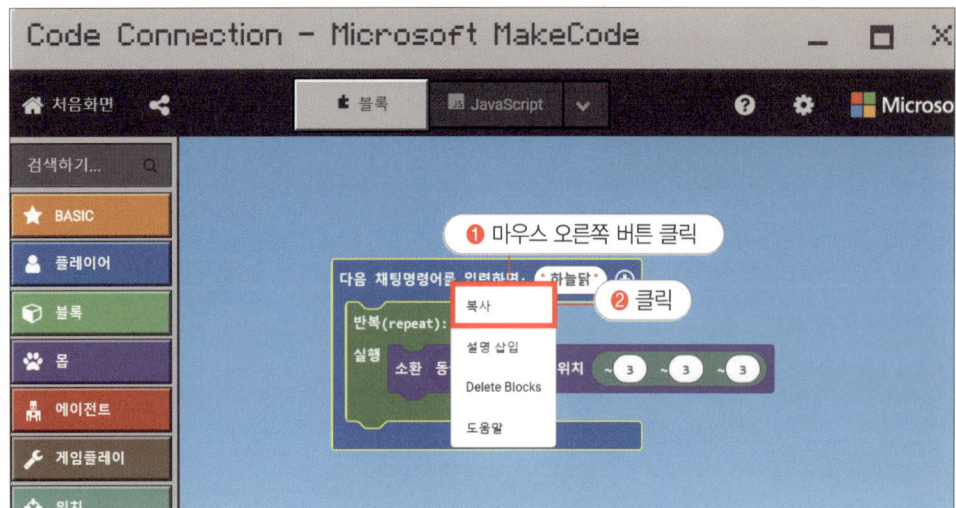

08 복사한 블록이 다음과 같이 빗금 형태로 생기면 원래 있던 블록 아래에 놓으세요.

> **쌤Talk!**
> 복사해서 붙여 넣을 경우 '하늘닭'이라는 채팅명령어가 겹치기 때문에 실행 시에는 둘 중 하나의 코드가 취소됩니다.

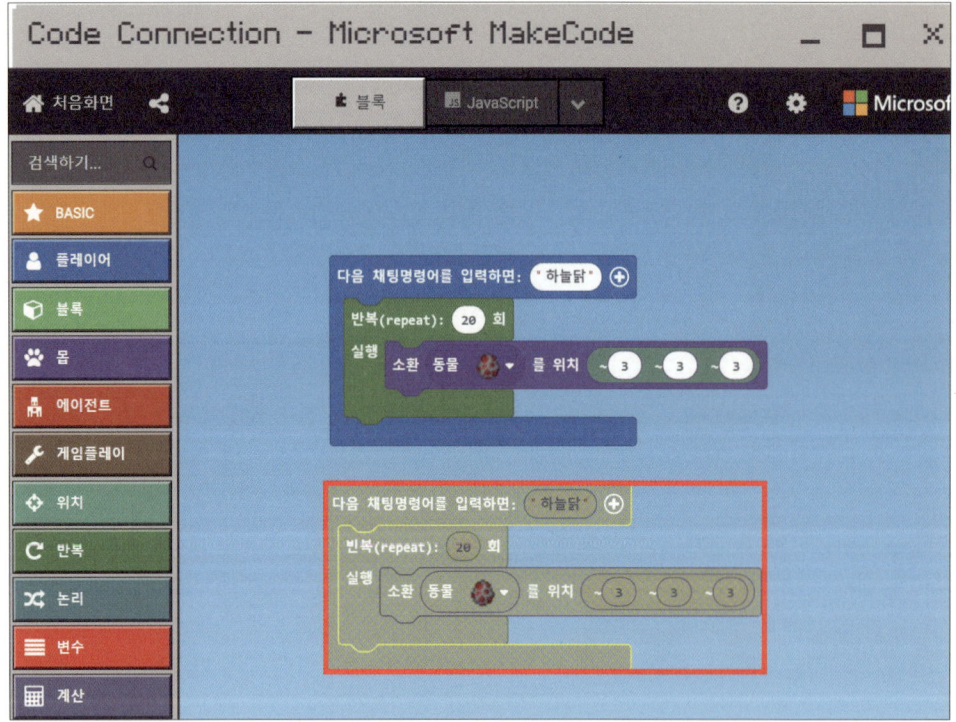

09 복사된 코드의 채팅명령어를 **하늘돼지**라고 입력하세요.

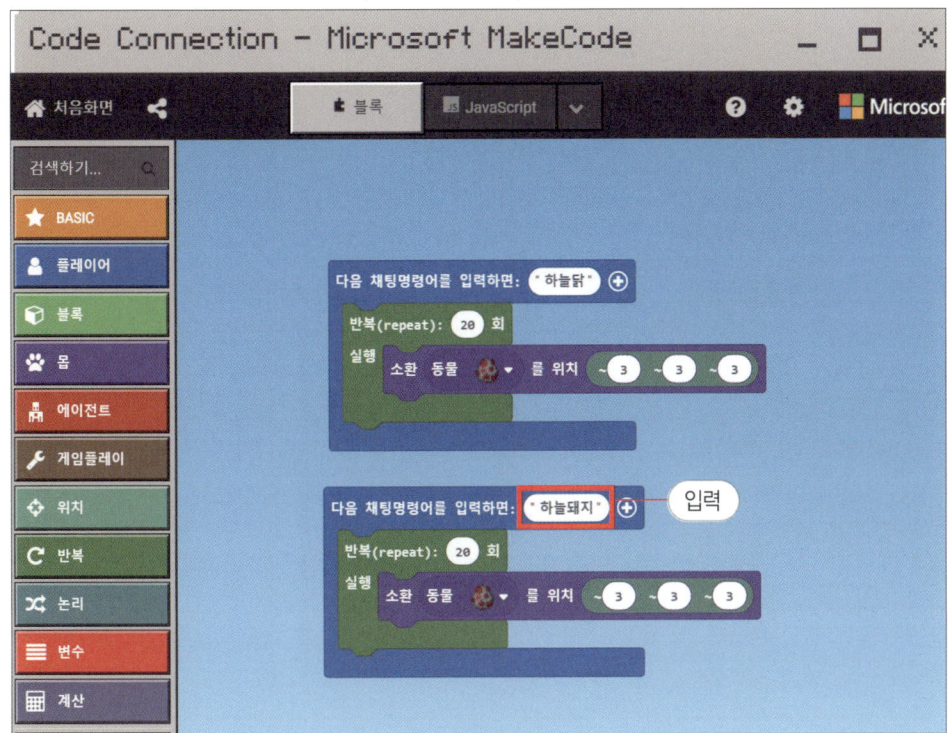

> **쌤Talk!**
> 채팅명령어를 '하늘돼지'로 수정하면 명령어가 중복되지 않아 빗금 모양이 사라져요.

10 소환동물 에서 **동물**을 **돼지**로 선택하세요.

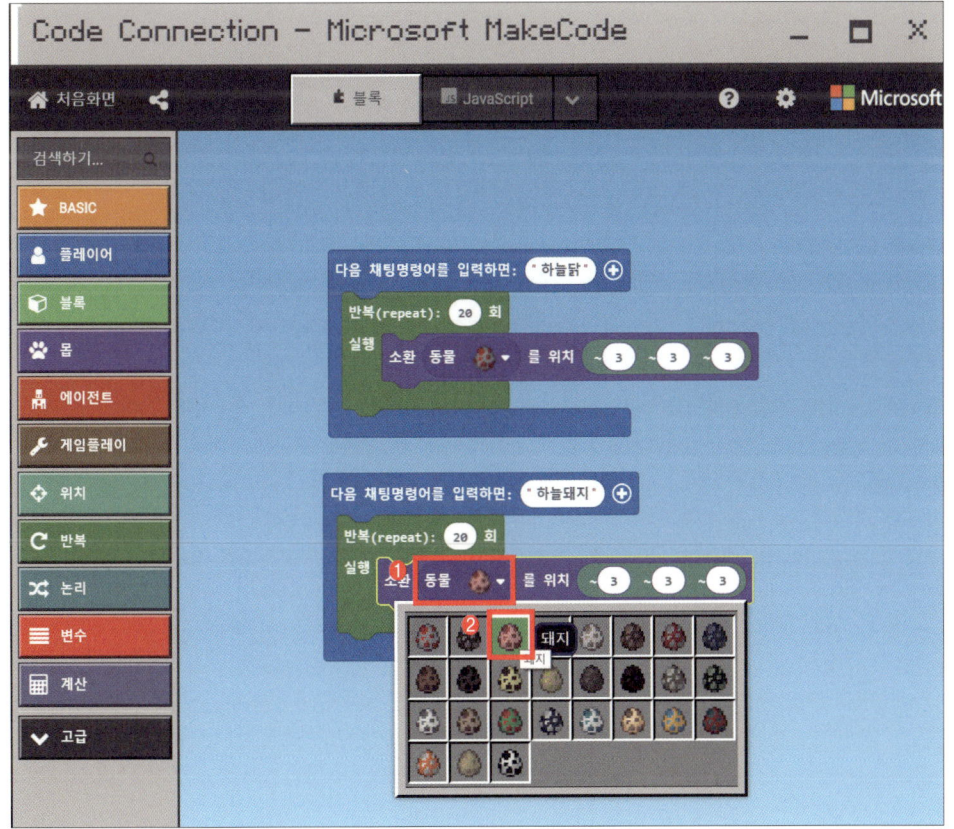

> **쌤Talk!**
> 책에서는 닭과 돼지를 소환했지만 여러분이 원하는 다른 동물로 바꿔도 됩니다!

Chapter 02 메이크코드 사용법 배우기 ■ 39

잠깐만요 — 명령 블록 삭제하기와 되돌리기 기능

만약 '하늘돼지' 코드가 필요 없어지면 어떻게 할까요? 명령 블록을 삭제하려면 '하늘돼지' 코드를 드래그하여 다음과 같이 오른쪽의 명령 블록 쪽으로 가져간 뒤, 쓰레기통 모양이 보일 때 마우스 버튼을 놓으면 코드가 삭제돼요. 코드를 선택하고 Del 을 눌러도 삭제할 수 있습니다.

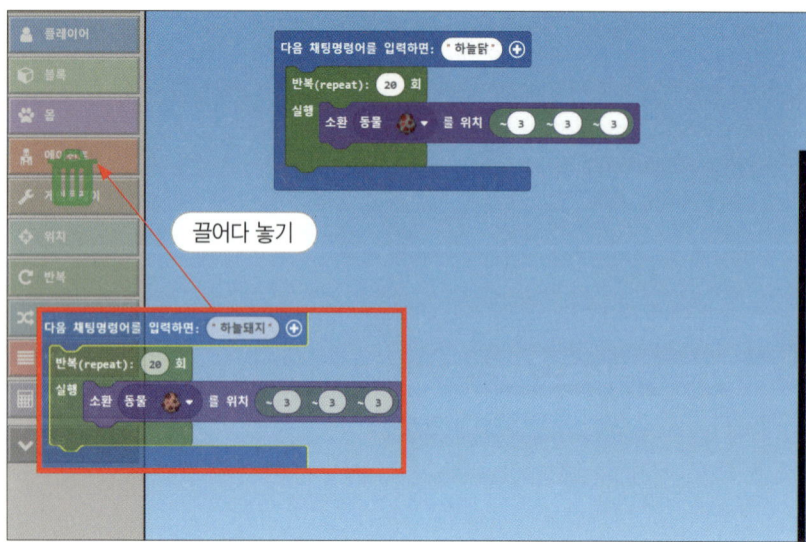

만약 지웠던 코드를 다시 살리고 싶을 때는 화면 아래에 있는 **이전 상태로 되돌리기**( ) 버튼을 눌러 간단하게 살릴 수 있어요.

잠깐만요 — 메이크코드 서버에 접속이 안 돼요!

이 책을 실습하다가 갑자기 메이크코드 접속이 안 된다면 PC에 설치된 메이크코드를 지우고 다시 설치해 보세요. 이는 마인크래프트 업데이트로 인한 버그일 확률이 높은데, 메이크코드를 지우고 새로 설치하거나 며칠 기다렸다가 다시 시도해 보는 방법 등으로 해결되기도 합니다.
그래도 안 된다면 윈도우 검색 창에서 'Windows 보안'으로 검색하여 '방화벽 및 네트워크 보호' 창을 열고, '방화벽에서 앱 허용'을 클릭하세요. 그리고 Code Connection for Minecraft 앱이 허용되도록 체크를 해 주세요.

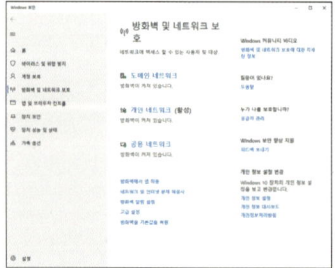 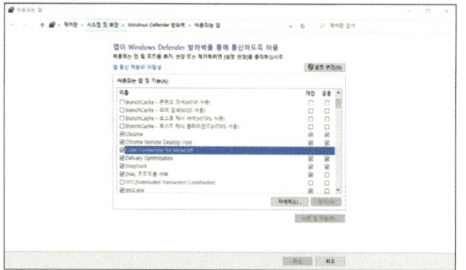

11 모든 코드가 완성되었으면 오른쪽 아래에 있는 **실행**(▶) 버튼을 눌러 코드를 실행하세요.

쌤Talk!

실행 버튼을 누르면 버튼이 빨간색 네모(■)로 바뀔 거예요. 그럼 실행되고 있다는 뜻이에요. 만약 코드실행을 정지하고 싶으면 빨간색 네모로 바뀐 **정지**(■) 버튼을 다시 누르면 됩니다.

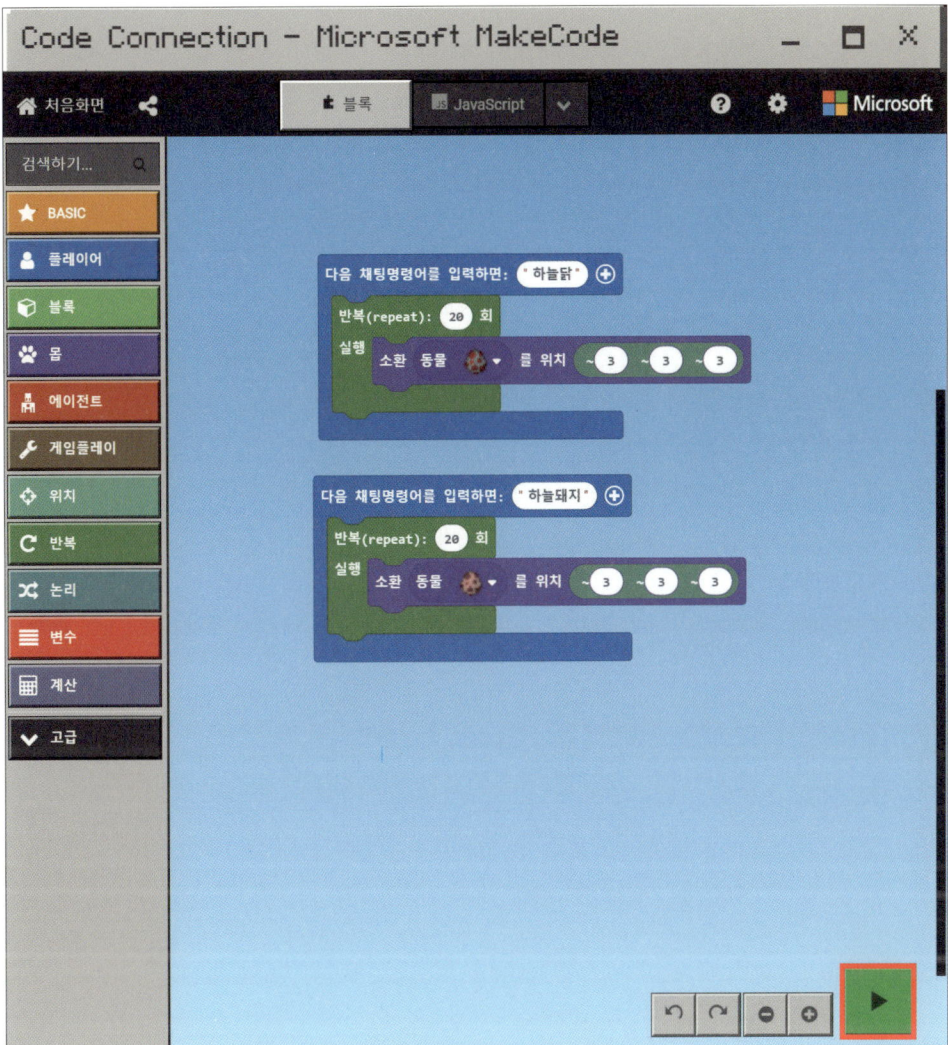

12 마인크래프트로 돌아가 Enter를 누르고 채팅창에 **하늘닭, 하늘돼지**를 입력하고 실행 결과를 확인해 보세요. 닭과 돼지가 각각 20마리씩 하늘에서 떨어질 거예요!

Chapter 02 메이크코드 사용법 배우기 ■ 41

CHAPTER 03

마인크래프트랑 친해지기

마인크래프트에서 코딩으로 미니 게임을 만들기 전에 전반적인 조작 방법에 관해 설명하겠습니다. 이미 마인크래프트 게임에 능숙하다면 앞 부분의 설명을 건너 뛰고 51쪽의 '활동 03. 멀티플레이를 해 봐요'로 넘어가면 됩니다. 이 책에 나온 마인크래프트의 메뉴들은 업데이트에 따라서 조금씩 바뀔 수는 있지만, 조작이나 사용하는 방법 등은 그대로일 테니 꼭 한번 읽어 보세요. 또한 내가 만든 코드를 '자바스크립트'나 '파이썬' 같은 텍스트 코드로 손쉽게 전환하는 기능도 있어 텍스트 코딩을 배울 수도 있답니다.

활동 01 마인크래프트 메뉴를 익혀 봐요

Chapter 03은 마인크래프트를 어떻게 조작하는지 모르는 독자를 위한 활동이에요. 마인크래프트 게임을 능숙하게 다룰 수 있는 독자라면 Chapter 04로 넘어가도 괜찮아요.

기본 메뉴 둘러보기

마인크래프트를 실행하면 다음과 같은 화면이 나타날 거예요. 각 버튼이 어떤 기능을 하는지 둘러본 다음 **플레이** 버튼을 눌러 보세요.

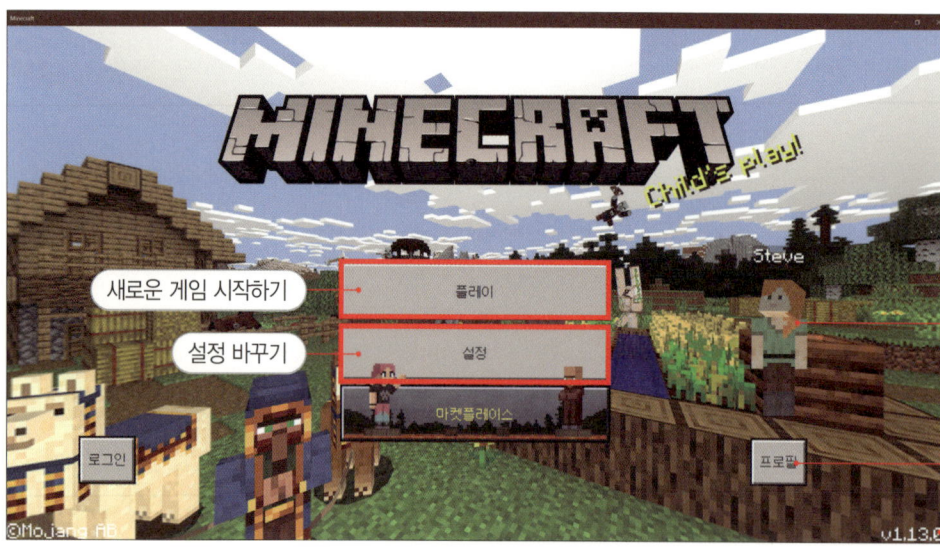

> **쌤Talk!**
> 3장은 마인크래프트 조작을 잘 모르는 독자들을 위한 내용이에요. 마인크래프트 게임을 이미 능숙하게 다룰 수 있는 독자들은 51쪽 **활동 03**의 멀티 플레이 방법으로 넘어가세요.

플레이 버튼을 누르면 다음과 같은 화면이 나타날 거예요. Chapter 01의 **활동 03**에서 우리가 처음 만든 월드가 저장되어 있어요. **내 월드**를 눌러 볼까요?

> 쌤Talk!
> 단, **활동 03**에서 멀티플레이를 하려면 꼭 마이크로소프트 계정으로 로그인을 해야 해요.

내 월드를 눌렀을 때 보이는 게임 화면이에요.

❶ **십자 표시 선** : 특정 블록을 캐고 싶다면 십자 표시 선을 캐고 싶은 블록에 위치시킨 후에 캐야 해요. 특정 아이템을 놓을 때도 십자 표시 선을 그 위치에 맞춘 다음 놓아야 하고요.

❷ **내 체력** : 체력이 다 떨어지면 죽어요. 공격을 받지 않으면 회복해요.

❸ **배고픔 수치** : 수치가 다 떨어지면 체력이 깎이기 시작해요. 고기를 먹어 수치를 채울 수 있어요.

❹ **경험치 막대** : 월드 안에서 몹을 잡는 등의 특정 행동을 하면 경험치가 올라가요. 경험치가 꽉 차면 레벨이 올라가요.

❺ **핫 바** : 현재 사용 가능한 블록을 놓는 칸이에요. 마우스 휠을 돌리면 손에 드는 블록이 바뀌어요.

도움말 보기

마인크래프트가 제공하는 도움말만 잘 읽어도 마인크래프트 월드에서 충분히 살아갈 수 있어요. 도움말이 어디 있었는지 기억하나요? 마인크래프트 첫 화면에서 **설정** 버튼을 눌러 보세요.

왼쪽 메뉴에서 **게임 방법** 버튼을 누르면 여러 유용한 도움말을 볼 수 있습니다.

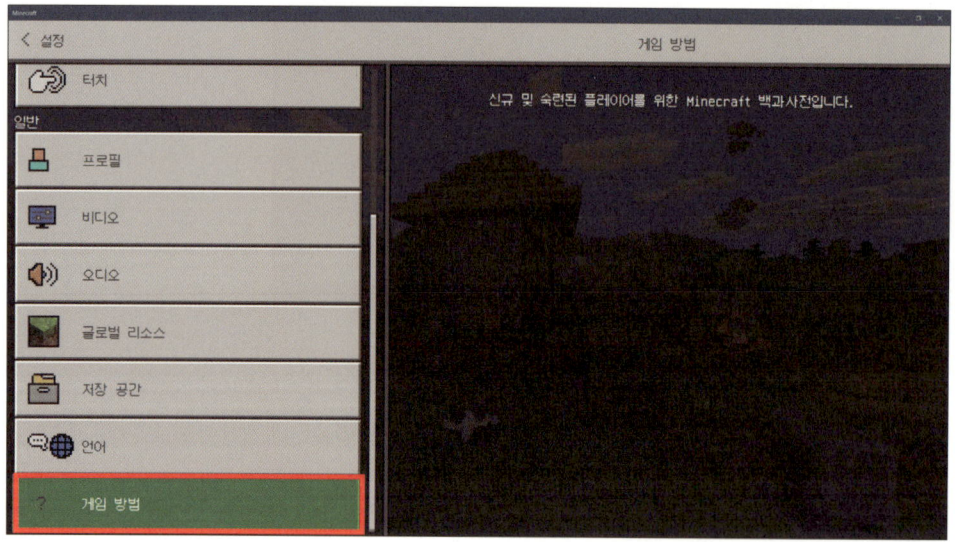

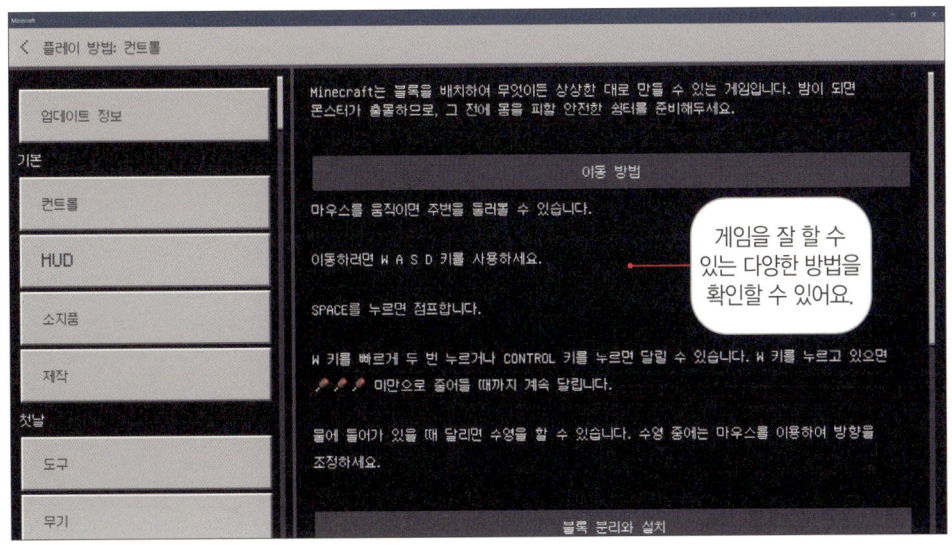

게임 안에서도 도움말을 볼 수 있습니다. 마인크래프트 월드 안에서 키보드의 ESC를 누르고 **설정** > **게임 방법** 버튼을 누르면 여러 가지 유용한 도움말을 볼 수 있습니다.

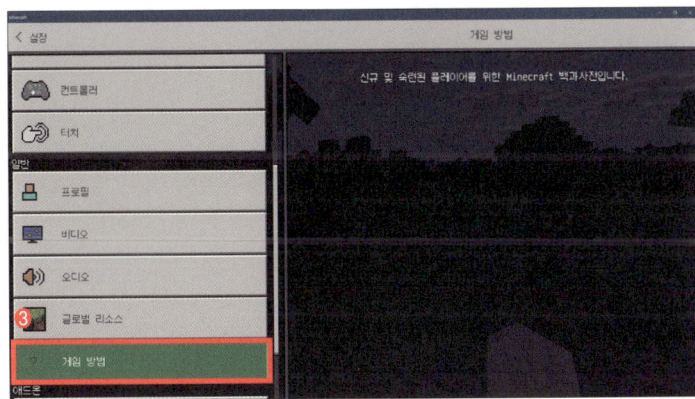

활동 02

마인크래프트를 조작해 봐요

마인크래프트는 기본적으로 키보드와 마우스로 조작해요. 한눈에 들어오도록 그림으로 정리해 놓았으니 보고 연습해 보세요.

마인크래프트 월드를 탐험하다 궁금한 내용이 생기거나 조작할 키가 생각나지 않을 때는 ESC를 누르면 나타나는 화면에서 **게임 방법** 버튼을 눌러 도움말을 확인해 보세요. 여러분이 마인크래프트 월드에서 살아가는 데 필요한 모든 것이 잘 나와 있답니다!

소지품을 확인하는 방법

E를 누르면 소지품을 확인할 수 있습니다.

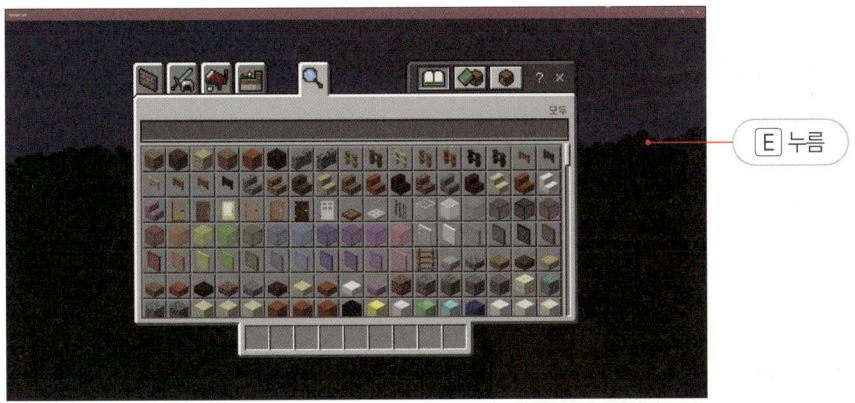

혹시 필요한 아이템을 찾고 싶다면 검색(🔍)을 이용할 수 있습니다.

게임 모드에 따라 소지품 창이 뜨지 않을 수도 있어요. 이럴 때 소지품을 확인하는 방법에는 세 가지가 있어요. 첫 번째는 백과사전(📖)에서 확인하는 방법이에요. 마인크래프트 월드에 있는 모든 아이템을 찾을 수 있어요. 단, 이 방법은 크리에이티브 모드에서만 사용할 수 있어요.

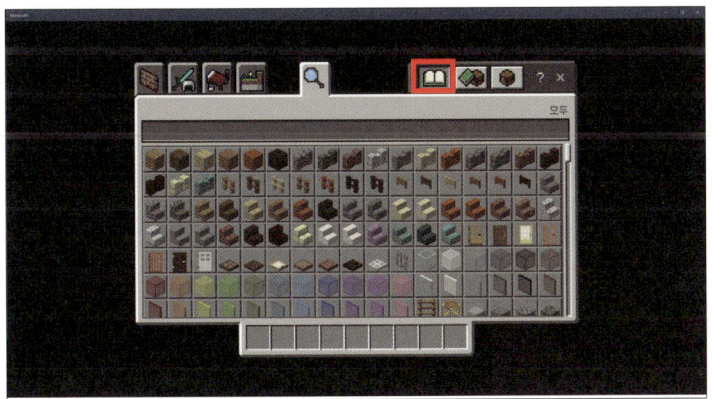

이와 같이 모든 아이템을 보기 위해서는 크리에이티브 모드여야 합니다.

두 번째는 인벤토리와 백과사전을 같이 보면서 확인하는 방법이에요(). 왼쪽에는 마인크래프트 월드에 존재하는 아이템이 표시되고 오른쪽에는 현재 내가 소유한 아이템이 표시돼요.

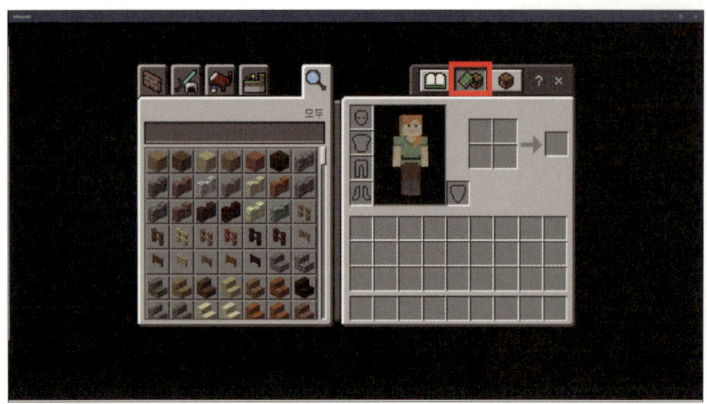

세 번째는 인벤토리()에서 확인하는 방법이에요. 현재 내가 소유한 아이템만 표시돼요.

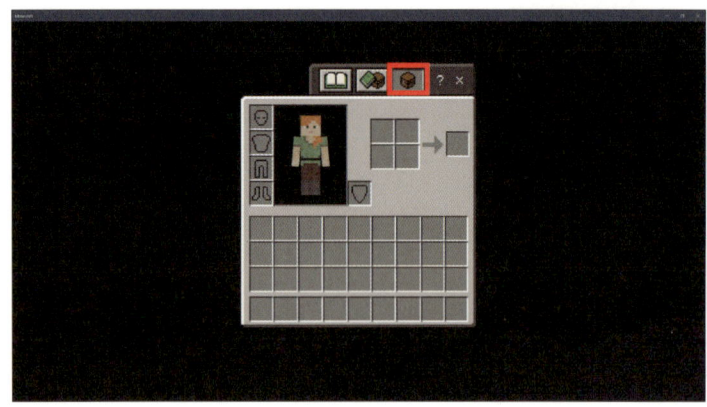

세 가지 방법 중 보기 편한 방법을 설정하면 돼요. 마인크래프트 월드를 탐험하는데 도움이 될 거예요.

활동 03 멀티플레이를 해 봐요

마인크래프트는 친구들과 함께 게임을 하는 멀티플레이를 지원해요. 단, 멀티플레이를 하려면 인터넷에 연결되어 있어야 하고, 마이크로소프트 계정으로 로그인을 해야 해요.

로그인하기

마인크래프트 메인 화면의 왼쪽 아래에 있는 **로그인** 버튼을 눌러 마이크로소프트 계정으로 로그인을 하세요.

> **쌤Talk!**
> 만약 마이크로소프트 계정이 없다면 먼저 가입을 해 주세요.

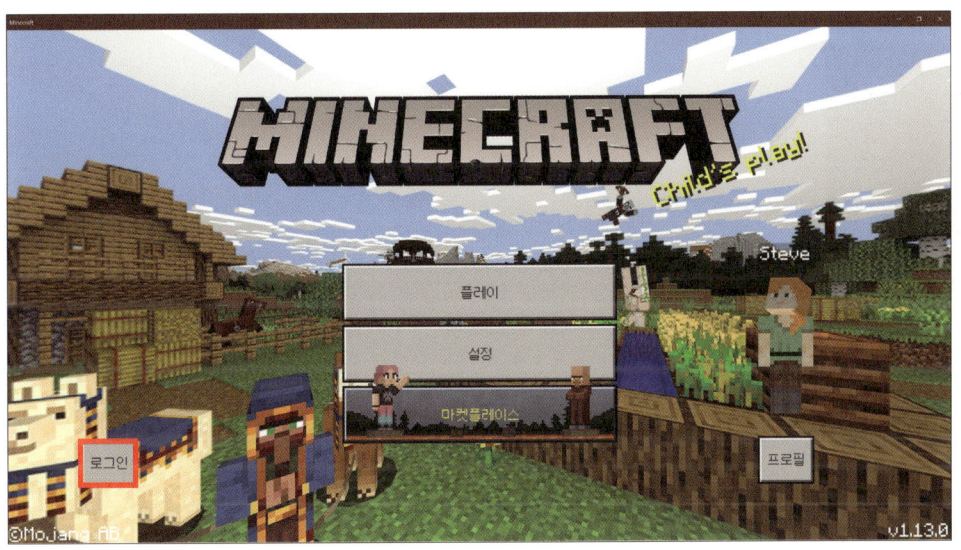

로그인을 하면 메인 화면에 여러분이 설정한 캐릭터의 이름으로 나타날 거예요. 이 화면이 보인다면 멀티플레이를 할 준비가 된 거예요.

> 쌤Talk!
>
> 멀티플레이의 종류에는 등록된 친구가 만든 게임에 접속하는 방법, Realm(렐름) 게임에 접속하는 방법, 서버를 통해 접속하는 방법이 있답니다.

| 잠깐만요 | **Xbox Live에 로그인을 할 수 없다는 메시지가 나와요!** |

로그인을 할 때 "Xbox Live에 로그인을 할 수 없습니다."라는 메시지가 나오는 경우가 있어요.

이런 메시지가 나오는 이유는 실명 인증을 하지 않았기 때문입니다. 게임산업진흥법에 의해 모든 사용자는 실명 인증을 해야 해요. 15쪽의 잠깐만요에서도 언급했지만, 이때 실명 인증을 하려면 부모님 계정을 사용해야 합니다. 그 이유는 마인크래프트는 Xbox Live를 통해 동작하는데, 청소년 보호를 위해 Xbox Live의 경우 미성년자는 이용할 수 없기 때문입니다. 이는 마인크래프트 이용 가능 연령의 문제가 아니므로 부모님께서 마이크로소프트 계정을 만든 후 다음과 같이 Xbox Live 인증 과정을 거쳐야 합니다.

❶ 인터넷 주소 창에 Xbox.com이라고 입력하여 Xbox 홈페이지에 접속한 후 오른쪽 위에 있는 **로그인**을 클릭하세요.

❷ 로그인을 하면 자동으로 나이 확인 페이지로 이동해요. 혹시 자동으로 이동하지 않는다면, https://account.xbox.com/KoreanAgeVerification을 입력하여 '나이 확인' 페이지로 이동하세요. **나이 확인** 버튼을 클릭하세요.

❸ PASS 팝업 창이 뜰 거예요. 부모님의 휴대폰 번호를 통해 본인 인증을 하세요.

❹ 이제 다시 마인크래프트로 돌아와 로그인을 해 보세요.

친구를 등록하여 멀티플레이하기

메인 화면에서 **플레이** 버튼을 누르고, **친구** 탭을 눌러요. 여기서 **친구 추가** 버튼을 누르면 친구를 추가할 수 있어요.

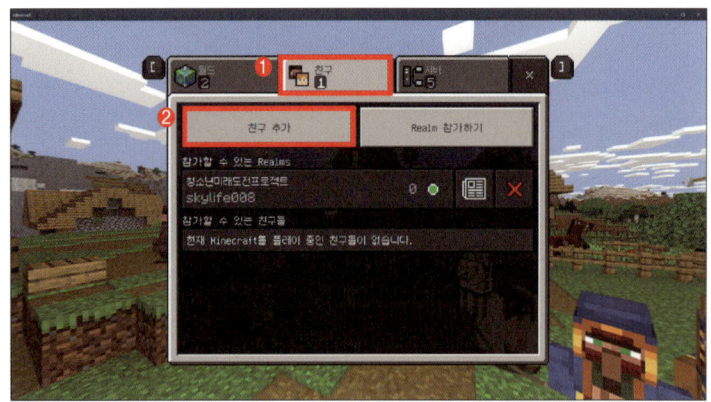

> **잠깐만요** **'Xbox 본체 도우미'라는 무료 앱을 설치해야 해요!**
>
> 마이크로소프트 스토어(Microsoft Store)에서 앱을 다운로드할 수 있는 창이 뜰 거예요. **무료** 버튼을 클릭하여 'Xbox 본체 도우미'를 설치한 후 **실행** 버튼을 클릭하세요. Xbox 본체 도우미 앱이 뜨면 성공이랍니다!
>
>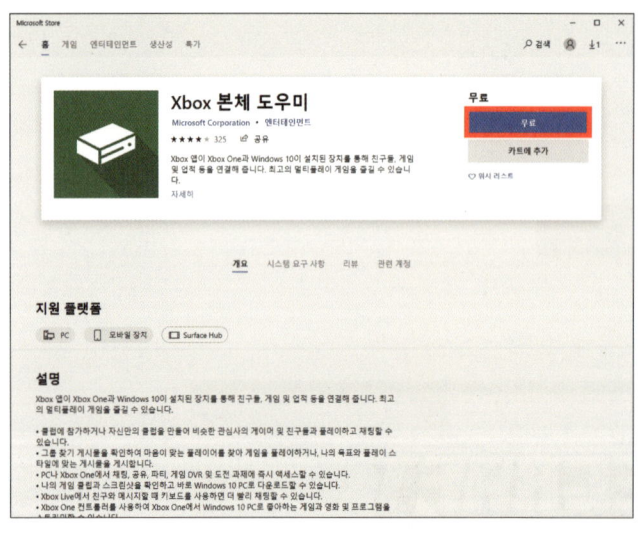

친구의 마이크로소프트 계정을 검색하여 찾아 보세요. 이제 친구와 같이 멀티플레이를 할 수 있네요!

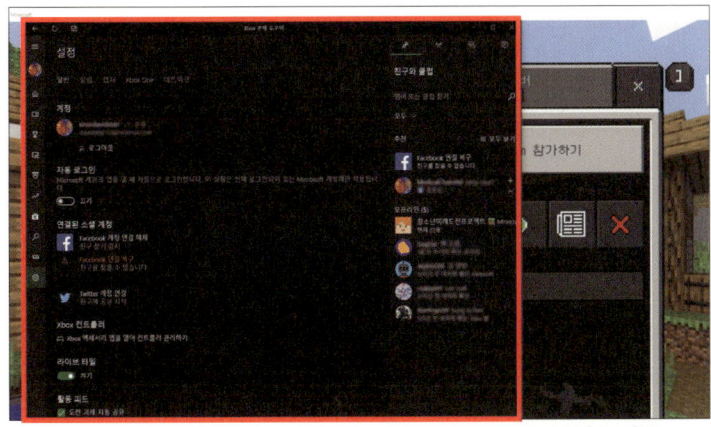

🟩 Realm 게임으로 멀티플레이하기

Realm(렐름)은 친구들과 함께 게임을 하기 위한 서버를 뜻해요. 마인크래프트 회사가 운영하는 서버이며, Realm 서버를 사용하려면 돈을 내고 구매해야 해요. 30~180일까지 이용할 수 있으며, 2~10명까지 동시에 접속할 수 있어요. 그리고 기간과 플레이어 수에 따라 5,000~60,000원의 사용료를 내야 한다는 점에 유의하세요.

Talk!

이 책에 나오는 게임에서는 멀티플레이를 할 때 Realm(보통 '렐름'이라고 읽음)이 없어도 돼요. 친구를 등록해서 멀티플레이를 하는 것으로도 충분하니 필요한 경우에는 Realm을 구매하도록 하고, 이 책에서는 이렇게 하는 방법이 있다는 것을 알아 두도록 해요.

01 메인 화면에서 **플레이** 버튼을 누른 다음 **새로 만들기** 버튼을 눌러요.

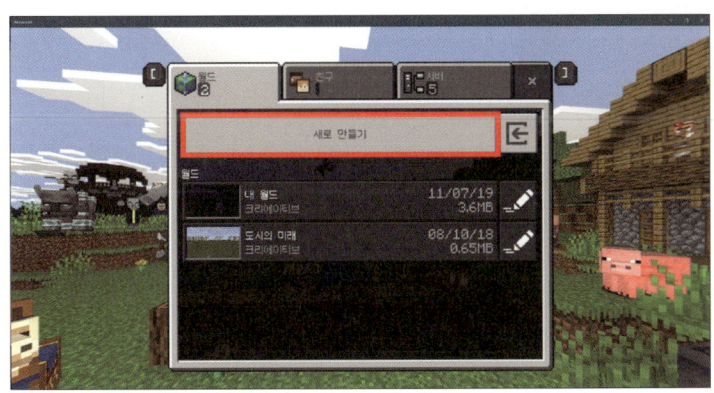

02 새 Realm 탭을 누른 다음, **새 Realm 만들기** 버튼을 눌러요.

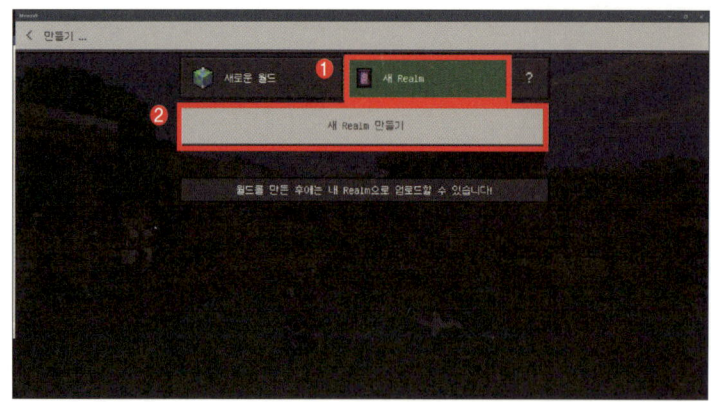

03 새로운 Realm을 만들면 참가 코드가 생성돼요. 함께 게임을 하고 싶은 친구들과 그 코드를 공유해요. 참가 코드를 받은 친구는 **친구** 탭에서 **Realm 참가하기**를 눌러 코드를 입력하고 **참여하기** 버튼을 클릭합니다.

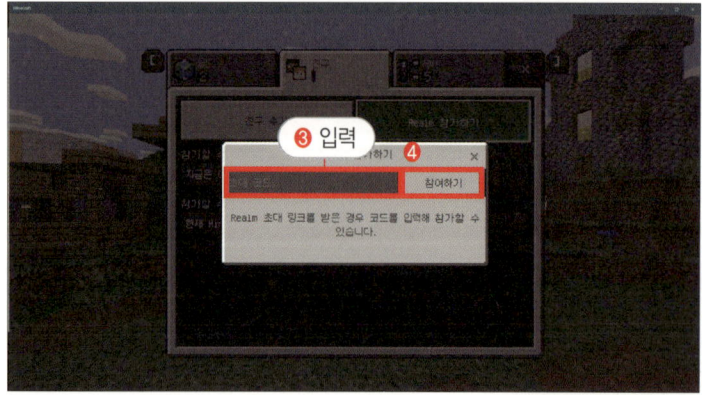

🟢 서버를 통해 전 세계 사람들과 멀티플레이하기

멀티플레이를 하는 마지막 방법으로, 전 세계 사람들이 열어 놓은 서버에 접속하는 방법이 있어요. 하지만 이 방법은 서버의 설정에 따라 치트와 코드가 안될 수 있기 때문에 이 책의 실습에는 적절하지 않아요. 그러므로 이러한 방법도 있다는 정도로만 알아두세요.

01 게임의 메인 화면에서 **플레이** 버튼을 누르고 **서버** 탭으로 이동해요.

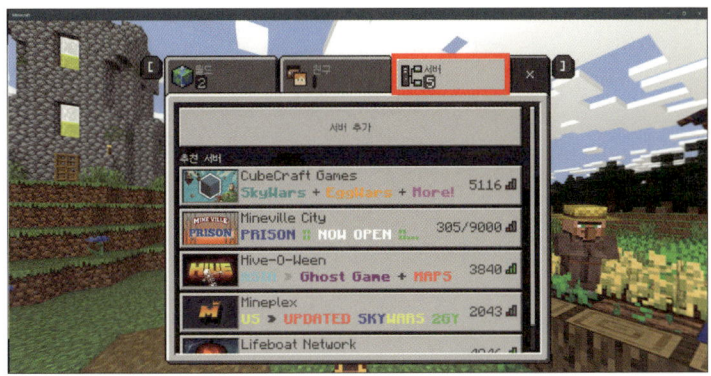

02 많은 사람들이 만든 서버가 보이네요. **서버 추가** 버튼을 클릭하세요.

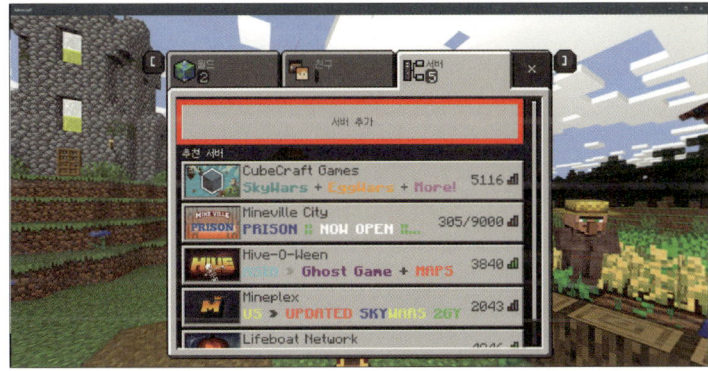

03 혹시 여러분이 알고 있는 서버 주소가 있다면 해당 서버 이름과 주소를 입력하여 플레이할 수 있어요.

CHAPTER 04

순발력이 필요해_ 청기백기 게임

게임을 할 때 가장 필요한 것은 무엇일까요? 바로 '순발력'이에요. 실시간으로 상황이 바뀌는 게임에서 정확한 것을 판단하여 행동할 수 있는 순발력은 게임에서 아주 중요하지요. 이번 시간에는 파란색 블록을 부수면 점수를 얻고, 흰색 블록을 부수면 점수를 잃는, 순발력이 필요한 청기백기 게임을 만들어 보겠습니다.

게임 소개

파란색 블록을 부수면 점수를 얻고 흰색 블록을 부수면 점수를 잃는, 순발력이 필요한 '청기백기' 게임을 만들어 보겠습니다.

게임 환경 1인 이상의 플레이어, 평면맵, 크리에이티브 모드

학습 목표 블록 놓기와 변수를 이용하여 청기백기 게임을 만들어 보자.

완성 파일 4장.mkcd

동영상 강의 보기

게임 규칙

 1초마다 파란색 또는 흰색 블록이 무작위로 생긴다.

 파란색 양털 블록을 부수면 1점을 얻는다.

 흰색 양털 블록을 부수면 1점이 깎인다.

 100개의 랜덤한 블록이 생긴 후 게임이 종료되고 가장 많은 점수를 얻은 사람이 승리한다.

활동 01 청기백기 게임을 시작해요

01 플레이어 에서 다음 채팅명령어를 입력하면 을 끌어온 뒤 채팅명령어를 **시작**으로 바꿉니다.

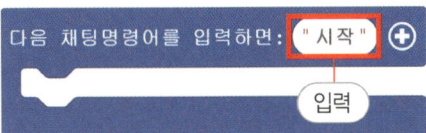

02 게임플레이 에서 메시지 보여주기 를 끌어와 다음 채팅명령어를 입력하면 안쪽에 연결하세요. 그런 다음 메시지 보여주기의 대상을 **모든 플레이어**로 바꾸고, 진한 글자를 **게임 시작**, 일반 글자를 **청기백기 게임을 시작합니다. 청색 블록만 부수세요.**라고 바꾸세요.

03 변수 에서 **변수 만들기** 버튼을 누르세요. 새 변수 이름 창이 나타나면 변수 이름을 **점수**로 입력하고 **확인** 버튼을 누르세요.

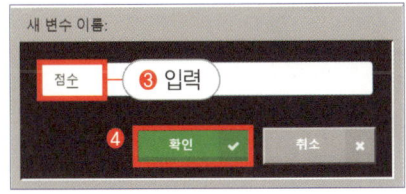

> **쌤Talk!**
> 이제부터 '점수'라는 변수에 점수가 기록될 거예요.

04 변수 에서 점수에 0 저장 을 끌어와 안쪽에 연결하세요.

쌤Talk!
처음 시작할 때의 점수로 0점에서 시작해요.

05 고급 의 확장 메뉴인 빌더 에서 빌더 텔레포트 를 끌어와 연결하세요.

쌤Talk!
우리가 파괴할 블록은 빌더를 이용하여 놓을 거예요. 그렇게 하려면 먼저 빌더를 불러와야 겠죠?

06 반복 에서 반복(repeat) 실행 을 끌어와 안쪽에 연결하세요. 반복(repeat) 실행 의 반복 횟수를 100 으로 바꾸세요.

쌤Talk!
여기서 반복 횟수는 청기, 백기 블록이 바뀌는 횟수를 의미해요. 보통 한 번 게임할 때 100회 정도가 적당해요. 원한다면 조금 더 늘려 보세요!

07 변수 에서 **변수 만들기**를 누른 다음 **랜덤수**라는 변수를 만드세요.

08 변수에서 랜덤수에 0 저장 을 끌어와 반복(repeat) 실행 안쪽에 연결하세요.

09 계산에서 0부터 10까지의 정수 랜덤값 을 끌어와 랜덤수에 0 저장 의 0 자리에 넣고 0부터 10까지를 0부터 1까지로 바꾸세요.

💬 **Talk!**
이제 랜덤수 에는 0 또는 1 두 개 중에 하나가 랜덤으로 저장될 거예요.

10 논리에서 만약(if) 아니면(else) 실행 을 끌어와 반복(repeat) 실행 안쪽에 연결하세요.

11 빌더 에서 블록놓기 를 2개 끌어와 만약(if) 아니면(else) 실행 안쪽에 각각 아래 그림과 같이 연결하세요. 그리고 블록의 종류를 각각 **파란색 양털 블록**과 **흰색 양털 블록**으로 바꾸세요.

> **쌤Talk!**
> 블록 모양을 누르고 검색 창에 '양털'을 입력해 검색하면 좀 더 빠르게 찾을 수 있어요!

12 논리 에서 0=0 을 끌어와 만약(if) 아니면(else) 실행 참(true) 자리에 연결하세요. 그런 다음 변수 에서 랜덤수 를 끌어와 0=0 의 첫 번째 0 자리에 연결하세요.

> **쌤Talk!**
> 랜덤수 에 0이 저장되면 파란색 양털 블록이 생기고, 1이 저장되면 흰색 양털 블록이 생길 거예요.

13 C 반복 에서 일시중지 를 끌어와 연결하고 100을 1000으로 바꾸세요.

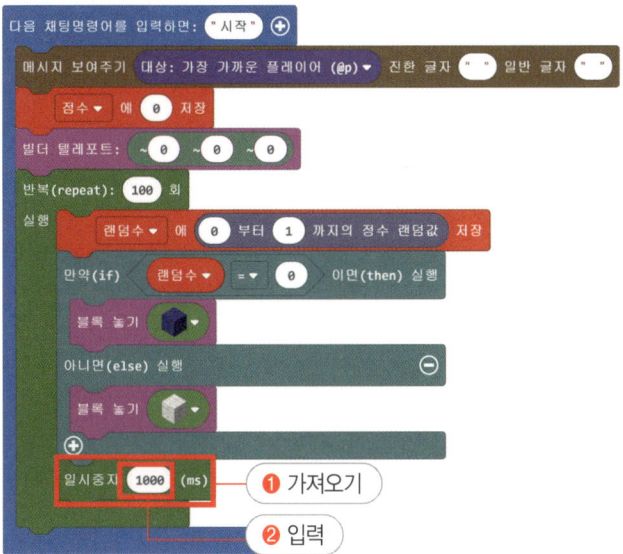

너무 빨리 변하면 맞는 블록을 부수기 어렵겠죠? 1초마다 블록이 바뀌도록 만드는 방법이 바로 일시중지 예요. 이때 1000ms는 1초와 같아요. 따라서 1초마다 블록이 랜덤으로 파란색 양털 블록 혹은 흰색 양털 블록으로 바뀌게 돼요.

14 Enter를 눌러 채팅 창을 열고 채팅 창에 **시작**을 입력하세요.

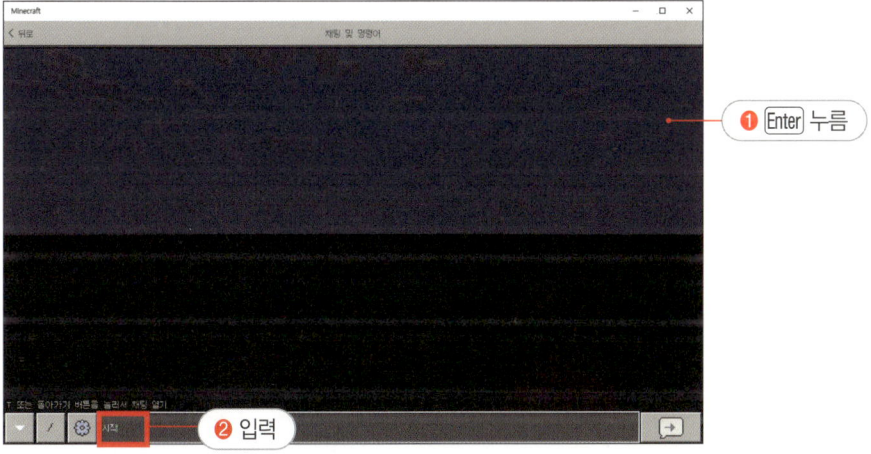

Chapter 04 순발력이 필요해_청기백기 게임 ■ 65

활동 02 집중해서 블록을 깨요

파란색 블록을 깨면 득점하고, 흰색 블록을 깨면 점수를 잃어야 해요. 순발력을 발휘해서 게임을 할 수 있도록 득점 코드와 실점 코드를 만들어 볼게요.

득점 코드 만들기

01 🟩 블록 에서 블록이 깨지면 실행 을 끌어와 **잔디 블록**을 **파란색 양털 블록**으로 바꾸세요.

02 🟥 변수 에서 점수 값 1 증가 를 끌어와 안쪽에 연결하세요.

> **쌤Talk!**
> 🟥 변수 에는 다양한 변수가 있을 수 있어요. **활동 01**에서 만든 점수 변수를 끌어와야 해요.

03 👤 플레이어 에서 채팅창에 말하기 를 끌어오세요. 그리고 ▲고급 의 확장 메뉴인 T 문자열 에서 연결한 문자열 과 🟥 변수 에서 점수 변수를 끌어와 다음과 같이 연결하세요.

실점 코드 만들기

01 방금 만든 '득점코드'에서 마우스 오른쪽 버튼을 누르면 나오는 메뉴에서 **복사**를 누르세요.

비슷한 코드를 작성할 때에는 이렇게 '복사' 기능을 이용하는 것이 좋습니다.

02 블록이 통째로 복사되면 **파란색 양털 블록**을 **흰색 양털 블록**으로 바꾸고, 점수값증가 에서 1을 –1로 바꾸세요.

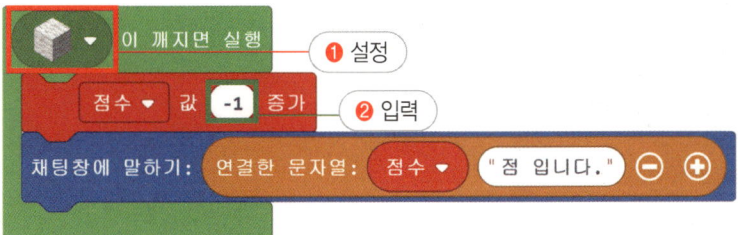

활동 03 게임을 실행해요

01 코드 작성을 마쳤다면 마인크래프트에서 **평면맵, 크리에이티브 모드**로 맵을 만드세요. **만들기** 버튼을 누르세요.

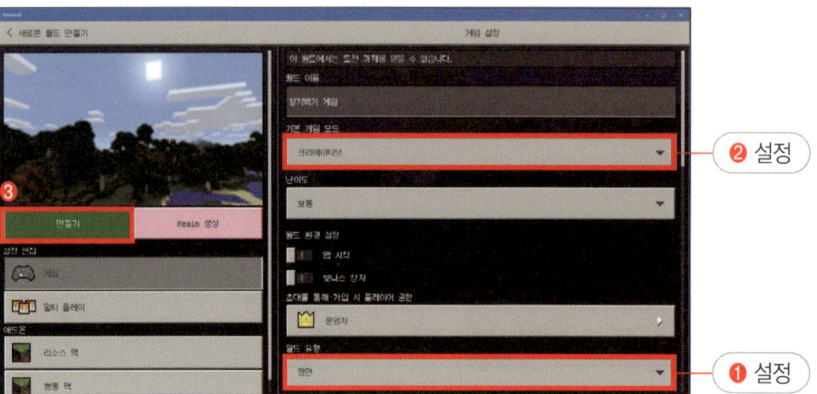

02 '코드 커넥션' 창의 오른쪽 아래에 있는 **실행(▶)** 버튼을 누르세요. 그리고 Alt +Tab을 눌러 마인크래프트로 돌아오세요.

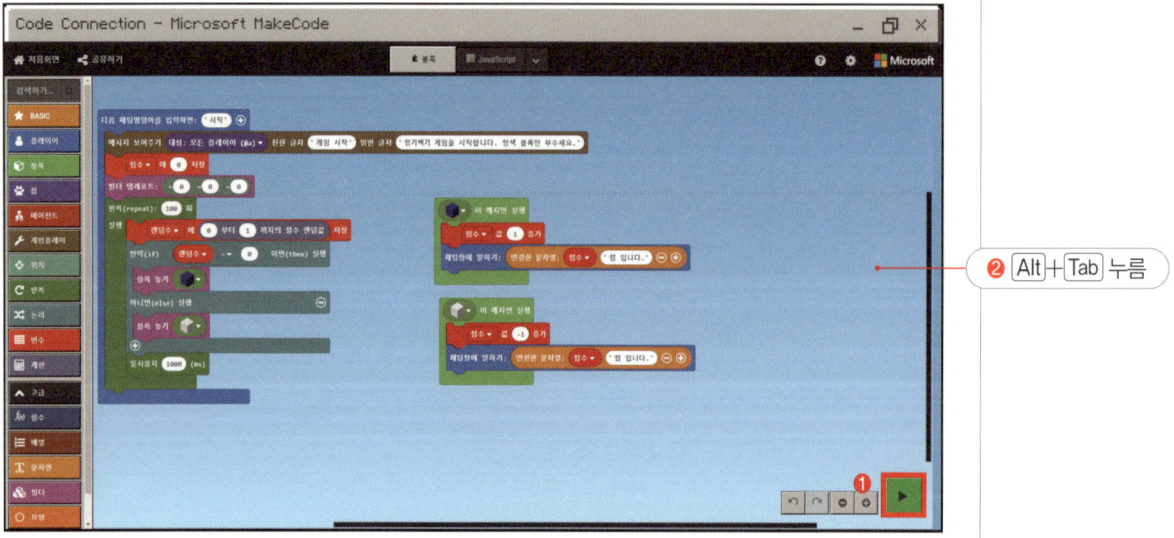

03 Enter를 눌러 채팅 창을 열고 **시작**이라고 입력하세요.

> **쌤Talk!**
> Enter 대신 T를 눌러도 됩니다.

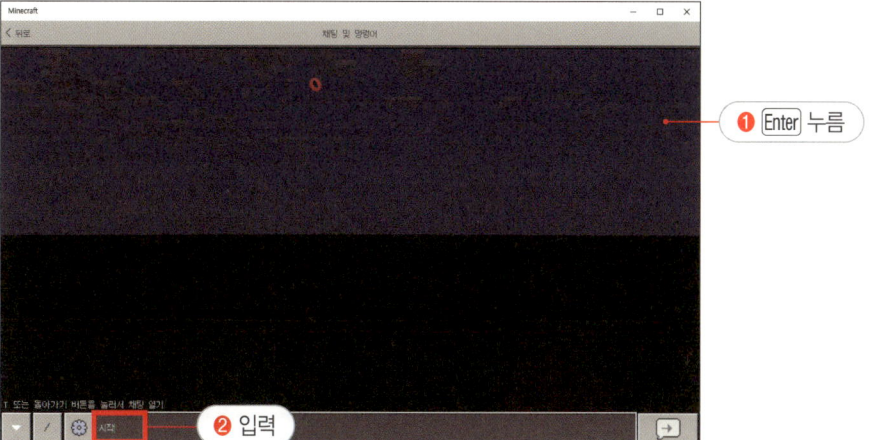

04 파란색 블록이 나오면 부수고, 흰색 블록이 나오면 잠시 기다립니다.

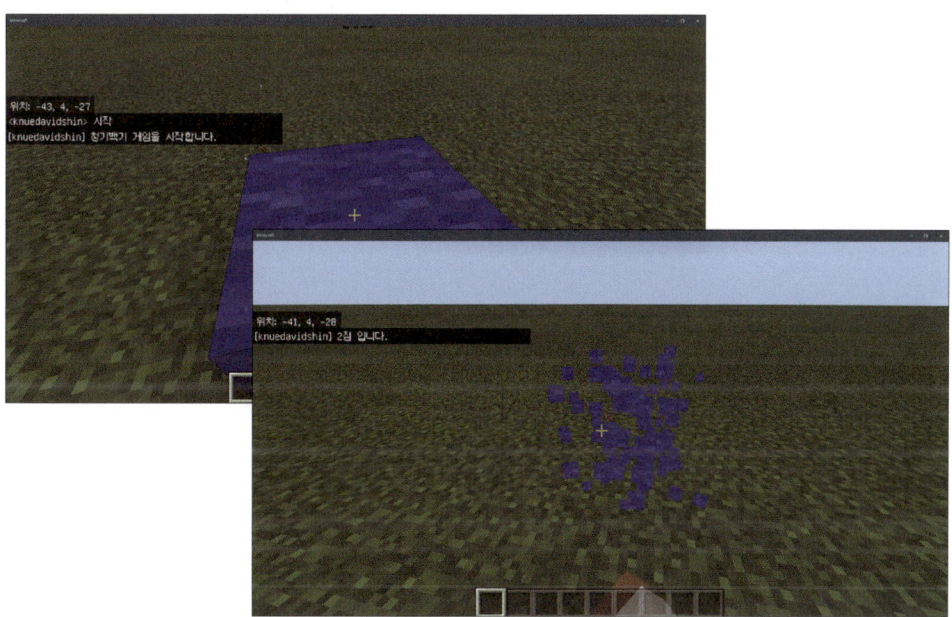

05 100개의 블록이 다 나올 때까지 게임을 진행합니다.

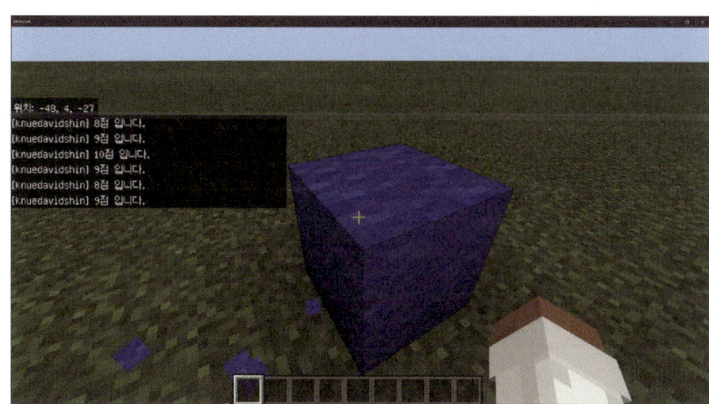

정리해요

지금까지 만든 프로젝트를 정리해 볼까요?

게임이 시작되면 블록을 놓는 코드

득점 코드

실점 코드

나의 게임 디자인

청기백기 게임에 여러분의 아이디어를 추가하여 새로운 게임으로 재탄생시켜 보세요.

난이도 조절하기

일시 중지 시간을 줄여 보세요. 블록이 나타나는 속도가 더 빨라지기 때문에 조금 더 긴장감 있는 게임이 될 거예요.

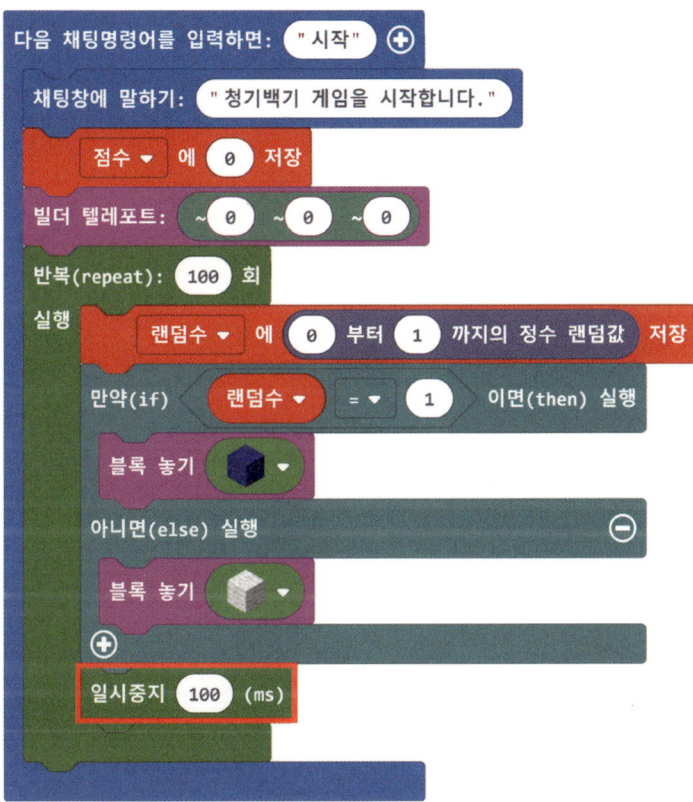

새로운 규칙 적용하기

흰색 블록을 깼을 때 잃는 점수 값이 더 크면 어떨까요? 블록이 바뀌는 것을 더 집중해서 봐야 하므로 게임이 더 흥미진진해질 거예요.

새로운 명령 블록 활용하기

판단해야 할 블록을 추가하는 경우는 어떨까요? 파란색 블록, 흰색 블록 말고도 다른 색 블록을 추가해 보세요. 게임의 난이도가 더 높아지겠죠?

CHAPTER 05

인공지능 에이전트
_미로 찾기 게임

우리들의 대리인이자 심부름꾼인 에이전트는 얼마나 똑똑할까요? 이제까지는 블록을 놓을 때만 에이전트를 사용했습니다. 하지만 우리의 에이전트는 훨씬 더 똑똑하답니다. 에이전트가 미로를 만들고 그 길을 그대로 쫓아서 이동하는 게임을 만들어 보겠습니다.

게임 소개

에이전트는 메이크코드를 연결하는 순간 플레이어 앞에 나타나는 대리인이에요. 이번에는 에이전트에게 명령을 내리면 미로를 만들고, 에이전트가 스스로 판단하여 이동하는 게임을 만들어 보겠습니다. 게임의 승패는 따로 없으며, 미로가 끝나면 에이전트가 스스로 판단하여 미로 찾기 게임을 멈추게 됩니다.

게임 환경	1인 이상의 플레이어, 평면맵, 크리에이티브 모드
학습 목표	에이전트 블록 놓기와 블록 탐지, 다중 선택 구조를 이용하여 스스로 판단하는 인공지능 에이전트를 만들어 보자.
완성 파일	5장.mkcd

동영상 강의 보기

게임 규칙

 에이전트를 불러와서 현재 위치를 알아낸다.

 에이전트가 랜덤으로 이동하며 블록을 놓아 미로를 만든다.

 게임을 시작하면 에이전트가 만든 미로를 스스로 판단하며 이동하도록 만들면 성공한다.

활동 01 에이전트를 불러와요

이번 활동에서는 에이전트에게 명령할 것이므로 에이전트를 불러오고, 불러온 위치를 알아야 해요.

> **쌤Talk!**
> 에이전트(Agent)란 마인크래프트 월드에서 여러분의 건축, 채집, 광물 모으기 등을 도와주는 친구예요.

01 플레이어 에서 다음 채팅명령어를 입력하면 을 끌어온 뒤 채팅명령어를 **부르기**로 바꾸세요.

02 에이전트 에서 에이전트가 플레이어에게 텔레포트 를 끌어와 다음과 같이 연결하세요.

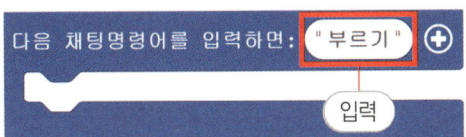

03 플레이어 에서 채팅창에 말하기 를 끌어와 연결하세요.

04 고급 을 클릭하고 문자열 에서 연결한 문자열 을 끌어오고 ⊕를 클릭한 뒤 에이전트 에서 에이전트 위치 를 끌어와 가운데 자리에 넣으세요. 그리고 Hello를 **현재 에이전트 위치는**으로 수정하고, 빈 자리에는 **입니다.**를 입력하세요.

> **쌤Talk!**
> 연결한 문자열 에서 ⊕를 누르면 문자열의 개수를 늘릴 수 있어요.

Chapter 05 인공지능 에이전트_미로 찾기 게임

활동 02 에이전트, 무작위로 길을 만들어 줘

에이전트가 쫓아갈 길을 직접 만들 수도 있지만, 우리의 에이전트는 이동 경로도 스스로 임의로 만들 수 있습니다. 다음 코드를 통해 에이전트에게 이동 경로를 만들도록 하세요.

01 `플레이어`에서 `다음 채팅명령어를 입력하면`을 끌어온 뒤 채팅명령어를 **이동경로**로 바꾸세요.

02 `게임플레이`에서 `메시지 보여주기`를 끌어와 다음과 같이 연결한 뒤 메시지 보여주기의 대상을 **모든 플레이어**로 바꾸고, 진한 글자는 **게임 준비**, 일반 글자는 **에이전트가 이동경로를 구성합니다.**라고 작성하세요.

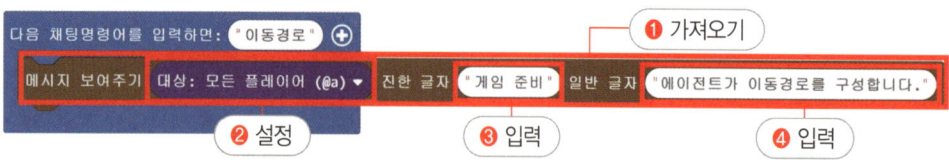

03 `에이전트`에서 `에이전트가 이동 방향 거리`를 끌어와 안쪽에 연결하세요.

쌤Talk!
에이전트가 앞으로 한 칸 이동해서 이동 경로를 만들어야 이동 경로를 만든 후 블록 안에 갇히지 않아요.

04 🤖에이전트 에서 에이전트가 블록 또는 아이템 가져오기 를 끌어와 연결한 뒤, 블록은 **황금 블록**으로, 개수는 **1**을 **64**로 바꾸세요.

> 💬 **Talk!**
> 에이전트에게 이동 경로를 만들 블록을 준 것이에요. 블록 아이콘을 클릭하고 검색 창에서 '황금'이라고 검색하면 조금 더 빨리 찾을 수 있어요. 꼭 황금 블록이 아니어도 괜찮아요.

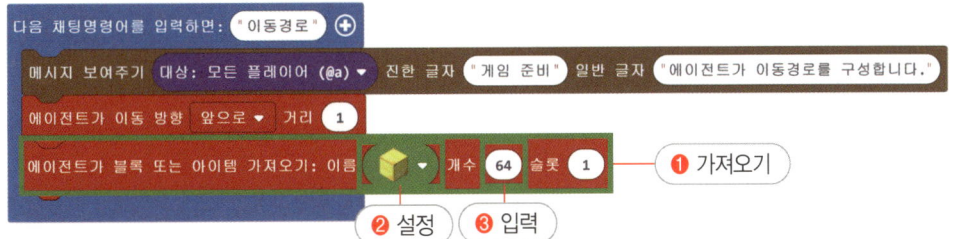

05 🤖에이전트 에서 에이전트가 이동한 곳에 블록 놓기 를 끌어와서 연결하고 거짓(false) 을 참(true) 으로 바꾸세요.

> 💬 **Talk!**
> 만약 에이전트가 이동 경로를 만드는 중에 장애물이 있다면 파괴한 후 이동 경로를 만들어요.

06 에이전트가 이동한 곳에 블록 놓기 를 하나 더 끌어와서 **이동한 곳에 블록 놓기를 장애물을 파괴하기**로 바꾸고, 거짓(false) 을 참(true) 으로 바꾸세요.

07 🔄반복 에서 반복(repeat) 실행 을 연결한 다음 반복 횟수를 **15**로 바꾸세요.

> 💬 **Talk!**
> 반복하는 횟수는 에이전트가 이동하는 경로가 됩니다. 만들고 싶은 길이만큼 입력해 보세요.

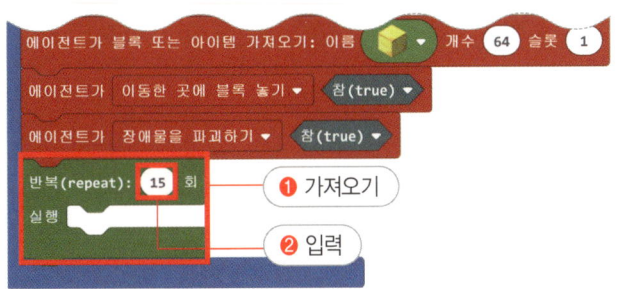

Chapter 05 인공지능 에이전트_미로 찾기 게임 ■ **77**

08 ≡변수 에서 **변수 만들기**를 누른 뒤 **미로**라는 변수를 만들어 주세요.

 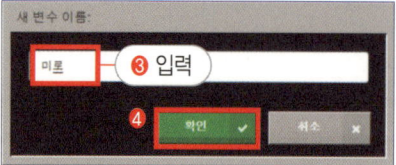

> 쌤Talk!
> '미로'라는 변수를 이용해서 마치 미로 같은 이동 경로를 만들도록 에이전트에게 명령을 내릴 거예요.

09 ≡변수 에서 미로에 0 저장 을 끌어와서 연결한 뒤 계산 에서 0부터 10까지의 정수 랜덤값 을 끌어와 0 자리에 다음과 같이 끼우세요.

> 쌤Talk!
> 이제부터 미로라는 변수가 바뀜에 따라 에이전트가 이동하는 경로가 랜덤으로 정해지도록 만들 거예요.

10 논리 에서 만약(if) 아니면(else) 실행 을 끌어와 연결하고 아래쪽에 있는 ⊕를 눌러 경우를 추가하세요.

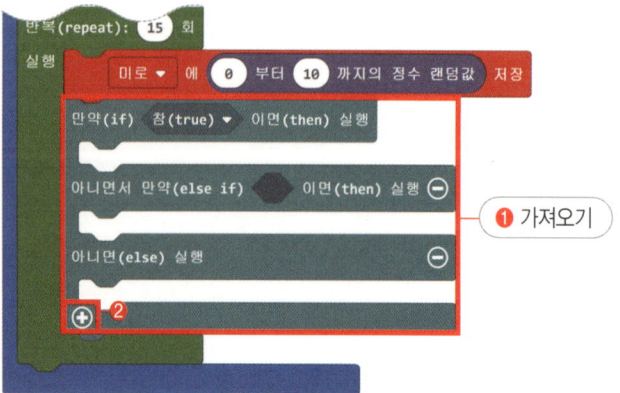

> 쌤Talk!
> 에이전트가 이동하는 경우의 수를 3가지로 나눌 거예요.

78 ■ 마인크래프트 게임 제작 무작정 따라하기 2

11 🔀 논리 에서 `0<0` 를 끌어와 `참(true)` 자리에 넣어 주세요. 그리고 부등호를 '작거나 같을 때(≤)'로 변경하세요.

12 ☰ 변수 에서 `미로` 를 끌어와 `0≤0` 의 첫 번째 0 자리에 넣으세요.

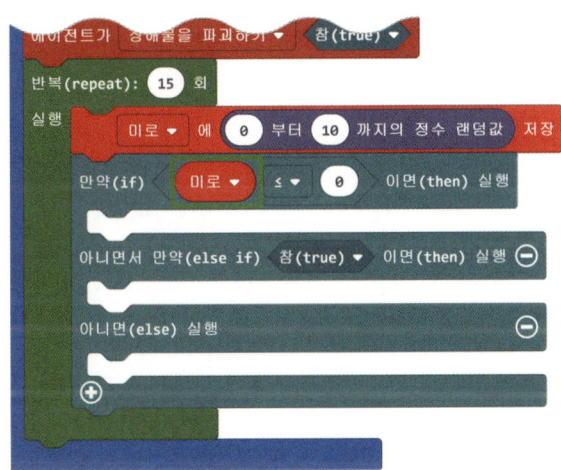

13 12에서 만든 `미로 ≤0` 블록을 복사해서 `아니면 만약(else if)` 안에 넣으세요. 그리고 0을 1로 변경하세요.

💬 Talk!
`미로` 에 들어갈 수의 크기에 따라 세 가지 경우로 나뉘었어요.

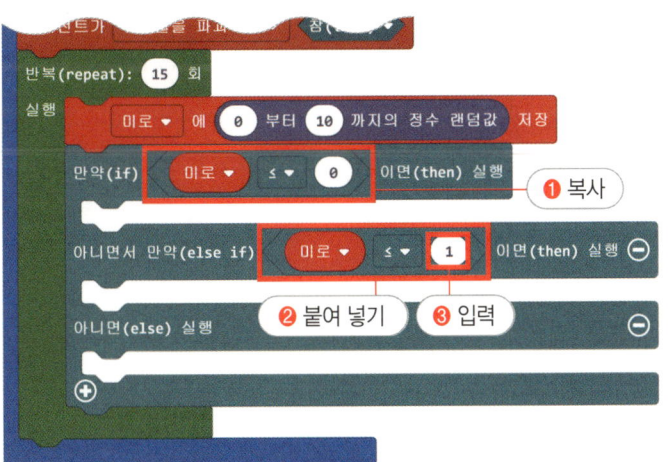

14 에이전트 에서 에이전트가 회전 을 2개 끌어와서 연결한 뒤 에이전트가 이동 방향 거리 를 끌어와 다음과 같이 연결하세요.

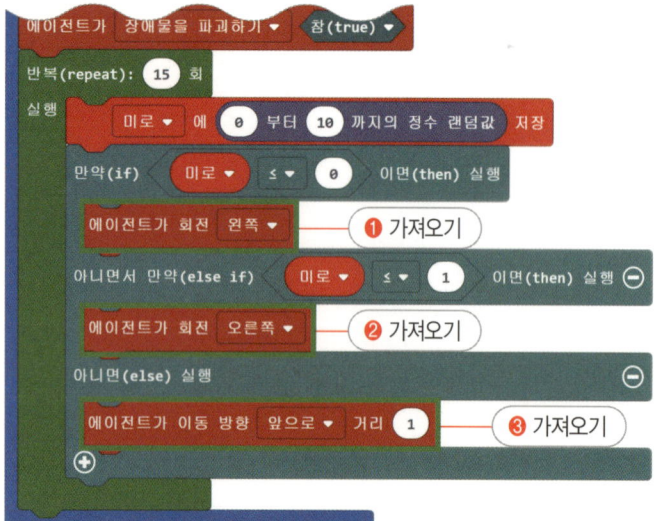

> **쌤Talk!**
> 이렇게 하면 미로 변수에 0에서 10 사이에 있는 숫자가 무작위로 들어가요. 0일 때는 에이전트가 왼쪽으로 회전하고, 1일 때는 에이전트가 오른쪽으로, 2~10일 때는 앞으로 이동할 거예요.

15 에이전트 에서 에이전트가 텔레포트 위치 를 끌어와 반복(repeat) 실행 아래에 연결하세요.

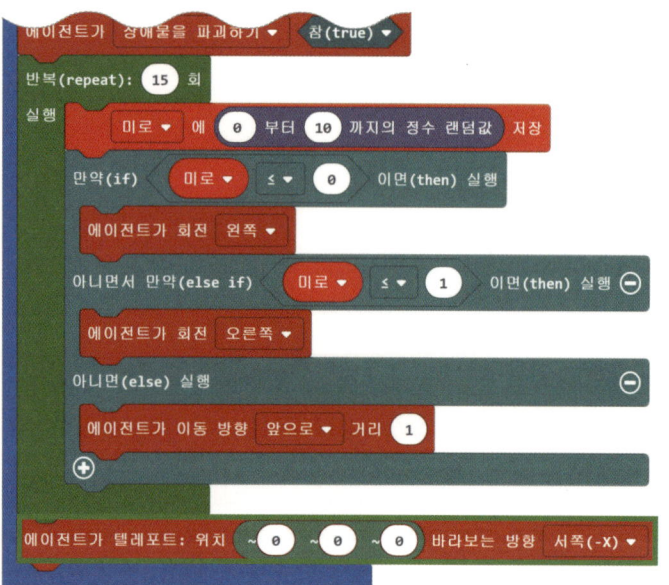

> **쌤Talk!**
> 이렇게 하면 에이전트가 미로를 다 만든 후에 처음 시작 위치로 돌아와요.

16 위치 에서 월드000 을 끌어와 에이전트가 텔레포트 위치 의 ~0 ~0 ~0 자리에 넣으세요.

> **쌤Talk!**
> 월드000 에서 좌푯값은 게임을 시작하기 바로 전에 입력할 거예요. 지금은 그냥 두도록 해요.

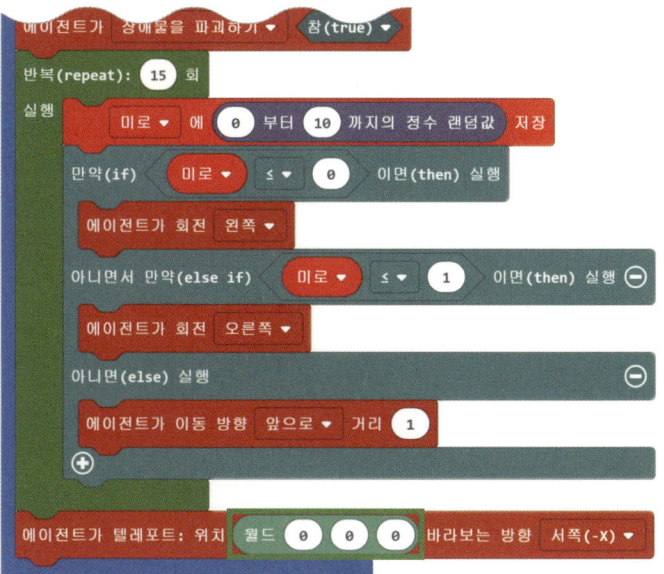

17 에이전트 에서 에이전트가 이동한 곳에 블록 놓기 를 끌어와서 연결하고 거짓(false) 으로 되어있는지 확인하세요.

> **쌤Talk!**
> 에이전트가 이동 경로에 블록을 모두 놓은 뒤에는 더 이상 블록을 놓지 않아야 하겠죠? 그래서 거짓(false) 으로 설정했어요.

❶ 가져오기
❷ 확인

활동 03 미로를 따라 움직여요

에이전트가 미로를 제대로 만들었나요? 그러면 이제 에이전트가 이 미로를 따라 움직이는 코드를 만들어 볼게요.

01 플레이어에서 `다음 채팅명령어를 입력하면`을 끌어온 뒤 채팅명령어를 **시작**으로 바꾸세요.

02 게임플레이에서 `메시지 보여주기`를 끌어와 다음과 같이 연결한 뒤, 대상을 모든 플레이어로 바꾸고 진한 글자에 **게임 시작**, 일반 글자에 **에이전트가 이동경로를 따라 움직입니다.** 라고 입력하세요.

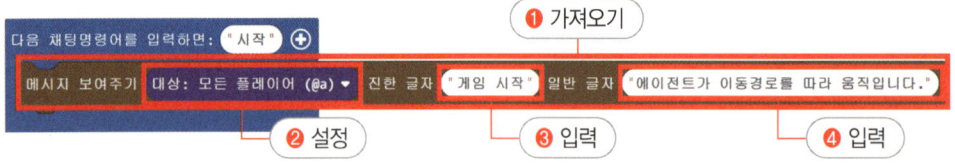

03 변수에서 **변수 만들기** 버튼을 누른 다음 **판단**이라는 변수를 만들어 주세요.

> **쌤Talk!**
> 에이전트가 이동을 하다가 이동이 끝났는지 판단하는 데 이 변수를 사용할 거예요.

04 〓 변수 에서 판단에 0 저장 을 끌어와 연결하세요.

> **쌤Talk!**
> 만약 다른 변수가 선택되었다면 ▼를 눌러서 판단으로 바꾸세요.

05 ↻ 반복 에서 반복(while) 실행 을 끌어와 연결하세요.

> **쌤Talk!**
> 에이전트가 이동을 끝냈는지 판단한 뒤, 이동이 끝날 때까지 계속 반복해서 이동하도록 할 거예요.

06 ✕ 논리 에서 0 = 0 을 끌어와 반복(while) 실행 의 참(true) 자리에 넣으세요. 그리고 〓 변수 에서 판단 을 끌어와 0 = 0 의 첫 번째 0 자리에 넣으세요.

❶ 가져오기
❷ 가져오기

> **쌤Talk!**
> 에이전트가 이동할 경로가 남아있으면 판단은 0이 되어 이동을 계속 반복할 거예요. 그리고 만약 에이전트가 이동을 다 끝났으면 판단은 1이 되어 반복을 종료할 거예요.

07 ✕ 논리 에서 만약(if) 아니면(else) 실행 을 끌어와서 반복(while) 실행 안쪽에 연결하고 ⊕를 세 번 눌러 다음과 같이 경우를 추가하세요.

❶ 가져오기
❷ 3회 클릭

> **쌤Talk!**
> 에이전트가 이동하는 경우의 수를 5가지로 나눌 거예요.

08 에이전트 에서 에이전트가 블록 탐지 를 끌어와 만약(if) 아니면(else) 실행 안쪽에 넣으세요.

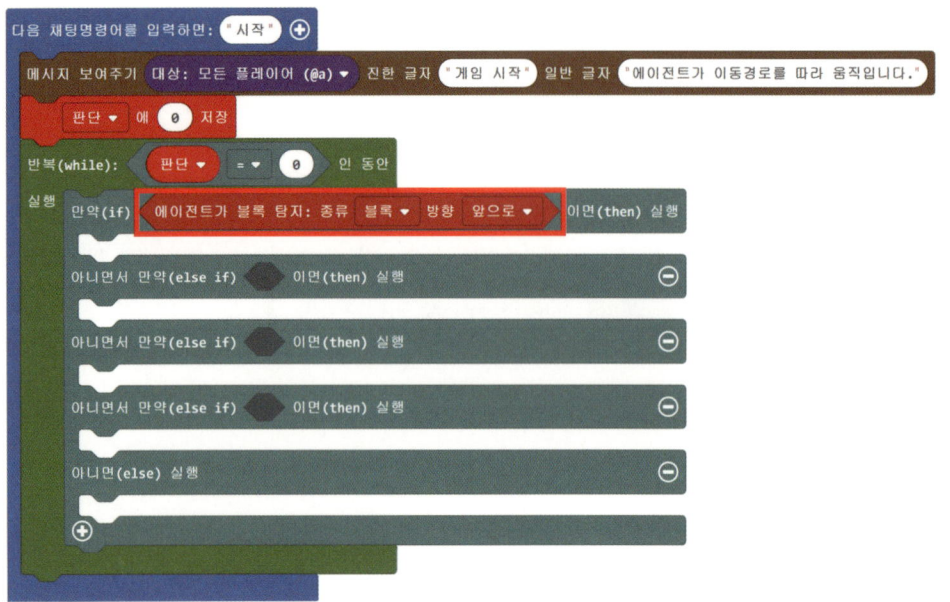

09 에이전트 에서 에이전트가 블록 파괴 와 에이전트가 이동 방향 거리 를 끌어와 다음과 같이 연결하세요.

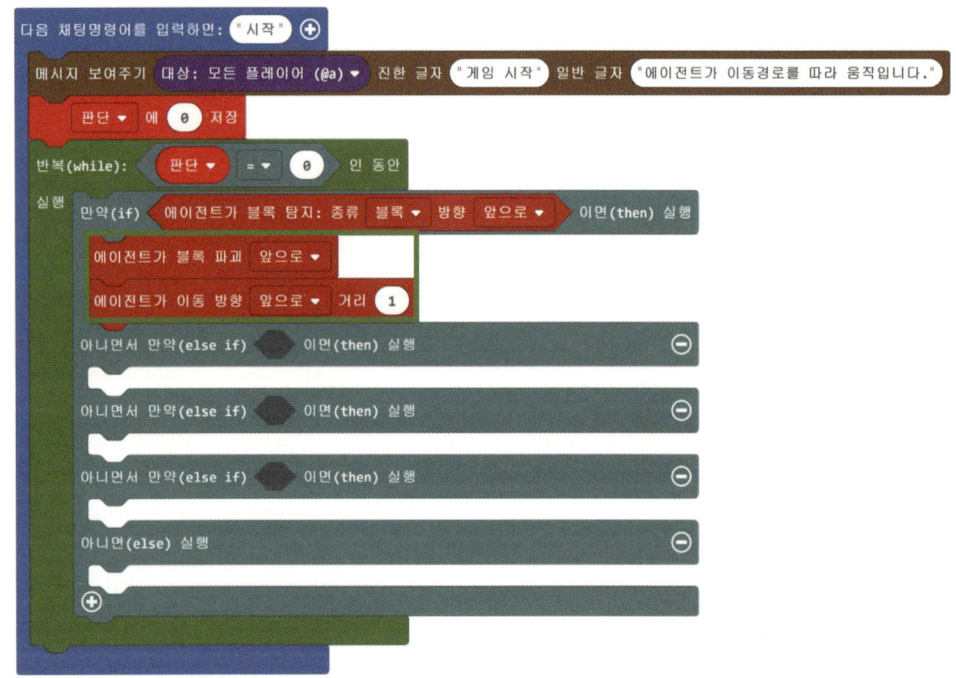

쌤Talk!

이제 에이전트가 앞에 블록이 있다면 그 블록을 파괴하고 그 방향으로 이동할 거예요.

10 08~09와 같은 방법으로 블록을 다음과 같이 연결하세요. 그리고 에이전트가 이동 방향 거리 에서 방향의 **앞으로**를 모두 **뒤로**로 바꾸세요.

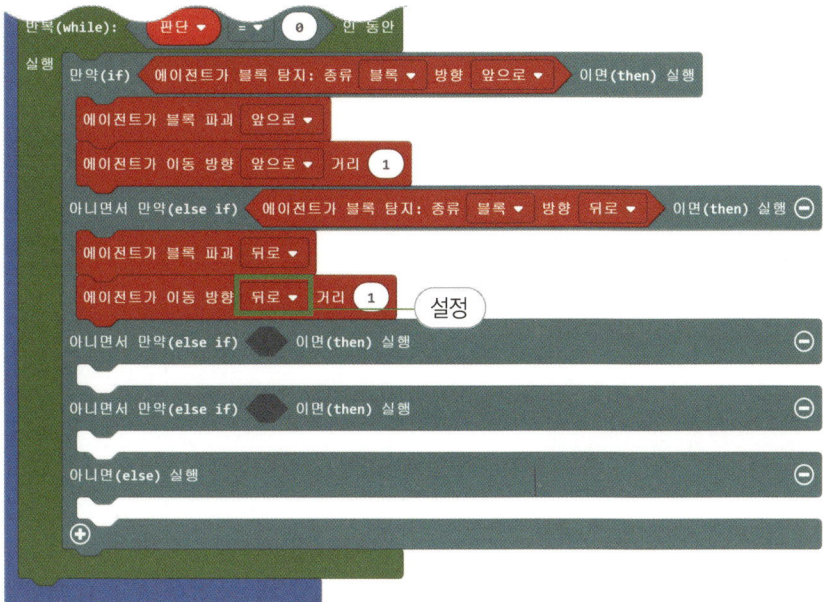

11 같은 방법을 다음과 같이 블록을 연결하세요. 그리고 에이전트가 이동 방향 거리 에서 방향을 각각 **왼쪽**과 **오른쪽**으로 바꾸세요.

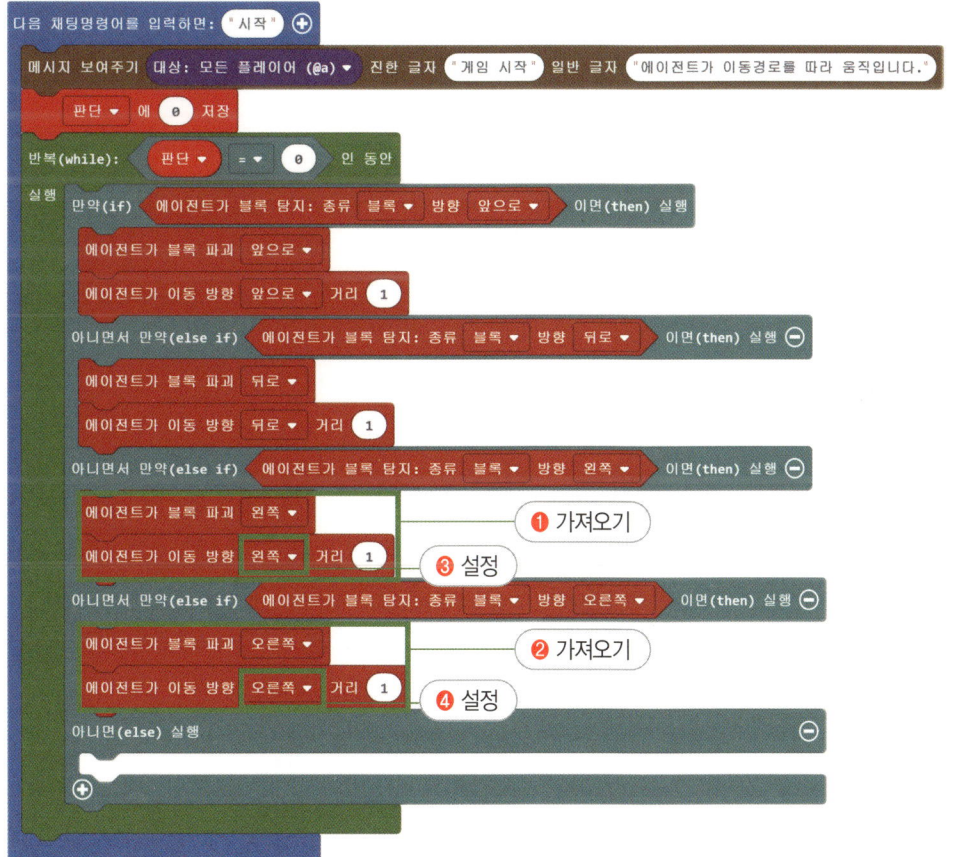

12 🔧게임플레이 에서 메시지 보여주기 를 끌어와 다음과 같이 연결한 뒤, 대상을 모든 플레이어로 바꾸고, 진한 글자를 **게임 종료**, 일반 글자를 **에이전트가 이동경로를 따라 움직였습니다. 이동을 종료합니다.** 라고 작성하세요.

> **쌤Talk!**
> 에이전트가 앞, 뒤, 오른쪽, 왼쪽 모두에 블록이 없다면 이동을 종료한다고 메시지를 보내고 이동을 종료할 거예요.

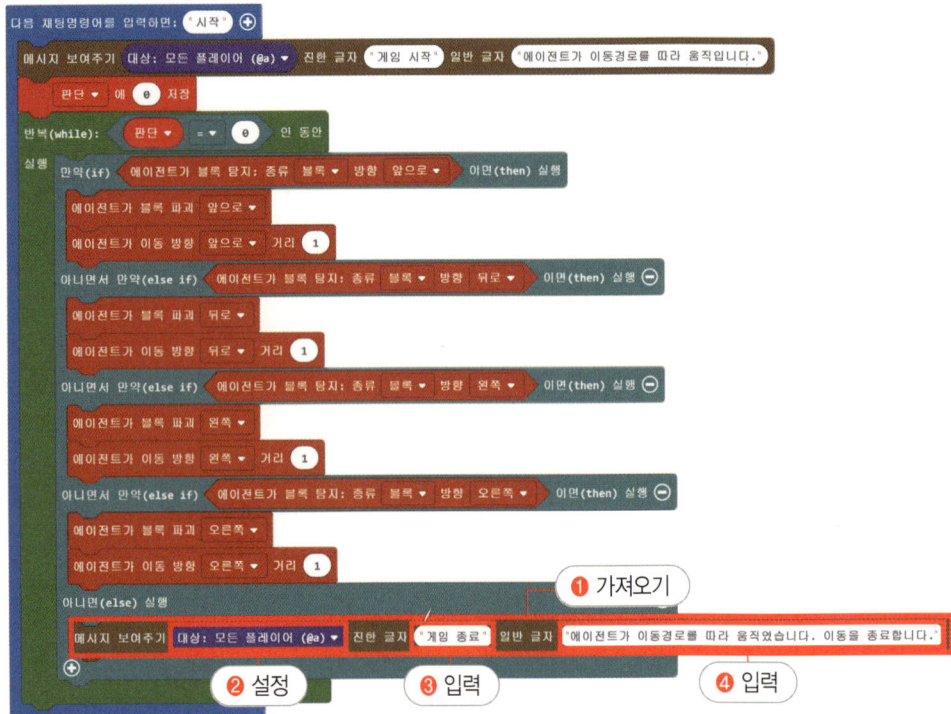

13 ☰변수 에서 판단에 0 저장 을 끌어와 연결한 뒤 0을 1로 바꾸세요.

> **쌤Talk!**
> 더 이상 이동할 경로가 없다면 판단 값을 1로 만들어 반복을 종료할 거예요.

활동 04 게임을 실행해요

01 코드 작성을 마쳤으면 **평면맵, 크리에이티브 모드**로 맵을 만듭니다.

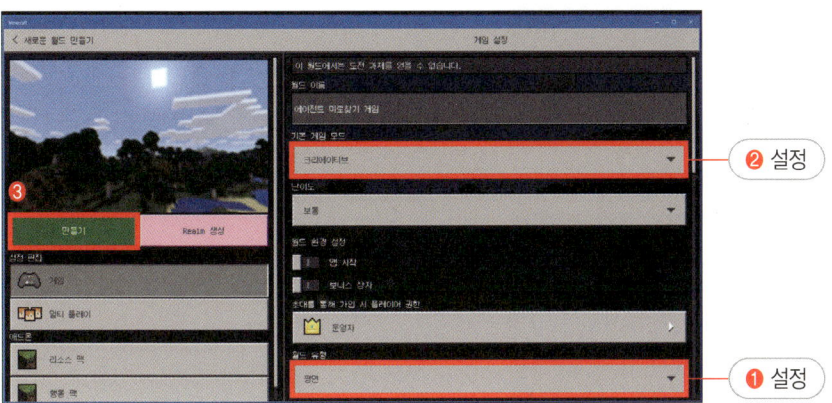

02 **부르기** 채팅명령어를 입력하여 에이전트를 불러옵니다. 이때 에이전트의 위치를 기억하세요.

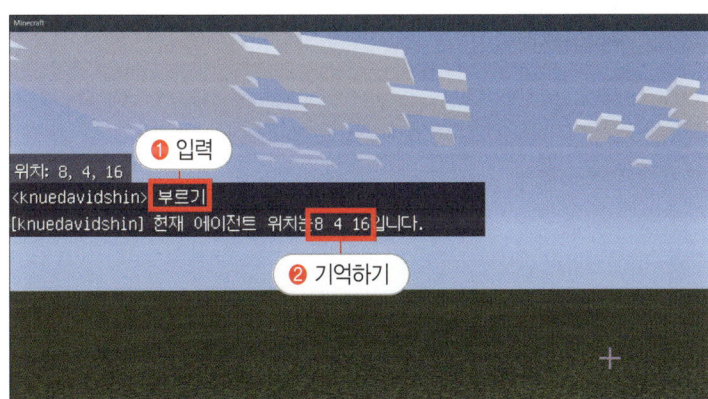

03 **활동 02**에서 만든 코드로 돌아가 15의 월드000 에 위에서 알게된 에이전트의 위치인 8, 4, 16을 차례로 입력하세요.

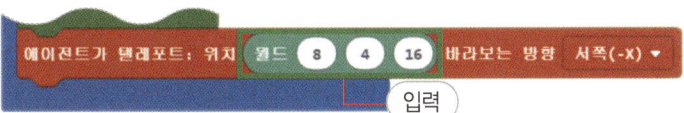

> **쌤Talk!**
> 여러분의 에이전트 위치는 다를 거예요. 다시 한번 확인한 후 꼭 그 위치를 입력하세요.

Chapter 05 인공지능 에이전트_미로 찾기 게임 ■ **87**

04 Alt+Tab 으로 다시 마인크래프트로 돌아가 채팅명령어로 **이동경로**를 입력하세요. 이제 에이전트가 미로로 된 이동 경로를 만들 거예요.

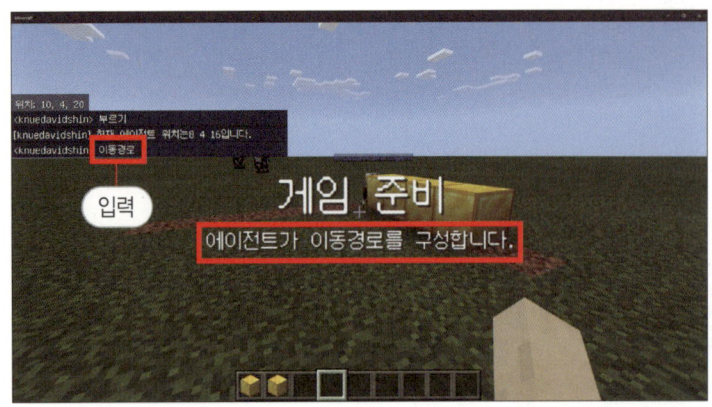

05 **시작** 채팅명령어를 입력하여 에이전트가 이동 경로를 따라 이동하도록 해요.

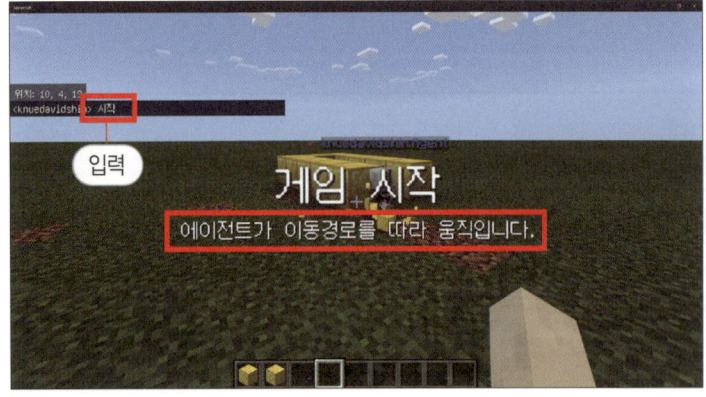

> **잠깐만요** **황금 블록이 붙어 있으면 안 돼요!**
>
> 에이전트의 이동 경로는 황금 블록이에요. 그런데 만약 아래 그림과 같이 황금 블록이 서로 붙어 있으면 에이전트가 길을 찾을 수 없어요. 에이전트는 생각보다 똑똑하지 않습니다.
>
>
>
> 그러므로 이동 경로를 만들 때 주의해야 해요. 만약 여러분의 이동 경로가 이와 같이 만들어졌다면 이동 경로를 부수고, 새로운 이동 경로를 만들어 보세요.

정리해요

지금까지 만든 프로젝트를 정리해 볼까요?

— 에이전트를 불러와서 에이전트 위치를 기록하는 코드

— 에이전트가 이동할 이동 경로를 미로처럼 랜덤으로 만드는 코드

에이전트가 만든 이동 경로를 그대로 따라 움직이는 코드

다음 채팅명령어를 입력하면: "시작" ⊕
　메시지 보여주기 대상: 모든 플레이어 (@a) ▼ 진한 글자 "게임 시작" 일반 글자 "에이전트가 이동경로를 따라 움직입니다."
　판단 ▼ 에 0 저장
　반복(while): 판단 ▼ = ▼ 0 인 동안
　실행
　　만약(if) 에이전트가 블록 탐지: 종류 블록 ▼ 방향 앞으로 ▼ 이면(then) 실행
　　　에이전트가 블록 파괴 앞으로 ▼
　　　에이전트가 이동 방향 앞으로 ▼ 거리 1
　　아니면서 만약(else if) 에이전트가 블록 탐지: 종류 블록 ▼ 방향 뒤로 ▼ 이면(then) 실행
　　　에이전트가 블록 파괴 뒤로 ▼
　　　에이전트가 이동 방향 뒤로 ▼ 거리 1
　　아니면서 만약(else if) 에이전트가 블록 탐지: 종류 블록 ▼ 방향 왼쪽 ▼ 이면(then) 실행
　　　에이전트가 블록 파괴 왼쪽 ▼
　　　에이전트가 이동 방향 왼쪽 ▼ 거리 1
　　아니면서 만약(else if) 에이전트가 블록 탐지: 종류 블록 ▼ 방향 오른쪽 ▼ 이면(then) 실행
　　　에이전트가 블록 파괴 오른쪽 ▼
　　　에이전트가 이동 방향 오른쪽 ▼ 거리 1
　　아니면(else) 실행
　　　메시지 보여주기 대상: 모든 플레이어 (@a) ▼ 진한 글자 "게임 종료" 일반 글자 "에이전트가 이동경로를 따라 움직였습니다. 이동을 종료합니다."
　　　판단 ▼ 에 1 저장

나의 게임 디자인

미로 찾기 게임에 여러분의 아이디어를 추가하여 새로운 게임으로 재탄생시켜 보세요.

난이도 조절하기

에이전트가 이동하는 반복 횟수를 15에서 30으로 늘리면 이동 경로가 길어져요.

새로운 규칙 적용하기

에이전트가 이동하는 경로에 위(up)를 추가해 보세요. '시작' 명령에도 위(up)로 이동하는 경우를 추가해 보세요.

```
다음 채팅명령어를 입력하면: "시작"
메시지 보여주기 대상: 모든 플레이어 (@a) 진한 글자 "게임 시작" 일반 글자 "에이전트가 이동경로를 따라 움직입니다."
판단▼ 에 0 저장
반복(while): 판단▼ =▼ 0 인 동안
실행  만약(if) 에이전트가 블록 탐지: 종류 블록▼ 방향 앞으로▼ 이면(then) 실행
        에이전트가 블록 파괴 앞으로▼
        에이전트가 이동 방향 앞으로▼ 거리 1
      아니면서 만약(else if) 에이전트가 블록 탐지: 종류 블록▼ 방향 뒤로▼ 이면(then) 실행
        에이전트가 블록 파괴 뒤로▼
        에이전트가 이동 방향 뒤로▼ 거리 1
      아니면서 만약(else if) 에이전트가 블록 탐지: 종류 블록▼ 방향 왼쪽▼ 이면(then) 실행
        에이전트가 블록 파괴 왼쪽▼
        에이전트가 이동 방향 왼쪽▼ 거리 1
      아니면서 만약(else if) 에이전트가 블록 탐지: 종류 블록▼ 방향 오른쪽▼ 이면(then) 실행
        에이전트가 블록 파괴 오른쪽▼
        에이전트가 이동 방향 오른쪽▼ 거리 1
      아니면서 만약(else if) 에이전트가 블록 탐지: 종류 블록▼ 방향 up▼ 이면(then) 실행
        에이전트가 블록 파괴 up▼
        에이전트가 이동 방향 up▼ 거리 1
      아니면(else) 실행
        메시지 보여주기 대상: 모든 플레이어 (@a) 진한 글자 "게임 종료" 일반 글자 "에이전트가 이동경로를 따라 움직였습니다. 이동을 종료합니다."
        판단▼ 에 1 저장
```

CHAPTER
06

재빨리 길을 건너자_ 도전! 스피드런

여러분, '스피드런'이라는 게임을 해 본 적 있나요? 스피드런은 제한된 시간 안에 규칙에 따라 가장 빨리 달린 사람이 우승하는 게임이에요. 어려울 것 같다고요? 아니에요. 잘 따라온다면 쉽게 만들 수 있어요.

게임 소개

이번 시간에는 황금 블록이 계속 생성되는 코드를 만들고 그 황금 블록을 따라 재빨리 건너면서 지나온 황금 블록을 파괴하여 점수를 얻는 게임을 만들어 볼 거예요.

게임 환경 1인 이상의 플레이어, 평면맵, 크리에이티브 모드

학습 목표 빌더의 블록 놓기와 변수를 이용하여 스피드런 게임을 만들어 보자.

완성 파일 6장.mkcd

동영상 강의 보기

 게임 규칙

 게임이 시작되면 황금 블록과 모래 블록이 놓인다.

 모래 블록을 밟으면 떨어져 죽으면서 게임이 끝난다.

 생기는 황금 블록을 쫓아가면서 지나온 황금 블록을 파괴하면 점수가 오른다.

 게임이 끝날 때까지 황금 블록을 많이 부순 사람이 승리한다.

활동 01 게임을 시작해요

게임을 시작하면 황금 블록(점수)과 모래 블록(함정)이 만들어지는 코드를 만들어 볼 거예요.

01 👤플레이어 에서 `다음 채팅명령어를 입력하면` 을 끌어온 뒤 채팅명령어를 **시작**으로 바꾸세요.

02 🔧게임플레이 에서 `메시지 보여주기`를 끌어와 다음과 같이 연결한 뒤, 대상을 모든 플레이어로 바꾸고, 진한 글자에 **게임 시작!**, 일반 글자에 **황금블록을 재빨리 건너고 지나온 블록을 파괴하여 점수를 얻으세요.**라고 입력하세요.

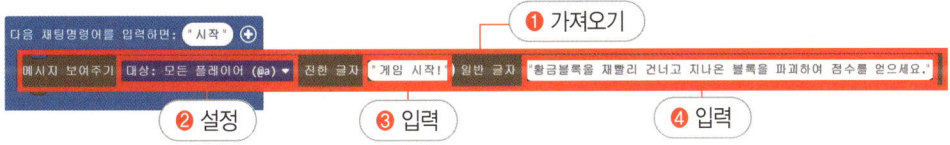

03 ≡변수 에서 **변수 만들기** 버튼을 누르세요. 새 변수 이름 창이 나타나면 변수 이름을 **점수**로 입력하고 **확인** 버튼을 누르세요.

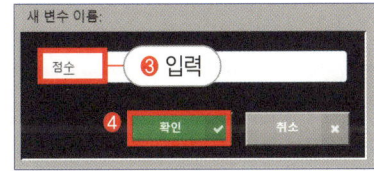

04 ☰변수 에서 점수에 0 저장 을 끌어와서 연결하세요.

> **쌤Talk!**
> 이제부터 점수 라는 변수에 여러분의 점수 값이 저장될 거예요.

05 플레이어 에서 다음 좌표로 텔레포트 를 끌어와 연결한 뒤 위치를 ~0 ~50 ~0으로 바꾸세요.

❶ 가져오기
❷ 입력

> **쌤Talk!**
> 게임의 시작 위치는 공중으로 50칸 위에 해당해요. 만약 생성된 블록을 잘못 밟으면 떨어지겠지요?

06 고급 을 열고 빌더 에서 빌더 텔레포트 를 끌어와 연결한 뒤, 위치를 ~0 ~-2 ~0으로 바꾸세요.

❶ 가져오기
❷ 입력

07 빌더 에서 블록놓기 를 끌어와 연결한 뒤 **잔디 블록**을 **황금 블록**으로 바꾸세요.

❶ 가져오기
❷ 설정

> **쌤Talk!**
> 시작하자마자 떨어지지 않도록 재빨리 빌더를 이용하여 발판을 만드는 거예요. 황금 블록을 찾을 때 검색 창에 '황금'이라고 검색하면 빨리 찾을 수 있어요.

08 게임플레이 에서 게임 모드 변경 을 끌어와 모드는 **크리에이티브**, 대상은 **모든 플레이어**로 바꾸세요.

> **쌤Talk!**
> 게임 모드를 '크리에이티브'로 변경하는 이유는 황금 블록을 쉽게 부수어 점수를 얻도록 하기 위해서예요.

09 빌더 에서 빌더 위치를 시작점으로 설정 을 끌어와 연결하세요.

> **쌤Talk!**
> 현재 빌더가 있는 위치를 시작점으로 잡을 거예요. 더 자세한 설명은 뒤에서 할게요.

10 플레이어 에서 채팅창에 말하기 를 끌어온 뒤 **시작까지 3초전**이라고 입력하세요.

> **쌤Talk!**
> 스피드런은 시간이 중요하기 때문에 시작까지의 시간을 알려주는 거예요.

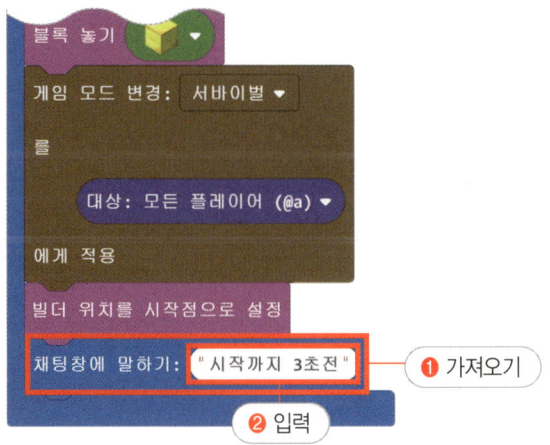

Chapter 06 재빨리 길을 건너자_도전! 스피드런 ■ **99**

11 C 반복 에서 일시중지 를 끌어온 뒤, 시간을 100에서 1000으로 바꾸세요.

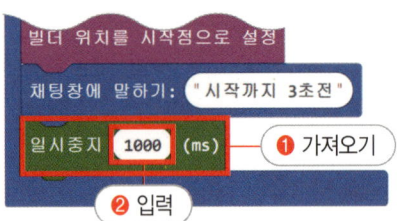

> **쌤Talk!**
> 1000ms(밀리초)는 1초와 같아요.

12 같은 방법으로 다음과 같이 채팅창에 말하기 블록을 3개, 일시중지 블록을 2개 더 끌어오세요. 그리고 글자를 각각 다음과 같이 수정하세요.

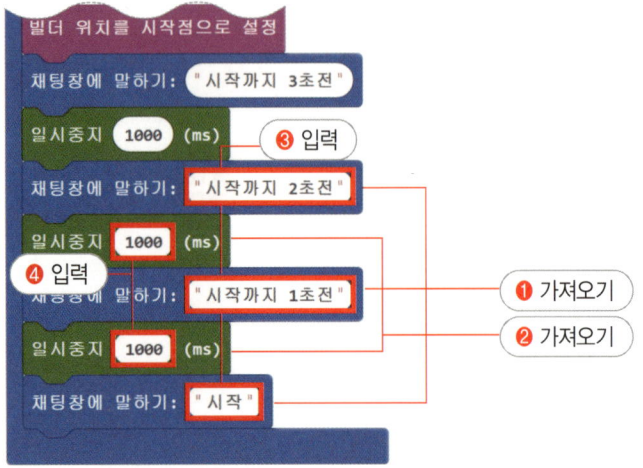

13 C 반복 에서 반복(repeat) 실행 을 끌어와 연결한 뒤, 반복 횟수를 20으로 바꾸세요.

> **쌤Talk!**
> 반복 횟수는 나타나는 황금 블록의 양을 결정해요. 반복 회수가 많으면 생성되는 황금 블록이 많아지고, 그만큼 게임이 길어지겠죠?

14 빌더 에서 빌더 이동 앞으로 위로 왼쪽으로 를 끌어와 연결하세요.

> **쌤Talk!**
> 75쪽에서는 에이전트라는 친구가 블록을 만들었지요? 이번엔 빌더라는 친구가 여러분이 밟을 황금 블록을 만들어 줄 거예요.

15 📊 계산 에서 `0부터 10까지의 정수 랜덤값` 을 `빌더 이동 앞으로 뒤로 왼쪽으로` 블록의 세 곳의 각 자리(x 좌표, y 좌표, z 좌표)에 각각 다음과 같이 끼워 넣으세요.

> **쌤Talk!**
> 블록이 생성되는 위치를 랜덤값(무작위)으로 정하는 이유는 무엇일까요? 블록이 어디에 생길지 모르면 더욱 긴장되고 그만큼 게임이 재미있어지기 때문입니다.

16 x 좌표와 z 좌표는 **1부터 2까지의 정수 랜덤값**으로 바꾸고 y 좌표는 **–1에서 1까지의 정수 랜덤값**으로 바꾸세요.

❶ 입력   ❷ 입력   ❸ 입력

17 🧱 빌더 에서 `블록 놓기` 를 끌어와 연결한 뒤, **잔디 블록**을 **모래 블록**으로 바꾸세요.

❶ 가져오기
❷ 설정

> **쌤Talk!**
> 이제 내가 밟고 있는 발판에서 앞으로 1~2칸, 위아래로는 1칸, 왼쪽으로 1~2칸 중에서 밟으면 안 되는 함정인 모래 블록이 랜덤으로 나타날 거예요.

18 🔁 반복 에서 `일시중지` 를 끌어온 뒤 시간을 **300(ms)**으로 바꾸세요.

❶ 가져오기
❷ 입력

> **쌤Talk!**
> 함정에 걸릴 수도 있도록 약 0.3초 뒤에 다음 블록이 나타날 수 있게 시간을 둬요.

19 🧱 빌더 에서 `빌더 텔레포트 시작점` 을 끌어와 연결하세요.

> **쌤Talk!**
> 다음에 생성될 블록도 **09**에서 만들었던 시작점을 기준으로 해야 비슷한 위치에 만들어져요.

20 같은 방식으로 함정인 모래 블록 1개와 플레이어가 진짜 밟아야 할 황금 블록 1개를 추가로 만들어요.

> **쌤Talk!**
> 함정인 모래 블록을 더 추가해 주었어요. 모래 블록 말고 다른 블록도 괜찮아요. 단, 황금 블록은 이와 같이 제일 마지막에 생성해야 한다는 점에 주의하세요!

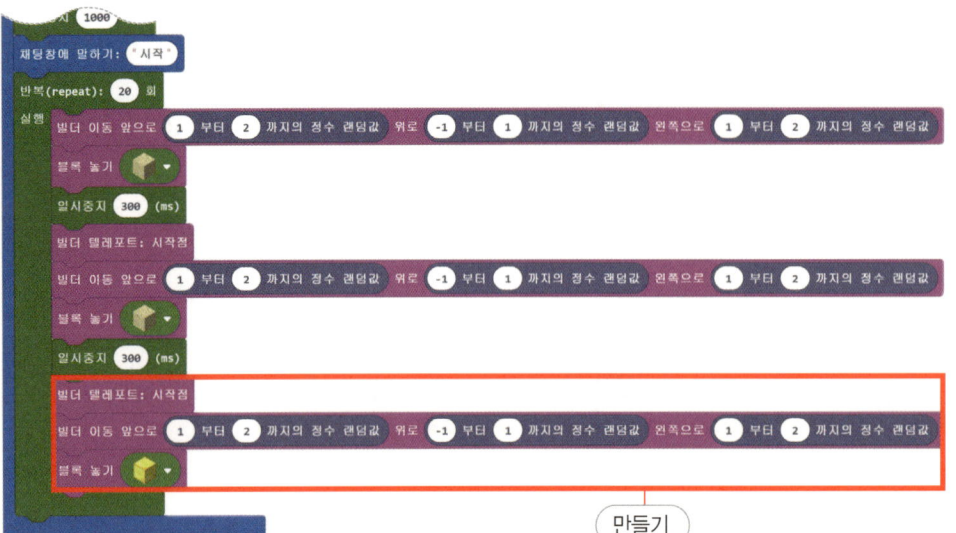

만들기

21 빌더 에서 빌더 위치를 시작점으로 설정 을 끌어와 연결하세요.

> **쌤Talk!**
> 황금 블록이 다음에 진짜 밟아야 할 블록이므로 다음 블록들은 이전에 만들어진 황금 블록을 기준으로 만들어지게 하기 위해 시작점으로 설정해요.

22 ⟳반복 에서 일시중지 를 끌어온 뒤, 시간을 1000(ms)으로 바꾸세요.

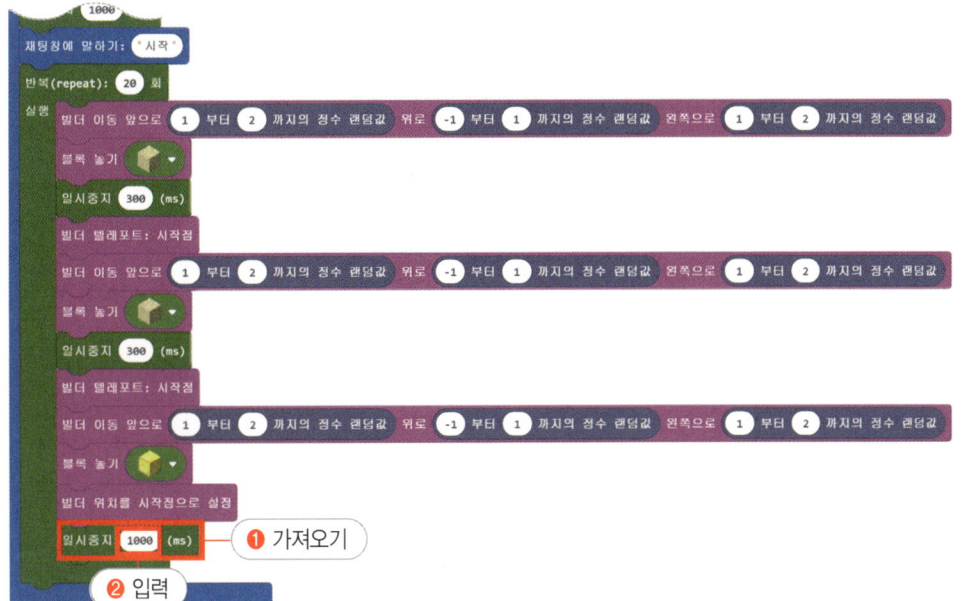

쌤Talk! 밟을 황금 블록이 만들어지고 1초 뒤에 다음 블록들이 만들어지도록 해요.

23 🔧게임플레이 에서 메시지 보여주기 를 끌어와 다음과 같이 연결한 뒤, 대상을 **모든 플레이어**로 바꾸고, 진한 글자에 **게임 종료!**, 일반 글자에 **자신의 점수를 확인하세요.**라고 입력하세요.

쌤Talk! 모든 황금 블록이 만들어지면 그때 게임을 종료해요.

24 플레이어 에서 채팅창에 말하기 블록을 끌어온 뒤 T 문자열 에서 연결한 문자열 블록을 끌어와서 안쪽에 연결하세요.

25 연결한 문자열 에서 ➕를 클릭해서 문자열을 추가하세요. 그리고 ≡ 변수 에서 점수 를 끌어와 다음과 같이 작성하세요.

> **쌤Talk!**
> 게임이 끝나면 최종점수를 말해서 확인하도록 해요.

26 마지막으로 ≡ 변수 에서 점수에 0 저장 을 끌어와서 연결하세요.

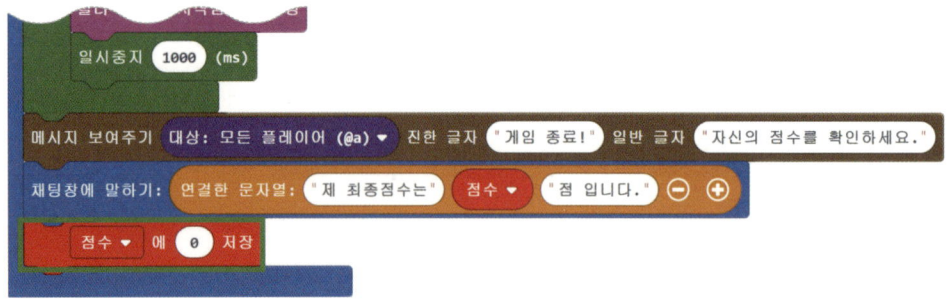

> **쌤Talk!**
> 게임이 끝났으니 점수를 0으로 초기화해요.

활동 02 황금 블록을 부수면 점수가 올라가요

그냥 빠르게 황금 블록을 밟기만 하면 재미가 없겠지요? 이미 지나온 황금 블록을 부수어 점수를 얻는 코드를 만들어서 조금 더 긴장감 있는 게임을 만들어 봐요.

01 🟩블록 에서 블록이 깨지면 실행 을 끌어온 뒤 **잔디 블록**을 **황금 블록**으로 바꾸세요.

> 쌤Talk!
> **활동 02**에서 만든 코드 옆에 새로 시작하는 코드를 만들어요.

02 변수 에서 점수 값 1 증가 를 끌어와 연결하세요.

> 쌤Talk!
> 황금 블록을 깰 때마다 점수가 1씩 올라가요.

03 플레이어 에서 채팅창에 말하기 를, 고급 을 열고 T 문자열 에서 연결한 문자열, 변수 에서 점수 를 끌어와서 다음과 같이 연결하세요.

❶ 가져오기
❷ 가져오기
❸ 가져오기

> 쌤Talk!
> 현재 점수를 보여주는 코드예요. 연결한 문자열 에서 ⊕를 눌러 문자열을 추가한 다음 점수 변수를 가운데에 넣으세요.

Chapter 06 재빨리 길을 건너자_도전! 스피드런 ■ 105

활동 03 반칙을 하면 점수를 초기화해요

크리에이티브 모드에서는 공중을 날 수 있기 때문에 블록을 밟지 않는 반칙을 쓸 수 있어요. 만약 이러한 반칙을 쓸 경우 점수가 초기화된다면 어떨까요? 게임을 더 흥미진진하게 하기 위해 플레이어의 반칙을 방지하는 코드를 만들어 볼게요.

01 **플레이어** 에서 **플레이어가 걷고 있으면 실행** 을 끌어온 뒤 **걷고**를 **날고**로 바꾸세요.

02 **게임플레이** 에서 **메시지 보여주기** 를 끌어와 다음과 같이 연결한 뒤, 대상을 **자기 자신**으로 바꾸고, 진한 글자에 **반칙!**, 일반 글자에 **나는 것은 반칙입니다. 점수를 초기화합니다.**라고 작성하세요.

> **쌤Talk!** 플레이어가 날고 있으면 이 메시지가 계속 뜰 거예요.

03 **변수** 에서 **점수에 0 저장** 을 끌어와 연결하세요.

> **쌤Talk!** 점수에 0을 저장하여 점수를 초기화해요.

04 **플레이어** 에서 **채팅창에 말하기**, **고급**을 열면 나오는 **문자열** 에서 **연결한 문자열**, **변수** 에서 **점수** 변수를 끌어와 다음과 같이 작성하세요

> **쌤Talk!** 블록 안에서 텍스트를 여러 군데 입력할 때는 Tab을 누르면 편해요.

게임을 실행해요

01 코드 작성이 끝났다면 **평면맵, 크리에이티브 모드**로 맵을 만들어 주세요.

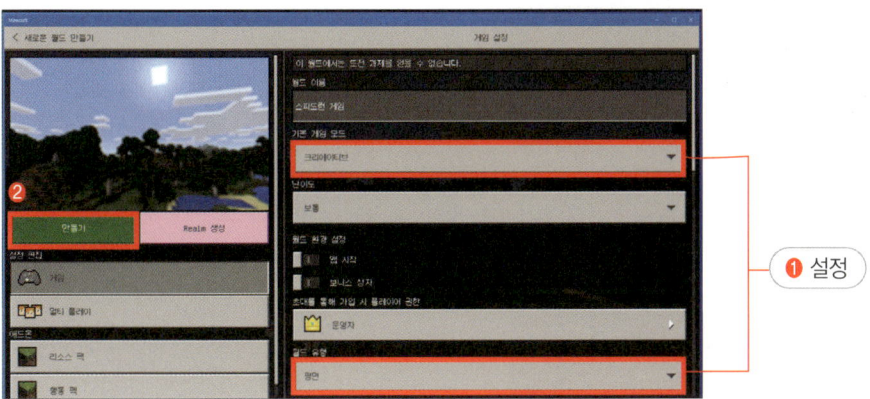

02 시작 채팅명령어를 입력하여 게임을 시작해요. 게임이 시작되면 카운트다운과 함께 황금 블록이 만들어질 거예요.

03 함정인 모래 블록을 피해 만들어진 황금 블록을 밟고 지나가요. 이때 이미 지나온 황금 블록을 파괴해야 점수를 얻을 수 있어요.

04 황금 블록이 전부 만들어지면 게임이 자동으로 끝나요. 그러므로 빨리 움직여서 블록을 부수고 점수를 얻어야 한답니다.

05 혹시라도 크리에이티브 모드라고 날고 있으면 반칙 메시지가 뜨면서 점수가 초기화되어요.

> **쌤Talk!**
> 코드가 실행되지 않나요? 운영자 권한으로 게임에 참여하고 있는 것은 아닌지 확인하세요.

정리해요

지금까지 만든 프로젝트를 정리해 볼까요?

— 시간 간격을 두고 함정인 모래 블록과 밟고 지나가는 황금 블록을 만드는 코드

— 지나온 황금 블록을 부수면 득점하는 코드

— 플레이어가 날고 있는 반칙을 하면 경고하는 코드

나의 게임 디자인

도전 스피드런 게임에 여러분의 아이디어를 추가하여 새로운 게임으로 수정해 보세요.

난이도 조절하기

일시 중지 시간을 짧게 하면 황금 블록이 더 빠르게 만들어져요. 그러면 전체 게임 시간이 줄어들기 때문에 더 빠르게 점수를 얻어야겠죠? 게임의 난이도는 높아지지만, 그만큼 재미와 긴장감도 커질 거예요.

새로운 규칙 적용하기

높은 점수를 얻기 힘들다고요? 그럼 점수가 빠르게 오르도록 바꿔 보세요.

새로운 명령 블록 활용하기

함정으로 둔 모래 블록 개수가 2개만 나타났는데, 모래 블록 개수를 더 늘리면 플레이어가 더 헷갈릴 거예요. 활용하기 모래 블록이 3개 또는 그 이상 나타나도록 코드를 수정하세요.

CHAPTER 07
내가 만드는 파쿠르 게임

다양한 파쿠르 게임을 해 본 적 있나요? 주어진 파쿠르 맵을 뛰어다니며 올라가는 것이 지루하지 않나요? 이번 게임은 내가 만드는 파쿠르 게임이에요. 내가 아이템을 사용할 때마다 맵이 랜덤으로 만들어지고, 그것을 이용하여 최대한 높이 올라가는 게임이지요. 직접 만들어가는 파쿠르 게임, 궁금하지 않나요?

게임 소개

'파쿠르'란 길, 코스, 여정이라는 뜻의 파르쿠스(Parcours)에서 파생된 단어로, 보통 어떤 코스를 이동하며 장애물을 빠르고 효과적으로 극복하는 게임을 '파쿠르 게임'이라고 해요. 이번 장에서는 파쿠르 게임을 우리가 다 함께 직접 만들어 볼까요?

게임 환경 1인 이상의 플레이어, 평면맵, 크리에이티브 모드

학습 목표 아이템 사용, 선택 구조를 이용하여 파쿠르 게임을 만들어 보자.

완성 파일 7장.mkcd

동영상 강의 보기

게임 규칙

- 곡괭이 아이템을 쓰면 눈앞에 블록이 무작위로 생긴다.
- 생긴 블록 위에 올라가서 다시 곡괭이 아이템을 쓰면 블록이 또 생긴다.
- 종료 채팅명령어를 입력하면 게임이 끝나고 점수가 나온다.
- 아이템을 최대한 적게 사용하여 최대한 높이 올라간 사람이 가장 높은 점수를 얻어서 승리한다.

활동 01 게임을 시작해요

처음 시작을 할 때 실행하는 코드로, 게임에 필요한 아이템과 변수를 만드는 코드예요.

01 플레이어 에서 다음 채팅명령어를 입력하면 을 끌어온 뒤 채팅명령어를 **시작**으로 바꾸세요.

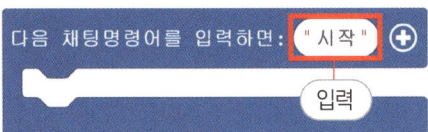

02 게임플레이 에서 메시지 보여주기 를 끌어와 다음과 같이 연결하세요.

03 메시지 보여주기 의 대상을 **모든 플레이어**로 바꾸고, 진한 글자에 **게임 시작!**, 일반 글자에 **아이템을 최소한 사용하여 최대한 높이 올라가보세요.**라고 작성하세요.

> **쌤Talk!**
> 이 메시지는 게임을 시작할 때 게임을 함께하는 모든 플레이어에게 보이는 메시지가 될 거예요.

04 몹 에서 블록이나 아이템 주기 를 끌어와 연결하세요.

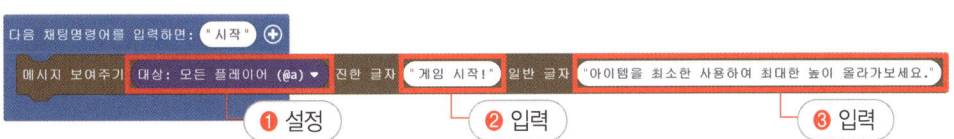

05 블록이나 아이템 주기 의 대상을 **자기 자신**으로 바꾸고 블록 에서 아이템 을 끌어와 블록이나 아이템의 **블록** 자리에 넣으세요.

06 아이템 을 **나무곡괭이**로 바꾸세요.

> **쌤Talk!**
> 나무곡괭이가 아닌 여러분이 원하는 아이템으로 해도 괜찮아요. 만약 다른 아이템을 사용하고 싶다면 이 단계에서 아이템을 바꿔 주세요.

07 변수 에서 **변수 만들기** 버튼을 누른 다음 **사용횟수**라는 변수를 만드세요.

> **쌤Talk!**
> 이 변수는 나무곡괭이를 사용하는 횟수를 알려주는 역할을 해요.

08 변수 에서 사용횟수에 0 저장 변수를 끌어와 연결하세요.

116 ■ 마인크래프트 게임 제작 무작정 따라하기 2

활동 02 아이템을 놓고 파쿠르 해요

아이템을 사용하면 눈 앞에 블록이 생겨야 파쿠르를 하여 오를 수 있겠죠? 아이템 사용 코드를 통해 블록이 생기도록 해 보세요.

01 플레이어 에서 만약 아이템 사용하면 을 끌어오고 아이템을 **나무곡괭이**로 바꾸세요.

> **쌤Talk!**
> 활동 01에서 만든 코드 옆에 새로 코드를 만들어요.

02 블록 에서 블록 ~에 놓기 를 끌어오고 블록을 **황금 블록**으로 바꾸세요.

> **쌤Talk!**
> 이렇게 만약 아이템 사용하면 안에 블록 놓기 를 넣은 것처럼 어떤 조건이 들어간 구조를 프로그래밍에서 '선택 구조'라고 합니다.

03 계산 에서 0부터 10까지의 정수 랜덤값 을 끌어와 블록 ~에 놓기 의 x 좌표와 z 좌표에 끼워 넣고, 랜덤값의 범위를 **-2부터 2까지**로 각각 바꾸세요.

> **쌤Talk!**
> x 좌표는 첫 번째 0 자리, y 좌표는 두 번째 ~0 자리, z 좌표는 세 번째 0 자리입니다. x 좌표와 z 좌표 값에 -2부터 2까지의 정수 랜덤값 을 넣으면, 황금 블록이 내 주위 2칸 이내에 무작위로(랜덤으로) 생길 거예요.

04 변수 에서 사용횟수 값 1 증가 를 끌어와 연결하세요.

Chapter 07 내가 만드는 파쿠르 게임 ■ 117

05 플레이어 에서 채팅창에 말하기 를 끌어오고, 고급 을 열면 나오는 확장 메뉴인 문자열 에서 연결한 문자열 을 끌어와 World를 높이까지 왔습니다!로 수정하세요. 그리고 ⊕를 클릭하여 문자열을 추가하세요.

06 위치 에서 ~에서 다음 정보 얻기 를 끌어와서 문자열 의 Hello 자리에 넣으세요. 그런 다음 플레이어 에서 플레이어 절대좌표 를 끌어와서 다음과 같이 끼우고, x 좌표 를 y 좌표로 수정하세요.

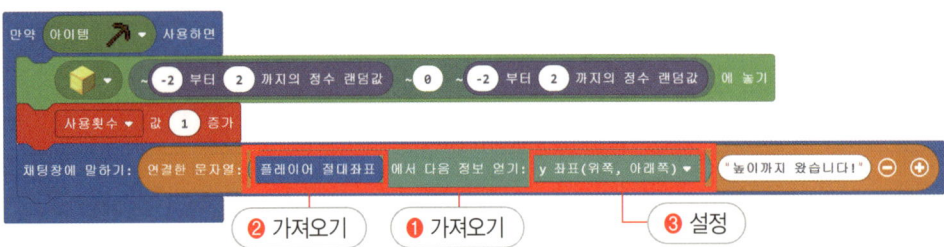

> **쌤Talk!**
> ~에서 다음 정보 얻기 는 좌표에서 필요한 정보를 얻는 블록이에요. 우리는 현재 플레이어가 있는 좌표의 높이(y 좌표)가 필요하므로 플레이어 절대좌표 에서 다음 정보 얻기 : y 좌표 를 사용했어요.

07 플레이어 에서 채팅창에 말하기 , 문자열 에서 연결한 문자열 , 변수 에서 사용횟수 를 끌어와 다음과 같이 작성하세요.

활동 03 내 점수는 몇 점일까요

충분히 높은 위치에 올라갔다면 이제 게임을 종료하여 점수를 계산해 볼게요. 점수를 계산하여 채팅창에 알려주는 코드를 만들어 볼까요?

01 플레이어 에서 다음 채팅명령어를 입력하면 을 끌어온 뒤 채팅명령어를 **종료**로 바꾸세요.

02 게임플레이 에서 메시지 보여주기 를 끌어와 다음과 같이 연결한 뒤, 대상을 **모든 플레이어**로 바꾸고 진한 글자에 **게임종료**, 일반 글자에 **스스로 파쿠르를 종료합니다. 점수를 확인하세요.**라고 작성하세요.

03 플레이어 에서 채팅창에 말하기 , 문자열 에서 연결한 문자열 , 계산 에서 0 곱하기 0 을 끌어와 다음과 같이 작성하고, **0 곱하기 100**으로 바꾸세요.

> **Talk!**
> ⊕를 클릭하여 문자열을 한 개 더 추가해 주세요.

04 계산 에서 0 나누기 0 을 끌어와 0 곱하기 100 의 0 자리에 연결하세요.

05 **활동 02**의 **06**에서 했던 것처럼, 위치 에서 ~에서 다음 정보 얻기 , 플레이어 에서 플레이어 절대좌표 , 변수 에서 사용횟수 를 끌어와 다음과 같이 연결하세요.

> **잠깐 만요**
>
> **점수 계산 방식이 궁금해요.**
>
> 이 코드는 현재 올라간 높이를 점수로 만들어 줘요. 만약 현재 올라간 높이가 10칸이고 그때 아이템을 10번 사용했으면, 10÷10×100으로 100점이에요. 만약 현재 올라간 높이가 10칸인데 아이템을 20번 사용했으면 10÷20×100으로 50점이 나올 거예요.

활동 04 게임을 실행해요

01 **평면맵**, **크리에이티브 모드**로 맵을 만듭니다.

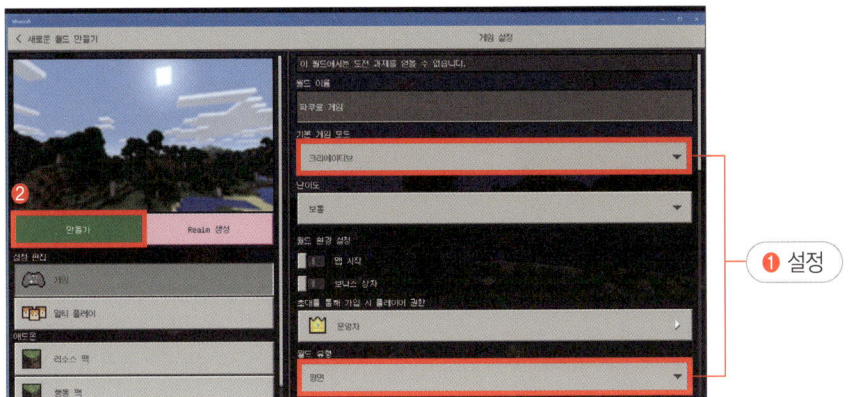

02 채팅명령어로 **시작**을 입력하여 게임을 시작하세요.

03 마우스 오른쪽 버튼으로 아이템을 사용하면 내 주위에 올라갈 수 있는 황금 블록이 생깁니다. 황금 블록이 생기면 그 위로 올라가서 다시 황금 블록을 만들어 주세요. 이렇게 계속 올라가세요.

마우스 오른쪽 버튼 클릭

04 충분히 높이 올라갔다고 생각하면 채팅 창에 **종료**를 입력하여 점수를 확인하세요.

고득점이 되기 위해서는 어떻게 해야 할지 고민해 보세요.

입력

잠깐만요 채팅 창에 갑자기 한글 입력이 안되나요?

마인크래프트와 코드 커넥션을 사용하다 보면 가끔 채팅 창에 한글 입력이 안될 때가 있을 수도 있어요. 환경에 따라 다를 수 있어 정확한 해결책은 아니지만, 만약 한글 입력이 안되는 증상이 있다면 다음 세 가지 방법을 시도해 보세요.

❶ Alt + Tab 과 ESC 로 마인크래프트와 코드 커넥션을 왔다 갔다 하면서 '다시 게임 계속하기'를 시도해 보세요.
❷ '시작', '종료' 같은 채팅명령어를 모두 'start', 'end' 같은 영어로 바꿔 줍니다.
❸ 메모장을 켜서 한글로 입력한 후 Ctrl + C 로 복사하여 채팅창에 Ctrl + V 로 붙여 넣습니다.

정리해요

 _____

지금까지 만든 프로젝트를 정리해 볼까요?

― 게임 방법을 설명하고 게임에 필요한 아이템을 플레이어에게 주는 코드

― 아이템을 사용하면 파쿠르를 할 수 있는 블록을 생성하는 코드

― 충분히 파쿠르를 하고 종료를 하여 점수를 확인하는 코드

나의 게임 디자인

내가 만드는 파쿠르 게임에 여러분의 아이디어를 추가하여 새로운 게임으로 재탄생시켜 보세요.

난이도 조절하기

아이템을 사용했을 때 블록이 더 멀리 생기면 어떨까요? 조금 더 어려운 파쿠르가 되겠지요? 황금 블록이 생성되는 범위를 −3부터 3까지로 증가시켜 보세요.

새로운 규칙 적용하기

높은 점수를 얻기 힘들다고요? 그럼 점수가 빠르게 오르도록 바꿔 보세요.

새로운 명령 블록 활용하기

아이템을 사용했을 때 황금 블록 외에 모래 블록이 생길 가능성이 커지면 어떨까요? 아이템을 사용했을 때 랜덤으로 황금 블록이나 모래 블록이 나오도록 코드를 변경해 보세요. 조금 더 어려워질 거예요.

CHAPTER 08
다함께 즐기는 퀴즈 맞히기 게임

공부할 때나 시험을 봐야 할 때 친구들과 정답 맞히기 게임을 한 적이 있나요? 단순히 문제를 묻고 정답을 말하는 게임이 아닌, 즐겁게 퀴즈를 맞힐 수 있다면 어떨까요? 마인크래프트에서는 가능합니다. 여러분이 직접 문제를 내고, 친구가 그것을 풀고 그 과정에서 좀비가 나타난다면 어떨까요? 더욱 스릴 넘치는 퀴즈 게임이 되겠지요?

게임 소개

이 게임은 문제의 답을 알아도 게임을 통해 정답을 맞혀야 합니다. 그럼 으스스한 분위기 속에서 좀비를 잡아 퀴즈를 맞히는 퀴즈 맞히기 게임을 함께 만들어 볼까요?

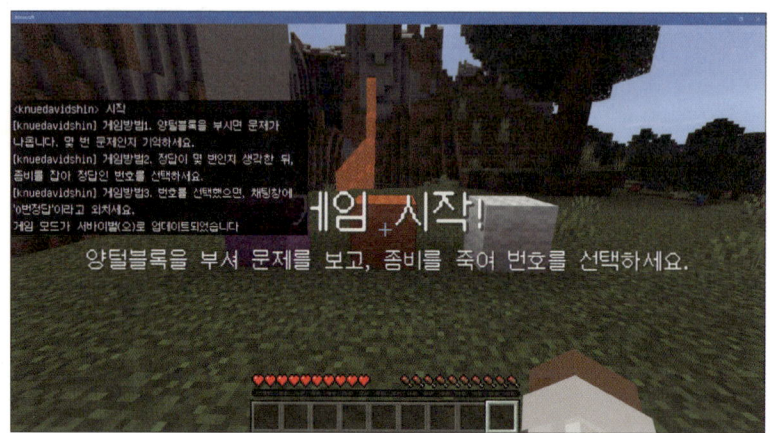

게임 환경 2인 이상의 플레이어, 평면맵, 크리에이티브 모드

학습 목표 블록 놓기, 다중 선택 구조 등을 모두 이용하여 친구와 함께하는 퀴즈 게임을 만들어 보자.

완성 파일 8장.mkcd

동영상 강의 보기

게임 규칙

 게임을 시작하면 양털 블록과 좀비들이 나타난다.

 양털 블록을 부수면 객관식 문제가 나온다.

 정답이 몇 번인지 알아낸 뒤 그 번호의 숫자만큼 좀비를 잡는다.

 너무 많은 수의 좀비를 잡았으면 '번호 초기화'를 외친다.

 적절한 숫자의 좀비를 잡았으면 '○번정답'을 외친다.

활동 01 좀비가 나오는 퀴즈 게임을 준비해요

먼저 퀴즈를 풀 환경을 만들어야겠지요? 문제를 내기 위한 양털 블록을 만들고, 좀비도 소환할게요. 좀비가 나오니 으스스한 분위기로 만들면 좋겠네요. 잘 따라와 보세요!

01 플레이어 에서 다음 채팅명령어를 입력하면 을 끌어온 뒤 채팅명령어를 **시작**으로 바꾸세요.

> 쌤Talk!
> 이 코드는 문제를 내는 플레이어만 코드를 실행해요. 다른 플레이어는 이 코드를 작성하지 않아도 돼요.

02 게임플레이 에서 메시지 보여주기 를 끌어와 다음과 같이 연결한 뒤 대상을 **모든 플레이어**로 바꾸고, 글자를 다음과 같이 작성하세요.

03 플레이어 에서 채팅창에 말하기 를 3개 끌어와 연결한 뒤 다음과 같이 게임 방법을 작성하세요.

Chapter 08 다함께 즐기는 퀴즈 맞히기 게임

04 `변수`에서 **변수 만들기** 버튼을 누르고 **번호**라는 변수를 만드세요.

 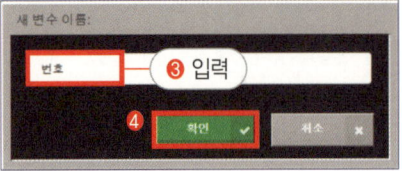

> 쌤Talk!
> 이 변수는 내가 현재 고른 번호를 알려주는 역할을 해요.

05 `변수`에서 `번호에 0 저장` 변수를 끌어와 연결하세요.

06 `변수`에서 **변수 만들기** 버튼을 누르고 **점수**라는 변수를 만드세요.

 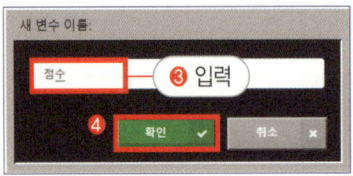

> 쌤Talk!
> 이 변수는 퀴즈를 맞히고 내가 얻은 점수를 알려주는 역할을 해요.

07 변수 에서 점수에 0 저장 변수를 끌어와 연결하세요.

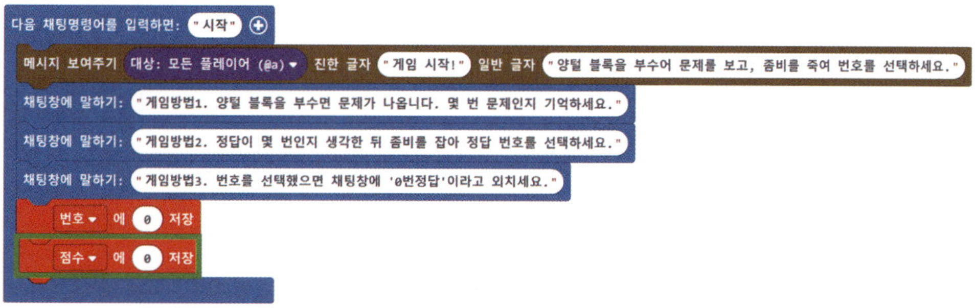

08 빌더 에서 빌더 텔레포트 를 끌어와 연결하세요.

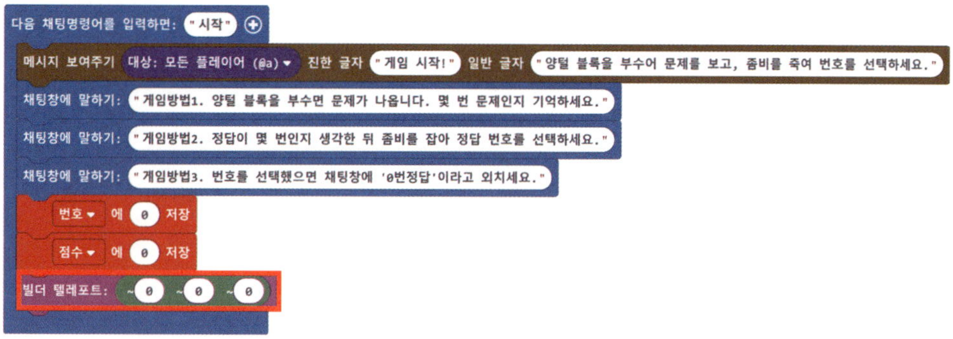

09 빌더 에서 빌더 이동 방향 을 끌어와 연결한 뒤 앞으로 거리 1을 2로 바꾸세요.

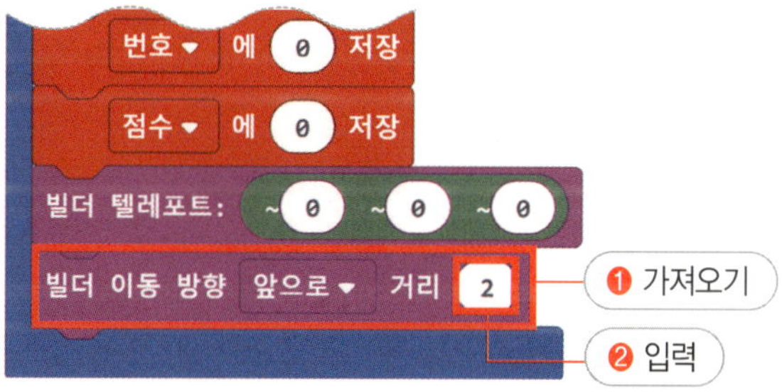

❶ 가져오기
❷ 입력

10 빌더 에서 블록 놓기 를 끌어와 연결한 뒤 **흰색 양털**로 바꾸세요.

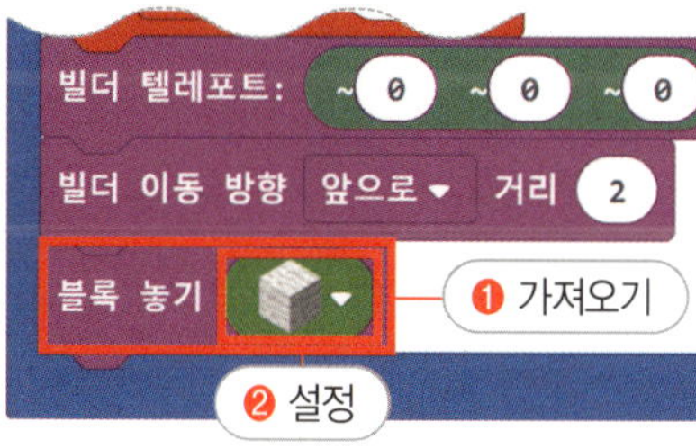

❶ 가져오기
❷ 설정

11 09~10 과정을 반복하여 다음과 같이 각각 **주황색 양털**, **자홍색 양털**이 놓이도록 만드세요.

각 양털 블록을 부수면 문제가 나와요. 3가지 양털을 놓았으니 문제도 3개가 나오겠죠?

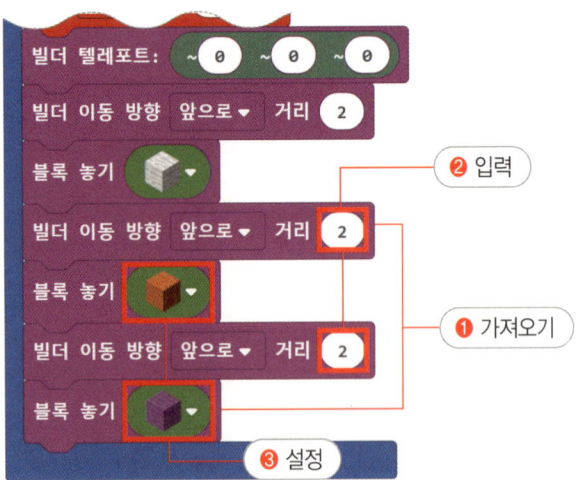

12 게임플레이 에서 날씨 바꾸기 를 끌어와 연결한 뒤 **맑음**을 **비**로 바꾸세요.

조금 으스스한 분위기가 나도록 날씨를 '비'로 바꾸세요.

13 게임플레이 에서 난이도 설정하기 를 끌어와 연결한 뒤 **평화로움**에서 **쉬움**으로 바꾸세요.

'평화로움' 난이도에서는 좀비가 나오지 않기 때문에 '쉬움'으로 바꾸었어요.

14 🔧게임플레이 에서 게임 모드 변경 을 끌어와 모드는 **서바이벌**, 대상은 **모든 플레이어**로 바꾸세요.

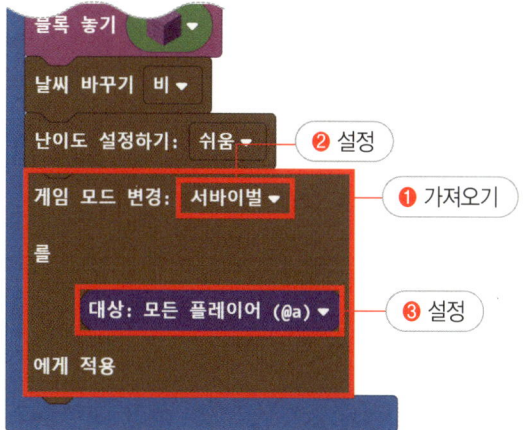

> **잠깐만요** 게임 모드 변경을 적용할 대상의 종류를 살펴봐요
>
> 모든 플레이어 는 모드를 바꾸거나 아이템을 주거나 마법을 적용할 때 그 대상을 정하는 거예요. ▼를 누르면 6가지가 나오는데, 조금씩 차이가 있으니 다음 설명을 참고하세요.
>
>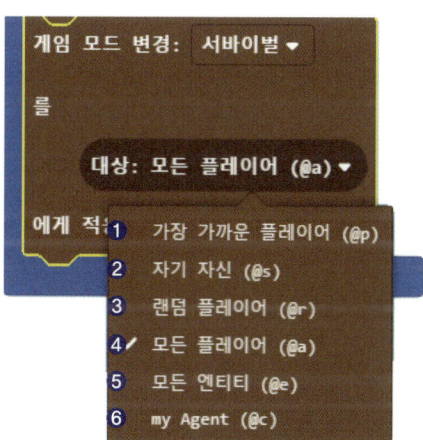
>
> ❶ 가장 가까운 플레이어(@p) : 나에게서 가장 가까운 플레이어를 대상으로 합니다.
> ❷ 자기 자신(@s) : 자기 자신, 즉 나만을 대상으로 합니다.
> ❸ 랜덤 플레이어(@r) : 나를 포함한 모든 플레이어 중에서 무작위로 지정한 한 명의 플레이어를 대상으로 합니다.
> ❹ 모든 플레이어(@a) : 나를 포함한 모든 플레이어를 대상으로 합니다.
> ❺ 모든 엔티티(@e) : 마인크래프트 안에 모든 움직이는 물체를 대상으로 합니다. 이는 플레이어뿐만 아니라 동물, 몬스터와 바닥에 떨어진 아이템까지 모두 해당됩니다.
> ❻ 나의 에이전트(@c) : 나의 에이전트를 대상으로 합니다.

15 게임플레이 에서 시간 설정 을 끌어와 **낮**을 **밤**으로 바꾸세요.

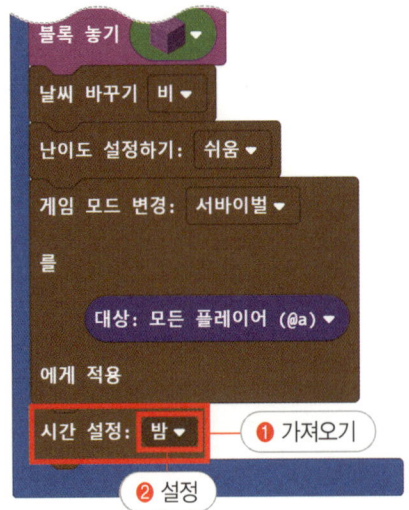

16 반복 에서 반복(repeat) 실행 을 끌어와 연결한 뒤 반복 횟수를 **100**으로 바꾸세요.

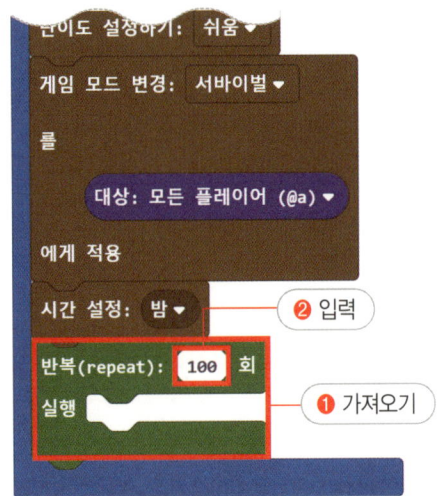

17 몹 에서 소환 동물 을 끌어와 다음과 같이 연결한 뒤 몹 에서 몬스터 를 끌어와 '동물' 자리에 연결하세요. 그리고 위치를 **~50 ~10 ~50**으로 바꾸세요.

쌤Talk!

정답인 번호를 선택할 때 꼭 필요한 좀비를 소환하는 코드예요. 좀비가 내 자리에 소환되면 좀비에게 공격 당하니 50칸 정도 떨어뜨린 위치에 소환하는 것이에요.

활동 02 세 가지 퀴즈 문제를 내요

문제를 내는 코드는 문제를 내는 플레이어가 작성한 뒤 다른 플레이어에게 나눠 주세요. 다른 플레이어는 채팅명령어를 입력할 필요 없이 실행만 하면 돼요.

01 ◆블록 에서 블록이 깨지면 실행 을 끌어와서 블록을 **흰색 양털**로 바꾸세요.

02 플레이어 에서 채팅창에 말하기 를 2개 끌어와서 다음과 같이 문제를 입력하세요.

- ❶ 가져오기
- 채팅창에 말하기: "1번문제: 다음 중 공휴일이 아닌 날은?"
- 채팅창에 말하기: "1번: 개천절, 2번: 현충일, 3번: 제헌절, 4번: 삼일절, 5번: 한글날"
- ❷ 입력

03 같은 방식으로 ◆블록 에서 블록이 깨지면 실행 을 끌어와서 블록을 **주황색 양털**로 바꾸고, 다음과 같이 문제를 입력하세요.

- ❶ 설정
- ❷ 가져오기
- 채팅창에 말하기: "2번문제: 다음 중 가장 큰 나라는?"
- 채팅창에 말하기: "1번: 캐나다, 2번: 중국, 3번: 미국, 4번: 호주, 5번: 브라질"
- ❸ 입력

04 같은 방식으로 3번 문제를 내는 코드를 만드세요.

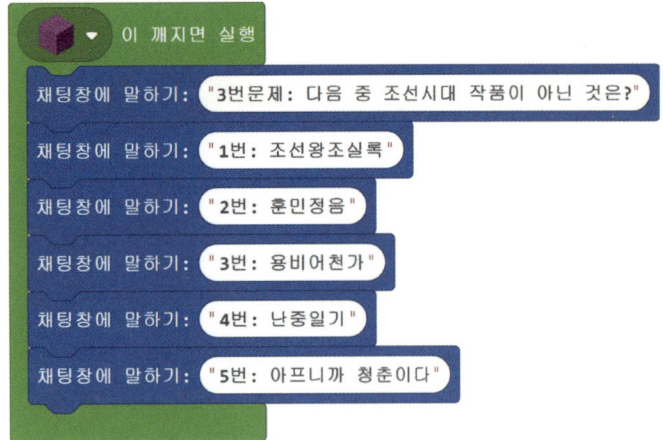

활동 03 정답! 퀴즈의 답을 맞혀요

문제의 정답을 맞히는 정답 코드를 만들어요. 정답 코드에는 퀴즈의 정답이 들어 있으므로 1명만 작성해서 나눠줘요.

01 플레이어 에서 다음 채팅명령어를 입력하면 을 끌어온 뒤 채팅명령어를 **1번 정답**으로 바꾸세요.

> 쌤Talk!
> 이 코드는 문제를 내는 플레이어는 1명만 작성해요. 다른 플레이어는 채팅명령어를 입력할 필요 없이 실행만 하면 된답니다.

02 논리 에서 만약(if) 아니면(else) 실행 을 끌어온 뒤 ⊕를 3번 눌러 경우를 추가하세요.

> 쌤Talk!
> 보기가 5개이므로 5가지 경우로 나눌 거예요. 1번 문제는 "다음 중 공휴일이 아닌 날은?"이고 보기는 "1번 개천절, 2번 현충일, 3번 제헌절, 4번 삼일절, 5번 한글날"이었어요 (135쪽 참고).

Chapter 08 다함께 즐기는 퀴즈 맞히기 게임 ■ 137

03 논리에서 0=0 을 끌어오고 변수에서 번호를 가져와 다음과 같이 연결하고 번호=1 로 바꾸세요. 정답을 1번이라고 했을 경우입니다.

> **쌤Talk!**
> 0=0 과 번호 블록을 먼저 조합하고 만약(if) 아니면 (else) 실행 블록 안에 넣으세요.

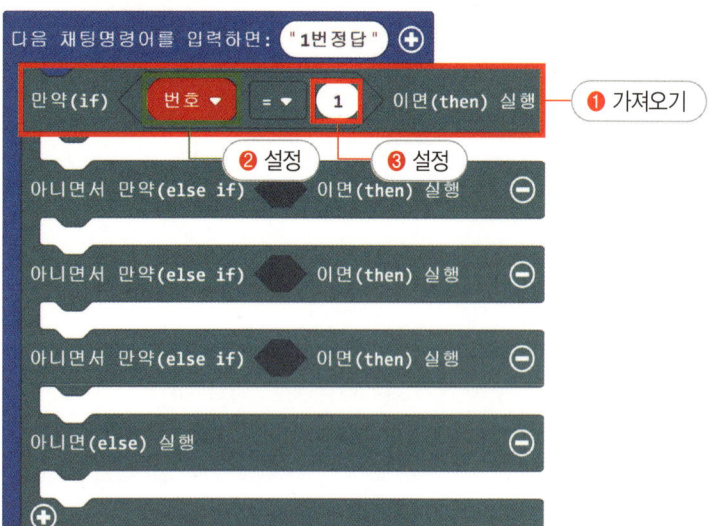

04 03에서 만든 번호=1 블록을 복사하여 다음과 같이 정답으로 2~4번을 골랐을 경우를 만드세요.

> **쌤Talk!**
> 정답 보기에 따라 경우를 나눴어요. 5번을 고른 경우는 자동으로 '아니면(else) 실행'에 해당하므로 번호=5 라고 만들지 않아도 된답니다.

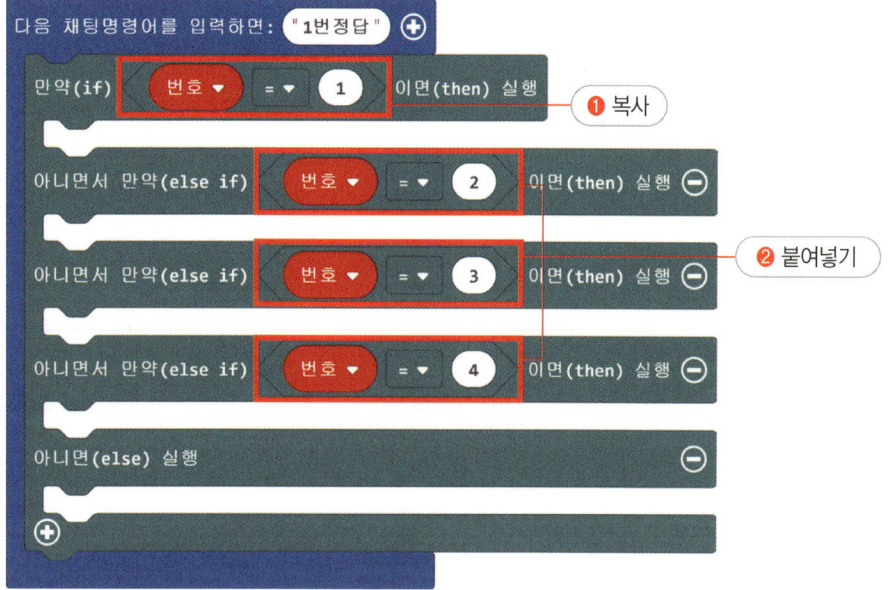

05 플레이어 에서 채팅창에 말하기 를 끌어와 다음과 같이 입력하세요.

> 💬Talk!
> 1번 개천절은 공휴일이므로 오답이에요!

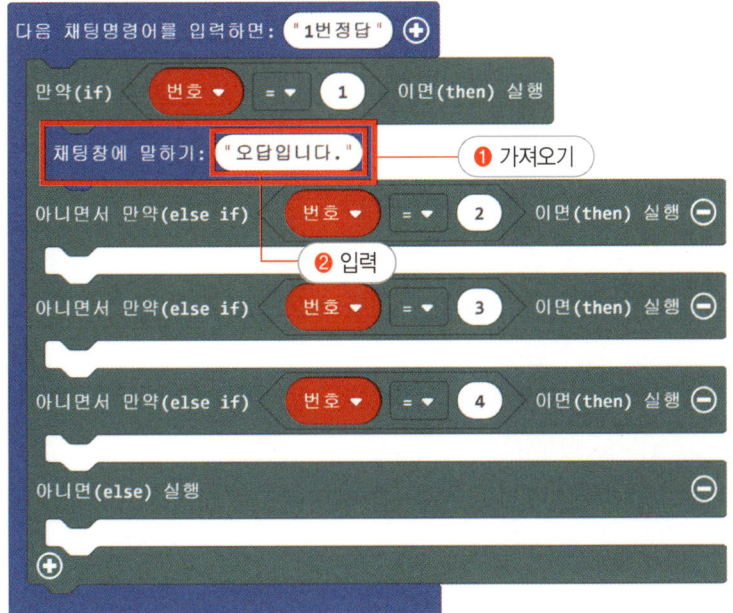

06 몹 에서 소환동물 을 끌어와 다음과 같이 연결하세요.

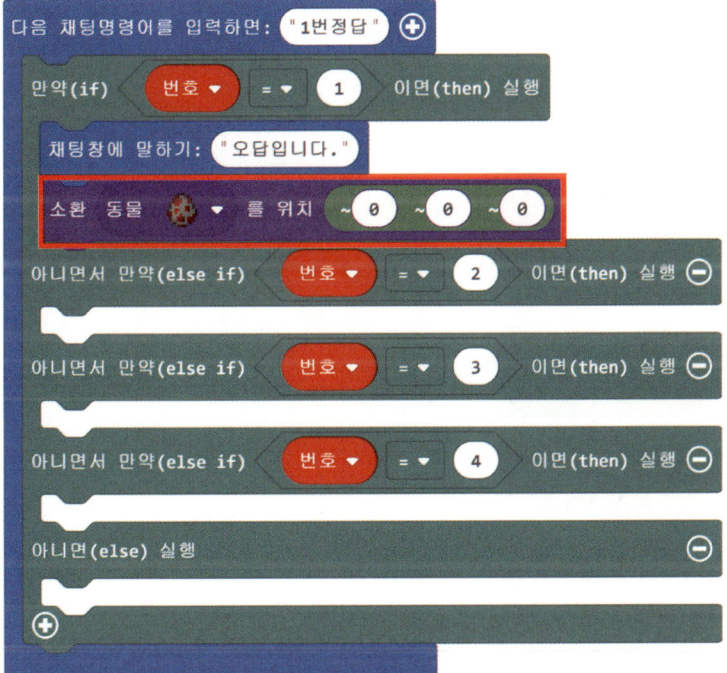

07 몹에서 마법 발사 를 끌어오고 마법을 **라이트닝 볼트**로 바꾸세요.

> **쌤Talk!**
> 이제 오답을 말하면 '오답'이라는 메시지와 함께 라이트닝 볼트가 쳐서 에너지가 깎일 거예요.

08 07과 같은 방법으로 퀴즈 오답일 경우 받을 벌칙을 각각 추가하세요.

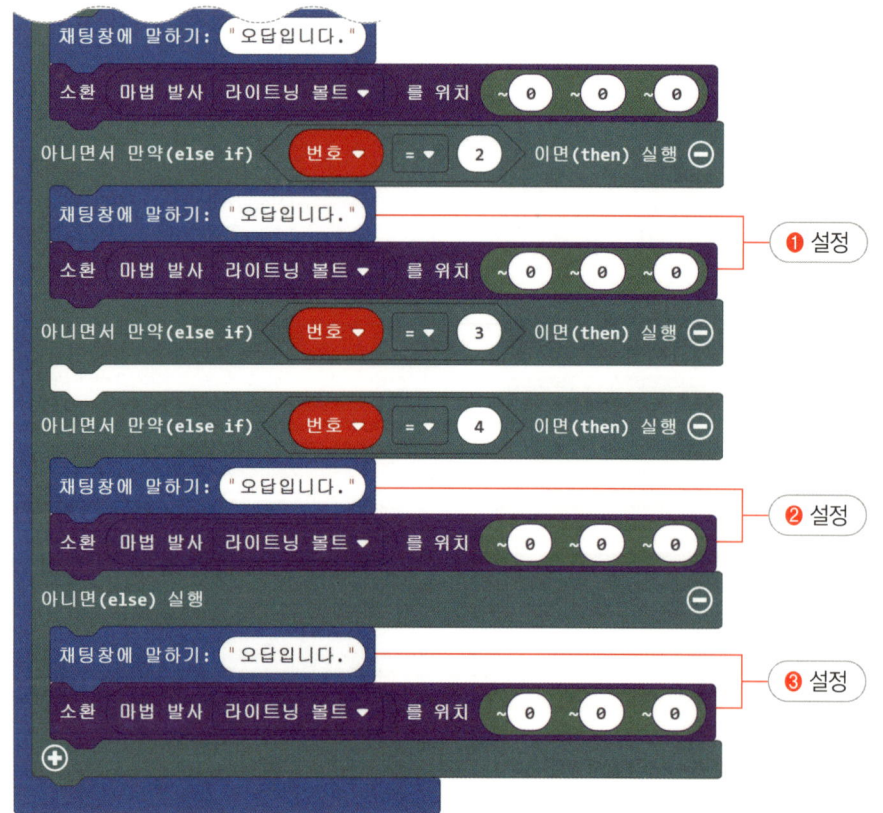

> **쌤Talk!**
> 정답은 3번이라는 것을 잊지 마세요. 따라서 1, 2, 4, 5번 일 경우에는 벌칙이 나오도록 코드를 만드세요.

09 플레이어에서 채팅창에 말하기를 끌어와 '정답(3번)'일 때 해당하는 메시지를 적으세요.

10 앞에서와 마찬가지로 몸에서 소환 동물과 마법 발사를 끌어와 다음과 같이 연결한 뒤 마법을 **폭죽 로켓**으로 바꾸세요.

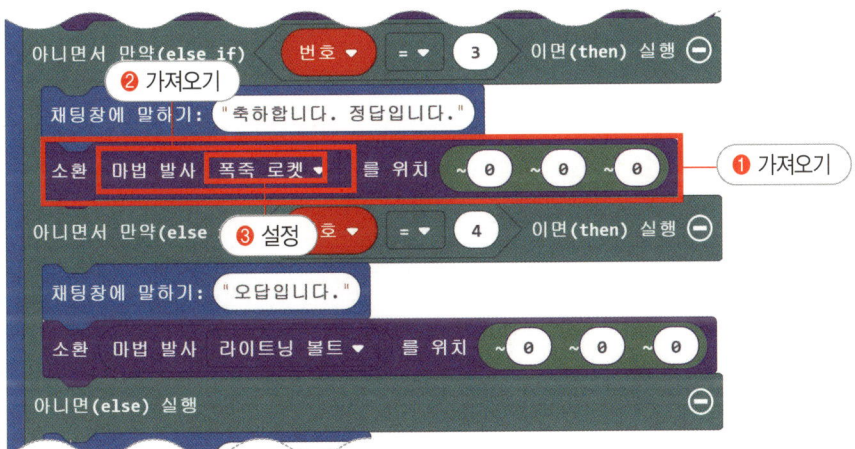

> **쌤Talk!**
> 정답인 3번을 말하면 '정답'이라는 축하 메시지와 함께 폭죽이 터질 거예요.

11 변수에서 점수 값 1 증가를 끌어와 다음과 같이 연결하세요.

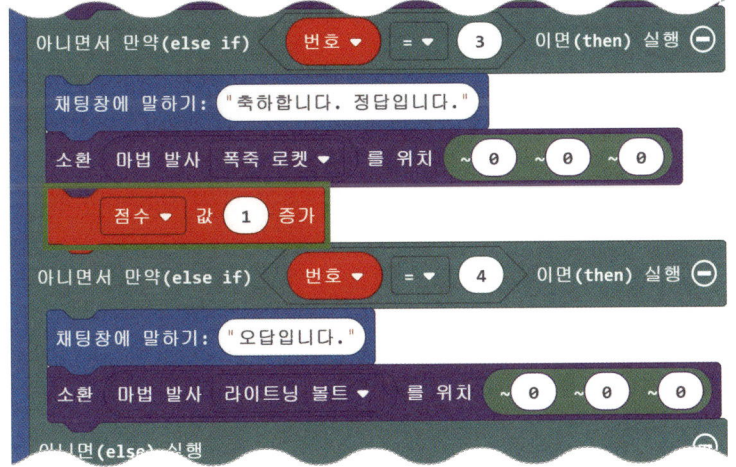

> **쌤Talk!**
> 정답을 맞힐 경우 점수가 1점 증가합니다.

12 같은 방식으로 '2번 문제'에 해당하는 정답 코드도 다음과 같이 작성합니다.

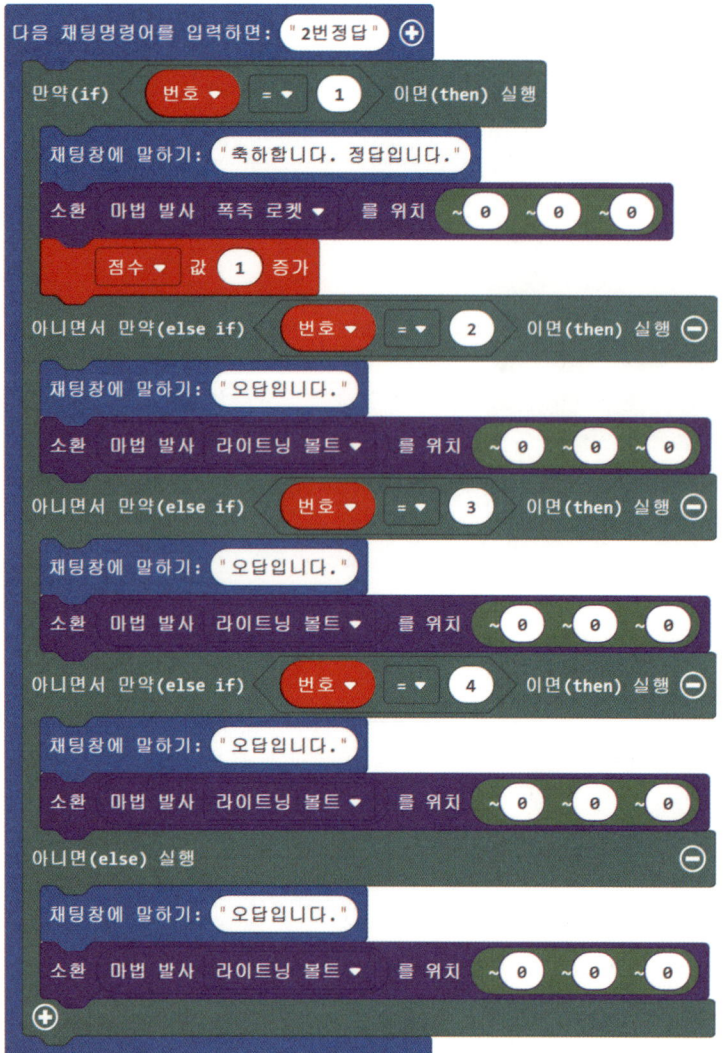

> **쌤Talk!**
> 2번 문제의 정답은 '1번 캐나다'입니다. 캐나다는 러시아 다음으로 세계에서 두 번째로 큰 나라입니다. 1번 문제 정답 코드를 복사해서 수정하면 조금 편리하겠죠?

13 마찬가지로 '3번 문제'에 해당하는 정답 코드를 만드세요.

 쌤Talk!

3번 문제의 정답은 '5번 아프니까 청춘이다'입니다. 나머지 작품은 모두 조선 시대의 작품이에요.

활동 04 퀴즈 게임의 필수 코드를 만들어요

정답 번호를 선택하거나 번호를 초기화하는 코드, 종료하면 최종 점수를 알려주는 코드 등 퀴즈 맞히기 게임에 꼭 필요한 코드를 만들어 볼게요.

01 몹 에서 몹이 죽었다면 실행 과 몬스터 를 끌어와 다음과 같이 **동물** 위치에 끼우세요.

> **쌤Talk!**
> 이 코드는 모든 플레이어가 실행해야 하는 코드에요.

02 변수 에서 번호 값 1 증가 를 끌어와 다음과 같이 연결하세요.

03 플레이어 에서 채팅창에 말하기 를, 문자열 에서 연결한 문자열 , 변수 에서 번호 를 끌어와 다음과 같이 작성하세요.

> **쌤Talk!**
> 이렇게 하면 좀비를 죽일 때마다 번호가 1씩 올라가요. 예를 들어 정답이 3번이라면 좀비 3마리를 잡으면 돼요.

04 🧍플레이어 에서 다음 채팅명령어를 입력하면 을 끌어온 뒤 채팅명령어를 **번호초기화** 로 바꾸세요.

05 ☰변수 에서 번호에 0 저장 을 끌어와 다음과 같이 연결하세요.

06 🧍플레이어 에서 채팅창에 말하기, T문자열 에서 연결한 문자열, ☰변수 에서 번호 를 끌어와 다음과 같이 작성하세요.

> 💬 **Talk!**
> 이 코드를 통해, 번호가 너무 커졌다면 다시 0으로 만들 수 있어요. 예를 들어 정답이 3번 인데 실수로 좀비를 4마리 잡 았다면 '번호초기화'를 통해 번호를 0으로 만든 뒤 다시 좀비를 3마리 잡아야 해요.

07 🧍플레이어 에서 다음 채팅명령어를 입력하면 을 끌어온 뒤 채팅명령어를 **종료**로 바 꾸세요.

08 🧍플레이어 에서 채팅창에 말하기, T문자열 에서 연결한 문자열, ☰변수 에서 점수 를 끌어와 다음과 같이 작성하세요.

활동 05 게임을 실행해요

01 **크리에이티브 모드**, **평면맵**을 생성하세요. 그리고 문제를 내기 쉬운 장소인 넓은 평원에 모이세요.

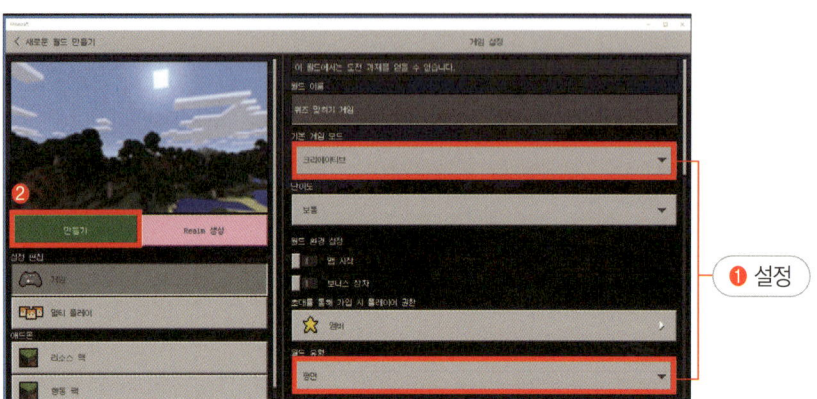

02 문제를 내는 플레이어는 **활동 01**에서 만든 '준비' 코드, **활동 02**에서 만든 '문제' 코드, **활동 03**에서 만든 '정답' 코드, **활동 04**에서 만든 '필수' 코드를 모두 준비하세요. 그리고 이 코드를 파일로 저장해서 다른 플레이어에게 나눠 주세요. 모든 플레이어는 문제를 내는 플레이어가 준 코드 파일을 준비하여 실행하세요.

> **잠깐만요** **코드를 파일로 바꾸려면 어떻게 하나요?**
> 메이크코드 화면 오른쪽 위의 톱니바퀴 모양(⚙)을 누르고 **프로젝트 저장**을 선택하면 코드를 파일로 저장할 수 있습니다.
>
>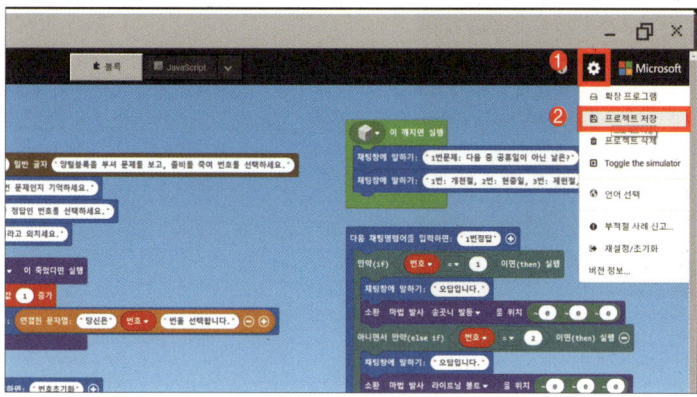
>
> 이 파일을 USB에 담거나 메일을 통해 함께 퀴즈 맞히기 게임을 할 친구에게 나눠 주세요. 정답을 맞힐 다른 플레이어들은 이 파일을 받아 불러오면 된답니다.
> 다음과 같이 메이크코드 첫 화면에서 **가져오기**를 누르면 돼요. 정답을 맞히는 다른 플레이어들은 코드를 보고 문제의 정답을 컨닝하면 안 돼요!
>
>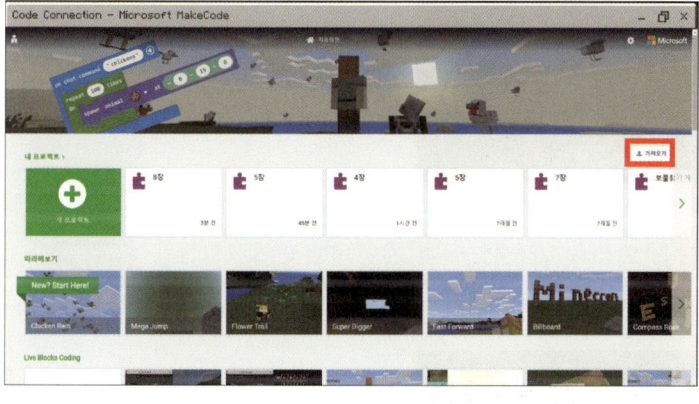

03 문제를 내는 플레이어가 **시작** 채팅명령어를 입력하여 게임을 시작하세요.

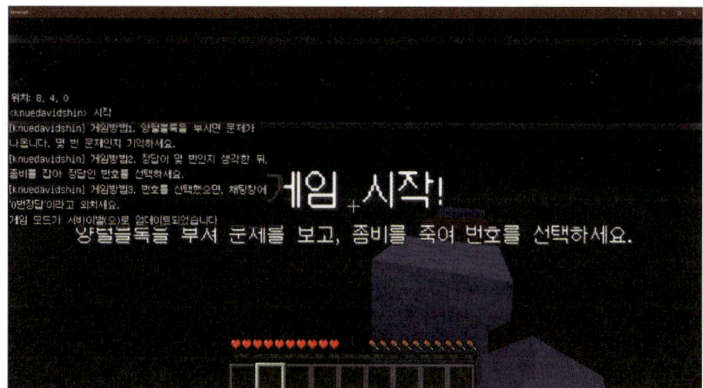

Chapter 08 다함께 즐기는 퀴즈 맞히기 게임 ■ **147**

04 눈 앞에 생성된 **양털 블록**을 부수면 문제가 나와요. 문제를 빨리 푸세요.

05 문제의 정답 번호 수만큼 좀비를 잡으세요.

> **쌤Talk!**
> 1번 문제의 정답은 3번이니, 좀비 3마리를 잡아 3번 번호를 선택합니다.

06 맞는 번호를 선택했으면, ***번정답**을 외치세요. 정답이면 정답이라는 메시지와 함께 폭죽이 터져요.

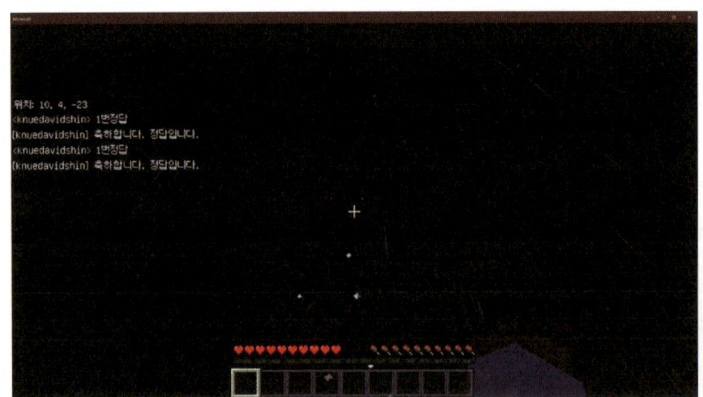

> **쌤Talk!**
> 예를 들어 1번 문제의 정답이니 '1번정답'이라고 외쳐야 해요. 만약 2번 문제의 정답일 경우는 '2번정답'이라고 외치세요. 이때 코드를 잘 살펴보면 띄어쓰기가 없습니다. '1번 정답'과 같이 띄어쓰기를 할 경우, 코드가 실행되지 않는다는 것에 주의하세요!

07 틀린 번호인 **1번정답**을 외치면 오답이라는 메시지와 함께 번개가 떨어져요.

08 만약 너무 많은 좀비를 잡아서 정답인 번호를 넘어갔다면, 채팅 창에 **번호초기화**라고 외치세요.

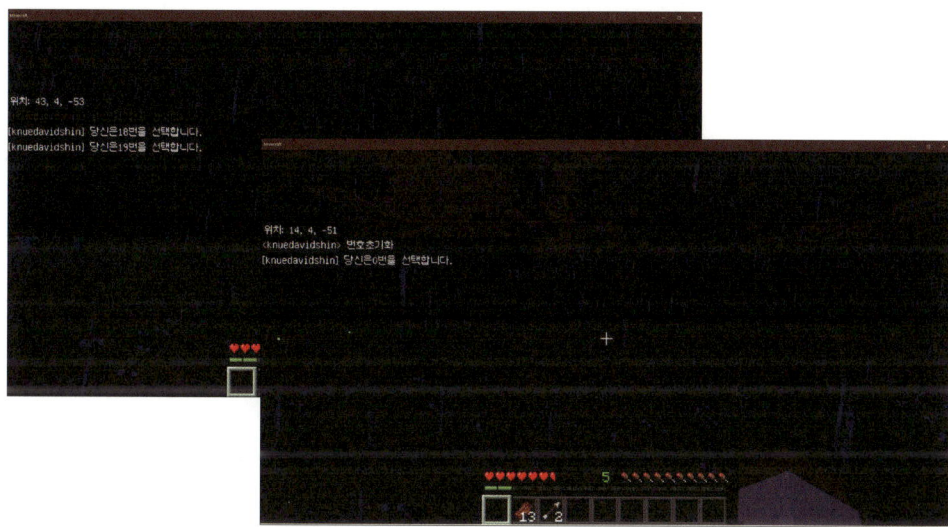

> **쌤Talk!**
> 좀비를 무작정 잡기만 하면 안 돼요. 정답인 번호 수만큼만 좀비를 잡는 것이 포인트예요.

> **쌤Talk!**
> '번호초기화'를 외치면 0번부터 다시 시작이에요. 정답인 번호 수만큼 다시 좀비를 잡으세요.

09 모든 문제를 다 풀었으면 **종료**를 외쳐 점수를 확인하세요.

Chapter 08 다함께 즐기는 퀴즈 맞히기 게임 ■ 149

정리해요

지금까지 만든 프로젝트를 정리해 볼까요?

- 게임 방법을 설명하는 코드
- 게임에 필요한 블록이 생기는 코드
- 게임 분위기를 연출하는 코드

각각의 양털 블록이 깨지면 문제가
생기게 만드는 코드

알맞은 번호인 3번을 선택하고 '1번정답'을 외치면 정답처리로 점수가 오르고, 오답인 번호를 선택하고 '1번정답'을 외치면 오답으로 라이트닝 볼트 함정이 발동되는 코드

알맞은 번호인 1번을 선택하고 '2번정답'을 외치면 정답처리로 점수가 오르고, 오답인 번호를 선택하고 '2번정답'을 외치면 오답으로 라이트닝 볼트 함정이 발동되는 코드

알맞은 번호인 5번을 선택하고 '3번정답'을 외치면 정답처리로 점수가 오르고, 오답인 번호를 선택하고 '3번정답'을 외치면 오답으로 라이트닝 볼트 함정이 발동되는 코드

나의 게임 디자인

다 함께 즐기는 퀴즈 맞히기 게임에 여러분의 아이디어를 추가하여 새로운 게임으로 재탄생시켜 보세요.

난이도 조절하기

오답일 경우 라이트닝 볼트가 아닌 다른 함정을 만들어 보세요. 예를 들어 '송곳니 발동'은 더 높은 데미지를 주기 때문에 플레이어가 좀 더 신중하게 정답 번호를 선택하겠죠?

새로운 규칙 적용하기

좀비를 잡을 때마다 번호 값이 1씩 오르는 게 아니라 1~5 사이의 값 중에서 무작위로 증가하면 어떻게 될까요? 이렇게 할 경우 원래 좀비 한 마리를 잡으면 +1이므로 3번이 답이면 3마리를 잡습니다. 그런데 새로운 규칙에서는 +α로 오르니 3번이 답이라도 1~2마리만 잡아 답을 만들 수 있죠. 그리고 3번을 초과하면 번호 초기화 후 다시 잡아야 합니다. 예를 들어, 5번이 정답이더라도 좀비 한 마리를 잡고 5번이 나올 수 있겠죠?

새로운 명령 블록 활용하기

마인크래프트 초보자라면 좀비를 피하면서 잡는 것이 어려울 거예요. 그렇다면 처음에 시작할 때 다이아몬드 검을 주는 건 어떨까요? 더 강한 아이템으로 좀비를 잡도록 해 보세요.

CHAPTER
09
블록 파괴자 게임

Chapter 09에서 만들 게임은 블록 파괴자 게임입니다. 정해진 시간 동안 여러 명의 플레이어가 경쟁하여 최대한 많은 블록을 파괴하는 사람이 승리하는 게임이죠. 자, 그럼 본격적으로 게임 제작을 시작해 볼까요?

게임 소개

이 게임에서 중요한 것은 플레이어의 순발력과 컨트롤 능력입니다. 다른 능력은 필요 없으며 우연의 요소도 없어요. 오직 단련된 컨트롤 능력만이 게임의 승부를 가른답니다. 특히 속이기 위한 블록을 깨지 않도록 주의해야 해요.

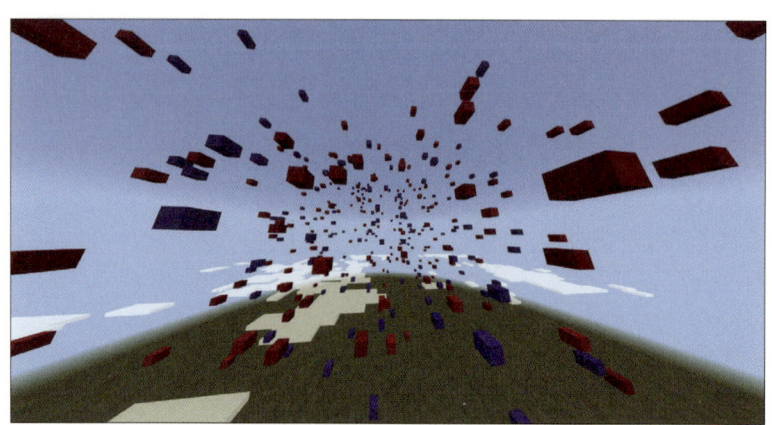

게임 환경 2인 이상의 플레이어, 평면맵, 크리에이티브 모드

학습 목표 랜덤 위치에 생성된 블록을 부수는 블록 파괴자 게임을 만들어 보자.

완성 파일 9장.mkcd

동영상 강의 보기

게임 규칙

 자신의 팀의 블록을 파괴할 때마다 1점을 얻는다.

 상대 팀의 블록을 파괴하면 5점 감점된다.

 중립 블록을 파괴하면 10점 감점된다.

 어떠한 플레이어든 100점을 만들면 경기는 종료되고 팀별로 점수를 합산하며 점수가 높은 팀이 이긴다.

활동 01 블록 파괴자 게임을 시작해요

이 게임은 팀을 두 개로 나누어 진행합니다. 그렇기 때문에 각 팀의 코드가 조금 달라요. '게임 시작' 코드는 아무 플레이어 중에서 한 명만 작성하고 나머지 코드는 팀에 맞게 작성해야 해요.

01 플레이어에서 다음 채팅명령어를 입력하면 을 끌어와 채팅명령어를 **시작**으로 바꾸세요. 그리고 채팅창에 말하기 를 끌어와 연결한 뒤 내용을 **블록파괴자 게임을 시작합니다.**로 바꾸세요.

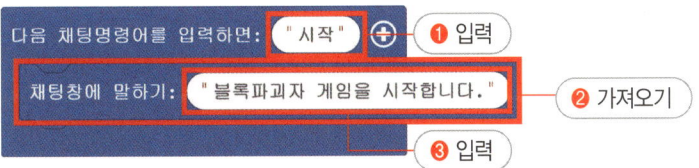

> **쌤Talk!**
> 게임을 시작하면 블록을 설치하는 코드이므로 플레이어 중 아무나 한 사람만 작성하면 돼요. 예를 들어 상민 선생님은 파랑팀, 윤철 선생님은 빨강팀이 되어 코드를 작성하면 됩니다.

02 반복에서 반복(repeat) 실행 을 끌어오고 반복 횟수를 **50**으로 바꾸세요.

> **쌤Talk!**
> 반복 횟수는 블록이 놓이는 개수를 뜻해요. 참가하는 플레이어가 많을수록 반복 횟수를 늘려주세요. 참가하는 플레이어마다 다르겠지만, 50회는 10명 정도의 플레이어에게 적당해요.

03 블록에서 블록~에 놓기 를 끌어오고 블록을 **파란색 양털**로 바꾸세요.

> **쌤Talk!**
> 파란색 양털은 파랑팀이 파괴해야 할 블록이에요.

Chapter 09 블록 파괴자 게임 ■ 157

04 위치 에서 랜덤 위치 선택 을 끌어와 좌표를 ~30, ~0, ~30에서 ~-30, ~60, ~-30으로 바꾸세요.

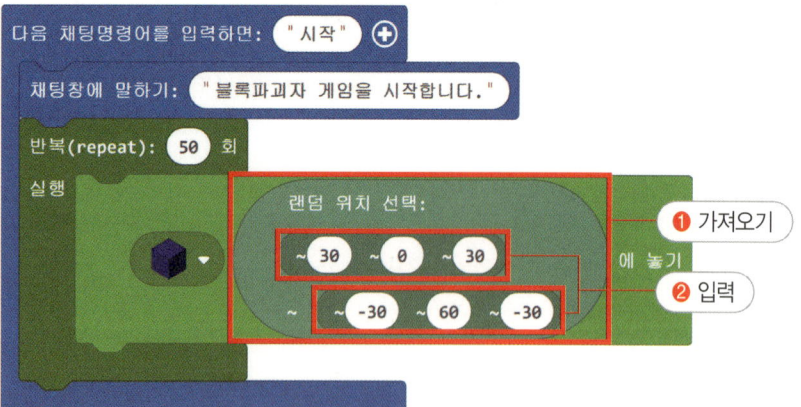

> **쌤Talk!**
> 이렇게 하면 플레이어 주변 60칸 안에서 아무 위치에 블록이 생길 거예요.

05 같은 방법으로 다음과 같이 작성하세요.

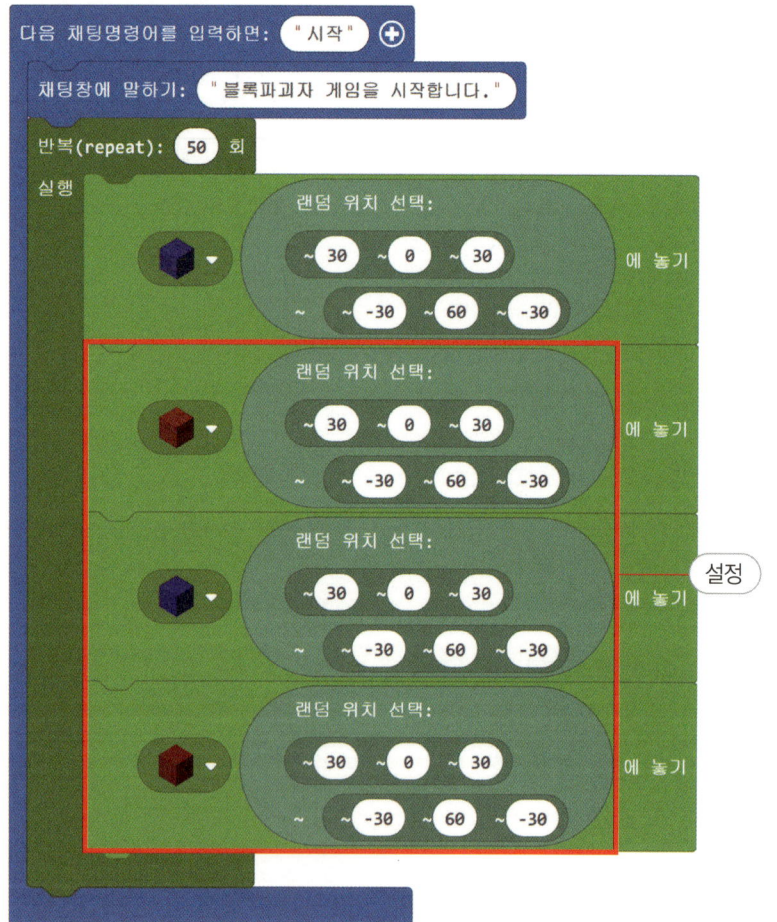

> **쌤Talk!**
> 각 블록은 위에서부터 파란색 양털, 빨간색 양털, 파란색 콘크리트, 빨간색 콘크리트 블록이에요. 파란색, 빨간색 콘크리트 블록은 플레이어를 속이는 중립 블록입니다. 플레이어가 중립 블록을 깨면 감점이 되며, 플레이어를 속이기 위해 일부러 각 팀의 블록과 비슷한 블록으로 선택했어요.

활동 02 득점 코드와 실점 코드를 만들어요

팀별로 득점을 얻는 블록과 감점이 되는 블록이 다르다는 점 잊지 않았죠? 따라서 각 팀이 작성해야 하는 코드도 다르답니다. 먼저 같이 플레이하는 친구들과 팀을 정한 다음에, 자신의 팀에 맞는 코드를 확인하여 작성하세요.

파랑팀 득점 코드

01 블록에서 `블록이 깨지면 실행`을 끌어와 블록을 **파란색 양털**로 바꾸세요.

> **쌤Talk!**
> 파랑팀은 파란색 양털 블록을 부수면 득점합니다. 이 코드는 파랑팀만 작성하세요.

02 변수에서 `점수`라는 변수를 만든 뒤 `점수 값 1 증가`를 끌어오세요.

03 플레이어에서 `채팅창에 말하기`, 문자열에서 `연결한 문자열`, 변수에서 `점수`를 끌어와 각각 다음과 같이 작성하세요.

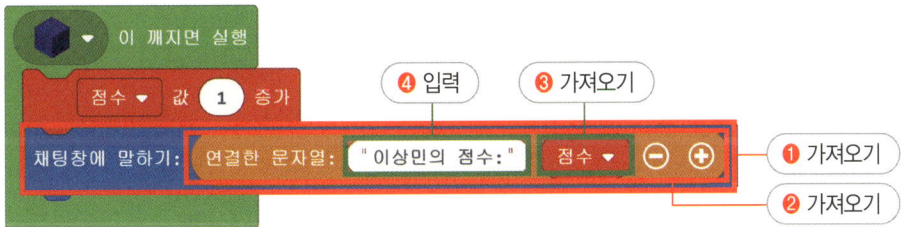

> **쌤Talk!**
> 문자열에는 "○○○의 점수: "와 같이 플레이어의 이름을 넣어 누구의 점수인지 확인할 수 있게 해요.

04 블록 에서 블록 ~에 놓기 를 끌어와 **파란색 양털**로 바꾸고 위치 에서 랜덤 위치 선택 을 끌어와 연결한 뒤 좌표를 ~30, ~0, ~30부터 ~-30, ~60, ~-30까지로 바꾸세요.

> **쌤Talk!**
> 블록이 파괴된 후 랜덤한 위치에 블록이 새로 나타나게 함으로써 블록이 부족하지 않게 해요.

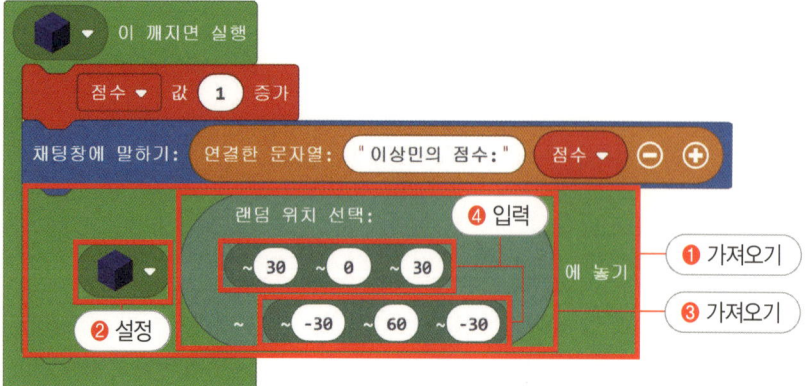

파랑팀 실점 코드

앞에서와 같은 방법으로 상대팀의 블록을 파괴하면 점수를 잃는 코드를 작성하세요.

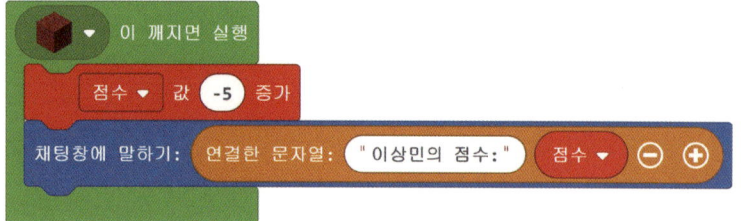

> **쌤Talk!**
> 파랑팀은 상대팀의 블록인 빨간색 양털 블록을 부수면 실점합니다. 따라서 블록이 깨지면 실행 에 있는 블록은 '빨간색 양털 블록'이에요.

빨강팀 득점 코드

파랑팀의 득점 코드를 참고하여 다음과 같이 코드를 만들어요. 파랑팀 득점 코드에서 **파란색 양털**을 **빨간색 양털**로 바꾸세요. 그리고 연결한 문자열 에서 빨강팀 플레이어의 이름으로 바꾸세요.

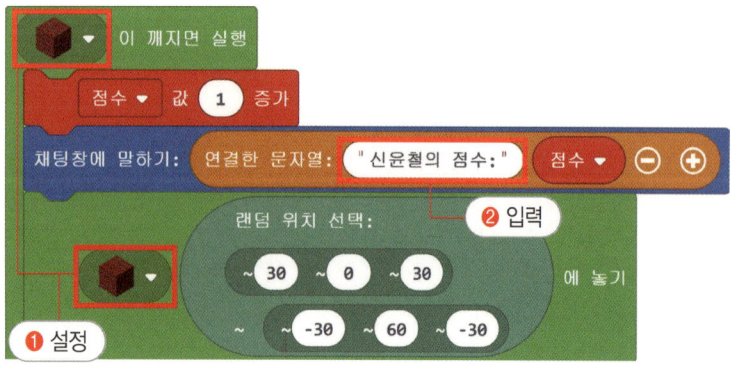

> **쌤Talk!**
> 빨강팀은 빨간색 양털 블록을 부수면 득점합니다. 이 코드는 빨강팀만 작성하세요. 파랑팀은 '이상민의 점수:'를 보여줬으므로 빨강팀에서는 '신윤철의 점수:'를 보여주도록 했어요. 여러분과 친구들의 이름으로 바꾸세요.

빨강팀 실점 코드

마찬가지 방법으로 파랑팀의 실점 코드에서 **빨간색 양털**을 **파란색 양털**로 바꾸세요. 그리고 연결한 문자열 에서 빨강팀 플레이어의 이름으로 바꾸세요.

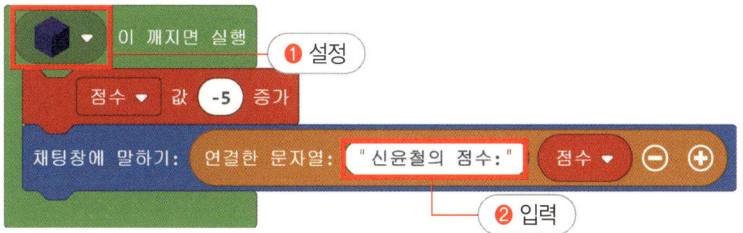

> **쌤Talk!**
> 빨강팀은 파란색 양털 블록을 부수면 실점합니다. 따라서 블록이 깨지면 실행 에 있는 블록은 '파란색 양털 블록'이에요.

공통 실점 코드(중립 블록을 깼을 때)

다음은 파랑팀, 빨강팀 모두 득점이 되지 않고 실점이 되는 코드예요. 빨간색 양털 블록이나 파란색 양털 블록이 아닌 이와 비슷한 다른 블록을 파괴할 경우에는 10점씩 실점이 됩니다. 이 코드는 양팀의 모든 플레이어가 작성해야 해요.

중립 블록(빨간색 콘크리트, 파란색 콘크리트)을 파괴하면 점수를 잃는 코드를 작성하세요.

> **쌤Talk!**
> 양털 블록과 비슷해 보이지만 이 블록은 콘크리트 블록이에요. 이런 속임수를 두면 플레이어를 헷갈리게 해서 게임이 더 재미있겠죠?

활동 03 점수를 초기화해요

게임을 새로 시작할 때마다 점수를 0점으로 만들어야 점수가 이어지지 않아요. 이 코드는 모든 플레이어가 작성해야 해요.

01 플레이어 에서 다음 채팅명령어를 입력하면 을 끌어와 채팅명령어를 **초기화**로 바꾸세요.

> **쌤Talk!**
> 점수를 원래의 값인 0으로 되돌리는 것을 '초기화'라고 해요. 게임에서 많이 쓰는 단어랍니다.

02 변수 에서 점수에 0 저장 을 끌어와 다음과 같이 연결하세요.

03 플레이어 에서 채팅창에 말하기 를 끌어와 연결한 뒤 내용을 **이상민의 점수가 초기화되었습니다.**로 바꾸세요.

> **쌤Talk!**
> '이상민'의 자리에는 여러분의 이름을 적어 주세요.

활동 04 게임을 실행해요

01 코드 작성을 마쳤으면 **평면맵**, **크리에이티브 모드**를 생성하고 각 팀에 맞는 코드를 작성하여 준비하세요.

> 📢 **Talk!**
> 활동 01에서 말했듯이 '시작' 코드는 플레이어 중 한 사람만 작성하면 됩니다(157쪽 참고).

02 모든 플레이어는 채팅명령어 **초기화**를 입력하여 점수를 초기화하세요.

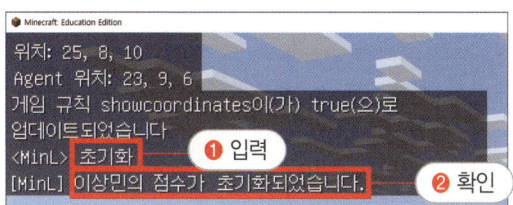

03 '시작 코드'를 작성한 플레이어가 채팅 창에 채팅명령어 **시작**을 입력하세요.

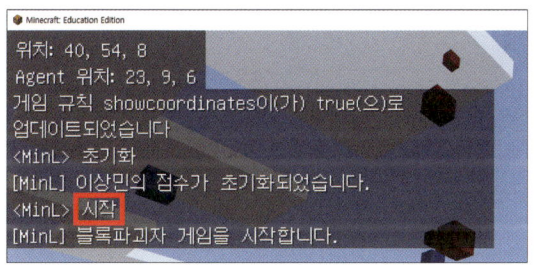

04 30점이 나올 때까지 게임을 진행하세요.

> 📢 **Talk!**
> 혹시 코드가 실행되지 않을 경우 '운영자' 권한으로 게임에 참여하고 있는지 확인해 보세요.

정리해요

지금까지 만든 프로젝트를 정리해 볼까요?

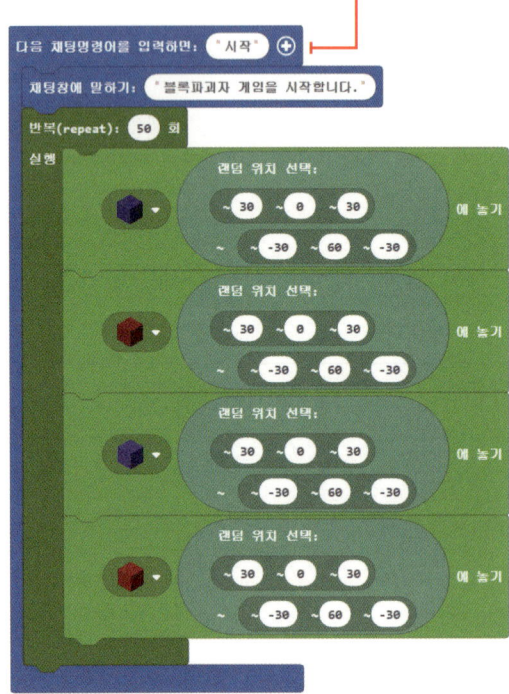

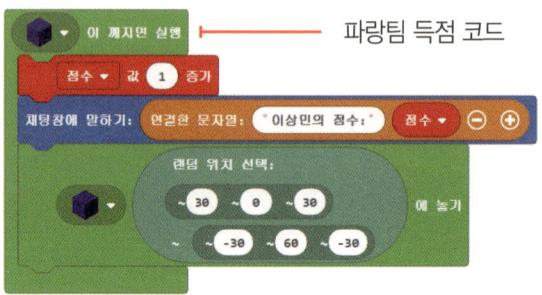

나의 게임 디자인

블록 파괴자 게임에 여러분의 아이디어를 추가하여 새로운 게임으로 재탄생시켜 보세요.

난이도 조절하기

중립 블록의 개수를 추가해서 플레이어들을 더 혼란스럽게 하세요. 예를 들어 다음과 같이 파란색 콘크리트 블록과 비슷한 청금색 블록과 빨간색 콘크리트 블록과 비슷한 네더 사마귀 블록을 추가할 수 있어요.

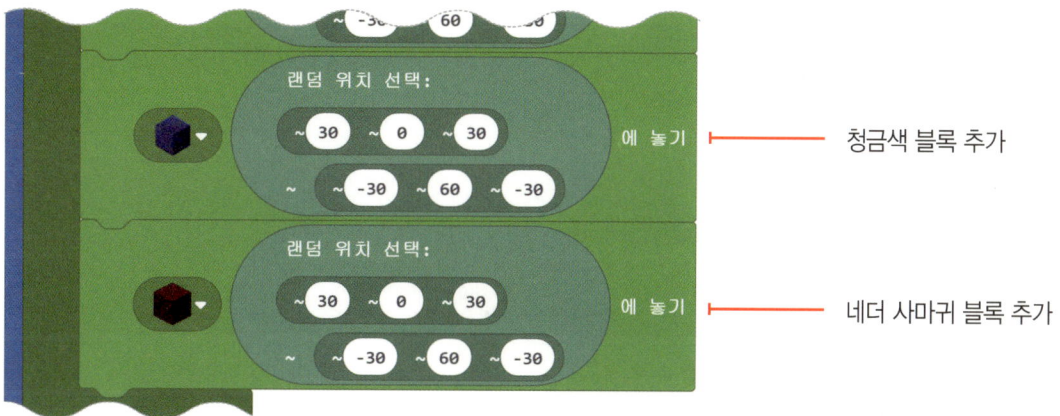

청금색 블록 추가

네더 사마귀 블록 추가

새로운 규칙 적용하기

제한 시간을 두는 것은 어떨까요? 제한 시간을 두고 최고 점수를 얻은 1등을 정하는 것도 재미있겠죠? 60초 뒤에 모든 플레이어들이 시작 명령을 실행한 플레이어에게 텔레포트되도록 해 보세요. 그리고 채팅창에 메시지를 보여주어 게임이 끝났다는 것을 알리세요.

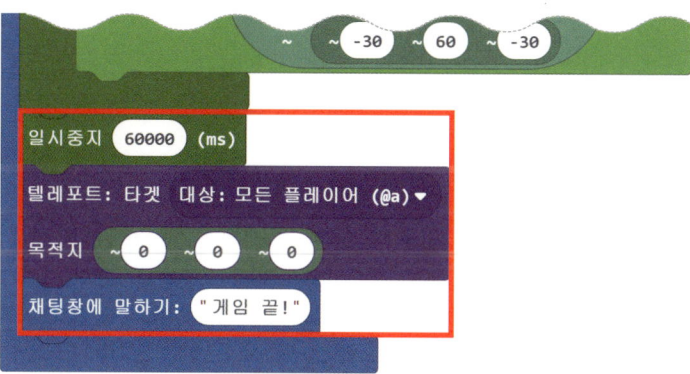

새로운 명령 블록 활용하기

다음 효과 부여하기 를 활용해서 다양한 효과를 추가해 보세요. 다음은 득점 블록을 깨면 신속 효과를 얻고, 감점 블록을 깨면 멀미 효과를 얻도록 한 코드예요.

지속 시간은 효과가 지속되는 시간(초)을, 그리고 배수는 효과의 정도를 뜻 해요.

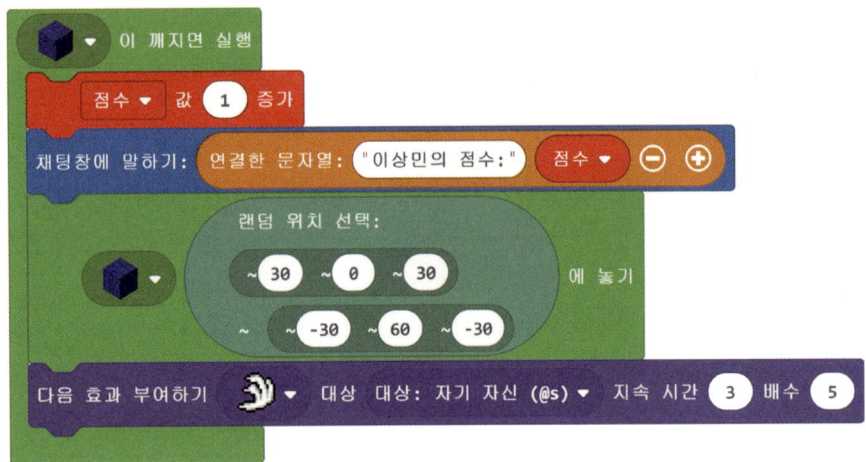

쌤Talk!
제시된 코드는 파랑팀의 코드예요. 빨간팀의 경우에는 빨간색 양털 블록, 빨간색 콘크리트 블록으로 바꾸면 된답니다.

CHAPTER
10
어둠 속의 추락 게임

이번 시간에는 어두운 방 안에서 상대를 유리 블록 아래로 떨어뜨리는 게임을 만들어 볼 거예요. 어둠 속에서 적만 보고 달려가면 어떻게 될까요? 혹시 뒤에서 적이 나를 공격하진 않을까요? 흥미진진한 어둠 속의 추락 게임 세계로 들어가 봅시다.

게임 소개

이 게임은 상대편 플레이어 발 밑에 있는 유리 블록을 부수어 상대를 아래로 떨어뜨리는 게임이에요. 마지막까지 떨어지지 않고 살아남은 플레이어가 승리합니다. 어둠 속에서 적만 보고 달려가다가는 자신이 아래로 떨어질 수 있고, 또 뒤에서 상대가 나를 공격하려고 숨어 있을 수 있으니 주의하세요!

- **게임 환경**: 2인 이상의 플레이어, 평면맵, 크리에이티브 모드
- **학습 목표**: 블록채우기 명령으로 유리 블록 경기장을 생성하여 어둠 속의 추락 게임을 만들어 보자.
- **완성 파일**: 10장.mkcd

동영상 강의 보기

게임 규칙

- 유리 블록을 부수어서 상대를 아래로 떨어뜨린다.
- 마지막까지 떨어지지 않고 살아남으면 승리한다.
- 랜덤 플레이어에게 '야간 투시', '성급함', '실명' 효과가 부여된다.

활동 01 유리 블록을 만들어요

먼저 '시작' 채팅명령어를 입력하면 게임이 시작되면서 유리 블록이 만들어지도록 해 볼게요.

01 🧑플레이어 에서 `다음 채팅명령어를 입력하면` 을 끌어와 채팅명령어를 **시작**으로 바꾸세요.

> **쌤Talk!**
> 이 게임은 한 사람만 코드를 실행하면 됩니다. 따라서 다른 플레이어는 코드를 작성하지 않아도 돼요.

02 📦블록 에서 `블록 채우기` 를 끌어와 블록은 **참나무 목재**, 시작 좌표는 ~20, ~5, ~20, 끝 좌표는 ~-20, ~-13, ~-20, 옵션은 **외곽선**으로 바꾸세요.

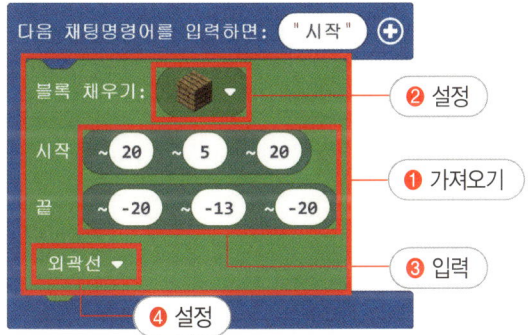

> **쌤Talk!**
> 외곽선 옵션을 선택하면 속이 빈 직육면체 형태의 경기장이 만들어집니다. 재료가 되는 블록은 참나무가 아닌 다른 것이어도 상관 없어요.

03 📦블록 에서 `블록 채우기` 를 끌어와 블록을 **유리**로 바꾼 뒤 시작 좌표는 ~19, ~-1, ~19, 끝 좌표는 ~-19, ~-1, ~-19, 옵션은 **교체하기**로 바꾸세요.

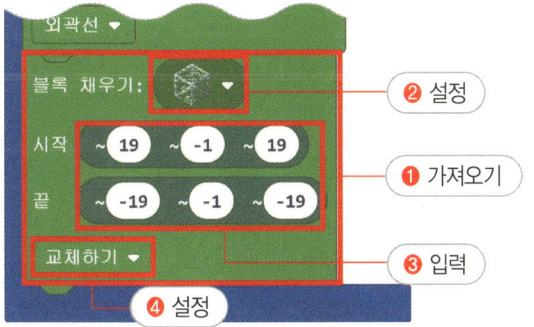

> **쌤Talk!**
> 플레이어가 깨뜨릴 유리 블록을 설치하세요. 유리 블록은 쉽게 파괴되기 때문에 이 게임에 적절한 블록이에요.

04 같은 방법으로 **유리** 블록을 추가하세요.

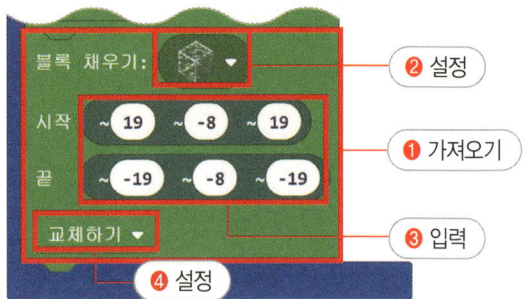

> **쌤Talk!**
> 유리 블록이 만들어지는 높이가 달라요. 플레이어가 두 번째 유리 블록 아래로 떨어지면 패배하는 것이에요.

05 `블록 채우기`를 끌어와 블록을 **물**로 바꾸고 시작 좌표는 ~19, ~-12, ~19, 끝 좌표는 ~-19, ~-12, ~-19로 바꾸세요.

> **쌤Talk!**
> 물로 채우면 플레이어가 떨어져도 죽지 않아요. 다만 다시 위로 올라올 수는 없겠죠?

06 `게임플레이`에서 `메시지 보여주기`를 끌어와 대상을 **모든 플레이어**로 바꾸고 내용을 진한 글자를 **어둠 속의 추락**, 일반 글자를 **게임을 시작합니다.**로 바꾸세요.

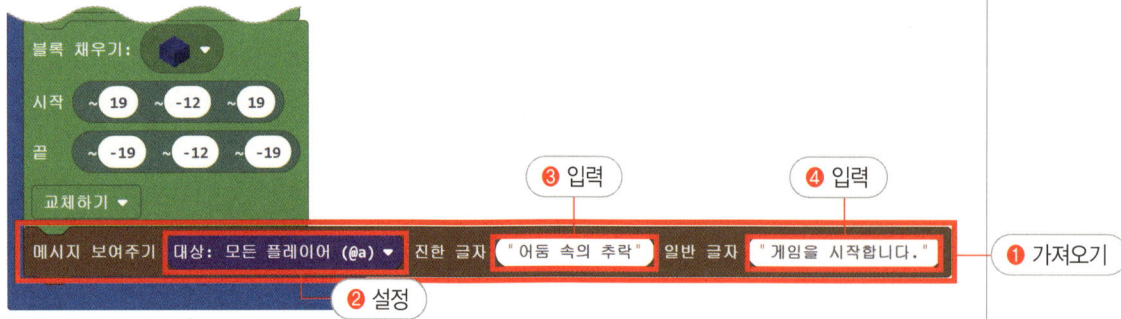

07 🔧게임플레이 에서 게임 모드 변경 을 끌어오고 모드는 **서바이벌**, 대상은 **모든 플레이어**로 바꾸세요.

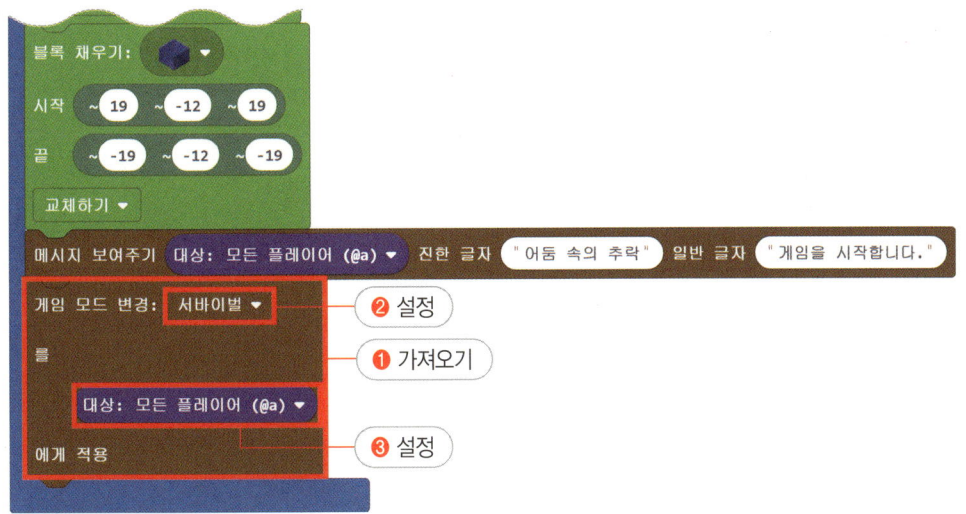

08 🔧게임플레이 에서 게임 룰 변경 을 끌어와서 연결하세요.

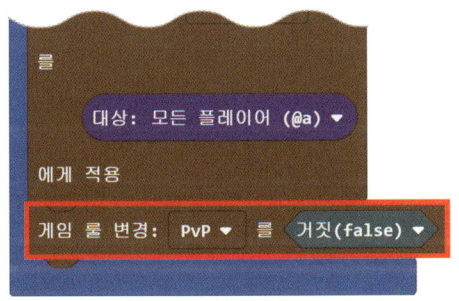

💬Talk!
'PvP를 거짓(false)'으로 설정하면 플레이어 간 공격이 금지된답니다.

09 🐾몹 에서 텔레포트 타겟 을 끌어온 뒤 텔레포트 대상은 **모든 플레이어**, 목적타겟 대상은 **자기 자신**으로 바꾸세요.

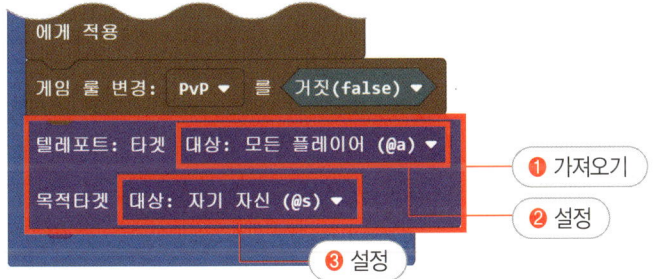

💬Talk!
다른 모든 플레이어를 코드를 실행하는 플레이어에게 텔레포트 시키는 명령이에요.

10 몹에서 블록이나 아이템 주기 를 끌어와 대상은 **모든 플레이어**, 블록이나 아이템은 **횃불**, 수량은 **5**로 바꾸세요.

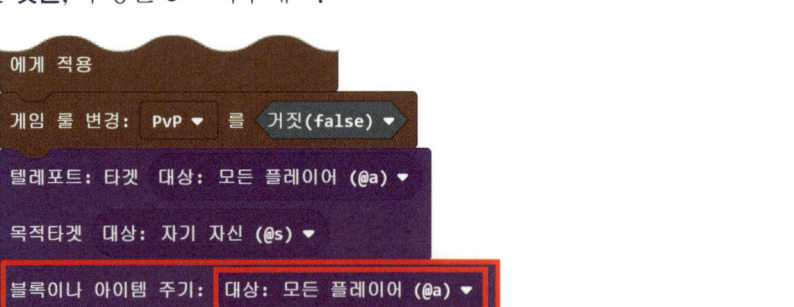

> **쌤 Talk!**
> 횃불은 플레이어가 주변을 볼 수 있도록 밝혀주는 아이템이에요. 수량을 줄이거나 늘리면서 난이도를 조절하세요.

11 **07**과 마찬가지로 몹에서 블록이나 아이템 주기 를 끌어와 대상은 **모든 플레이어**로 바꾸세요. 그리고 블록에서 아이템 을 끌어와 블록이나 아이템 에 연결한 뒤 **다이아몬드 곡괭이**로 바꾸세요.

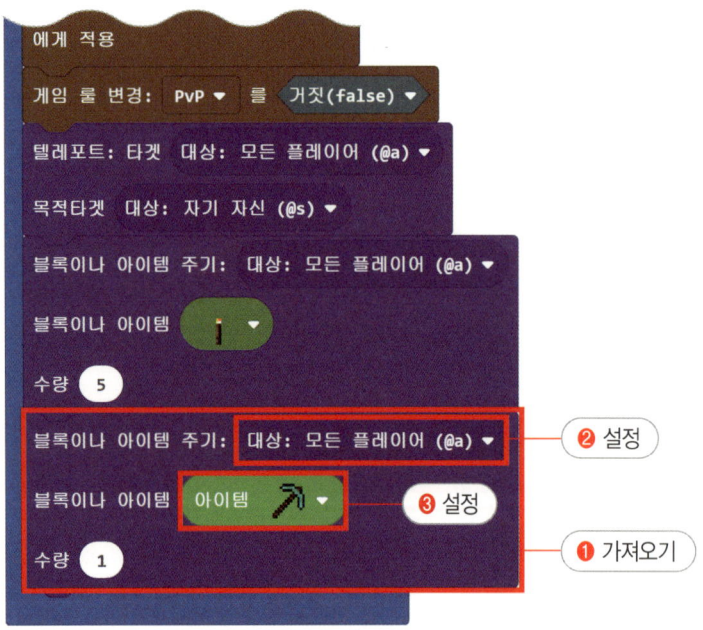

> **쌤 Talk!**
> 유리 블록을 파괴할 곡괭이예요. 빠른 속도로 블록을 파괴할 수 있어요.

활동 02 특별한 효과를 부여해요

앞서 작성한 코드로도 게임을 즐길 수 있지만, 코드를 추가해서 더 흥미진진한 게임으로 발전시켜 봅시다.

01 `C 반복`에서 `반복(repeat) 실행`을 끌어와 횟수를 20으로 바꾸세요.

> **쌤Talk!**
> 앞서 작성한 코드에 이어서 작성하면 됩니다.

02 `몹`에서 `다음 효과 부여하기`를 끌어와 연결하세요. 효과는 **성급함**, 대상은 **랜덤 플레이어**, 지속 시간은 5, 배수는 10으로 바꾸세요.

> **쌤Talk!**
> '성급함' 효과는 블록을 파괴하는 속도와 범위를 증가시켜요. 지속 시간의 5는 5초를 의미해요. 즉, 효과가 5초 동안 지속된다는 뜻이지요. 배수는 효과의 정도를 뜻해요.

03 `몹`에서 `다음 효과 부여하기`를 끌어와 효과는 **야간투시**, 대상은 **랜덤 플레이어**, 지속 시간은 5, 배수는 1로 바꾸세요.

> **쌤Talk!**
> '야간투시' 효과는 빛이 없더라도 밝게 볼 수 있게 해요. 이렇게 플레이어에게 유리한 효과를 버프(Buff)라고 해요.

04 몹에서 다음 효과 부여하기 를 끌어와 효과는 **실명**, 대상은 **랜덤 플레이어**, 지속 시간은 **5**, 배수는 **1**로 바꾸세요.

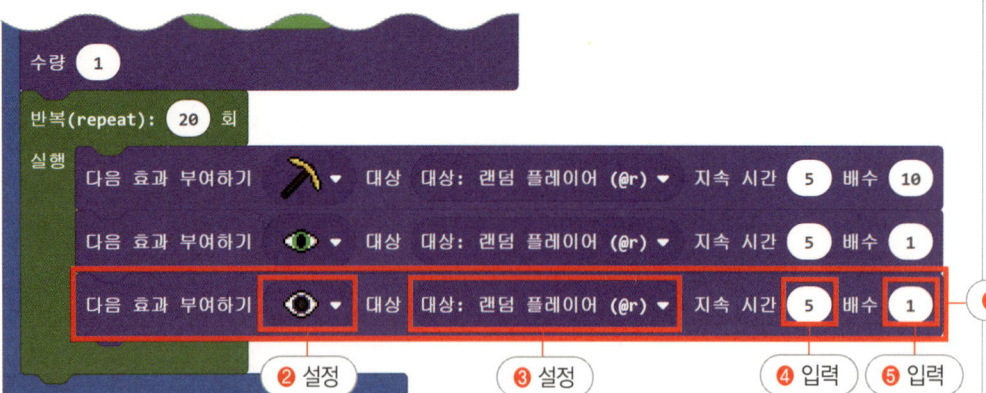

> **쌤Talk!**
> '실명' 효과는 플레이어가 주변을 볼 수 없게 만들어요. 이렇게 플레이어에게 불리한 효과를 디버프(Debuff)라고 해요.

05 반복에서 일시중지 를 끌어오고 시간을 **10000**으로 바꾸세요.

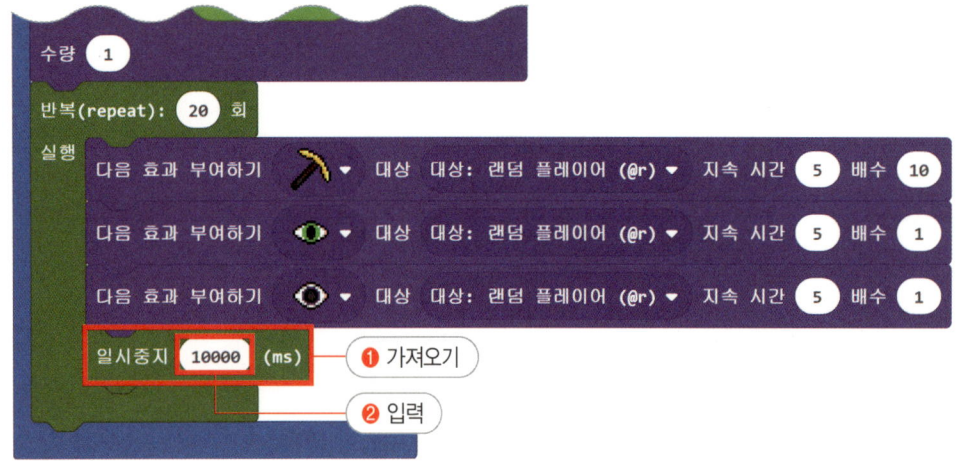

> **쌤Talk!**
> 1000(ms)는 1초를 의미해요. 따라서 10000ms는 10초예요. 10초 동안 명령을 중지해서 효과가 연속해서 반복되지 않도록 해 주세요.

활동 03 게임을 실행해요

01 마인크래프트로 돌아와 **평면맵, 크리에이티브 모드**를 생성해요. 게임장이 잘 만들어지도록 충분히 위로 올라가서(y 좌표 20 이상) 코드를 실행하세요. 이때 플레이어 한 명은 **활동 01~02**에서 작성한 코드를 준비해요.

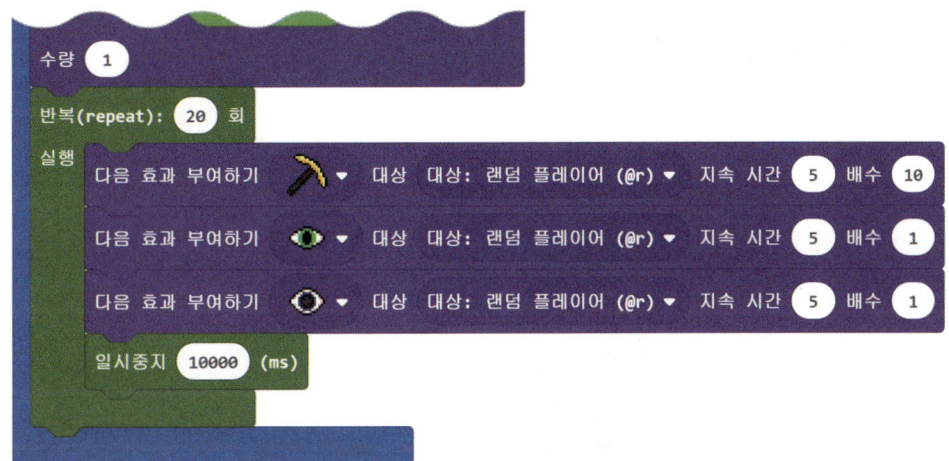

02 코드를 작성한 플레이어가 **시작** 채팅명령어를 실행하세요.

03 유리 블록을 파괴하여 플레이어를 아래로 떨어뜨리세요. 주어진 횃불 아이템을 블록 위에 설치하면 주변이 밝아진답니다. 적절한 위치에 설치하며 플레이 하세요.

04 효과는 랜덤 플레이어에게 적용됩니다.

05 마지막까지 떨어지지 않고 살아남는 플레이어가 승리합니다.

정리해요

지금까지 만든 프로젝트를 정리해 볼까요?

— 게임장을 생성하는 코드

— 게임 상태를 설정하는 코드

— 효과를 주는 코드

나의 게임 디자인

어둠 속의 추락 게임에 여러분의 아이디어를 추가하여 새로운 게임으로 재탄생시켜 보세요.

난이도 조절하기

더 어려운 상황을 즐기는 플레이어라면 횃불 없이 게임을 해 보세요. 복불복 게임이 좋다면 랜덤 아이템을 주는 것도 좋습니다. 예를 들어 다음과 같이 엔더 진주, 거미줄, 다이아몬드 흉갑 등의 랜덤 아이템을 주도록 해 보세요.

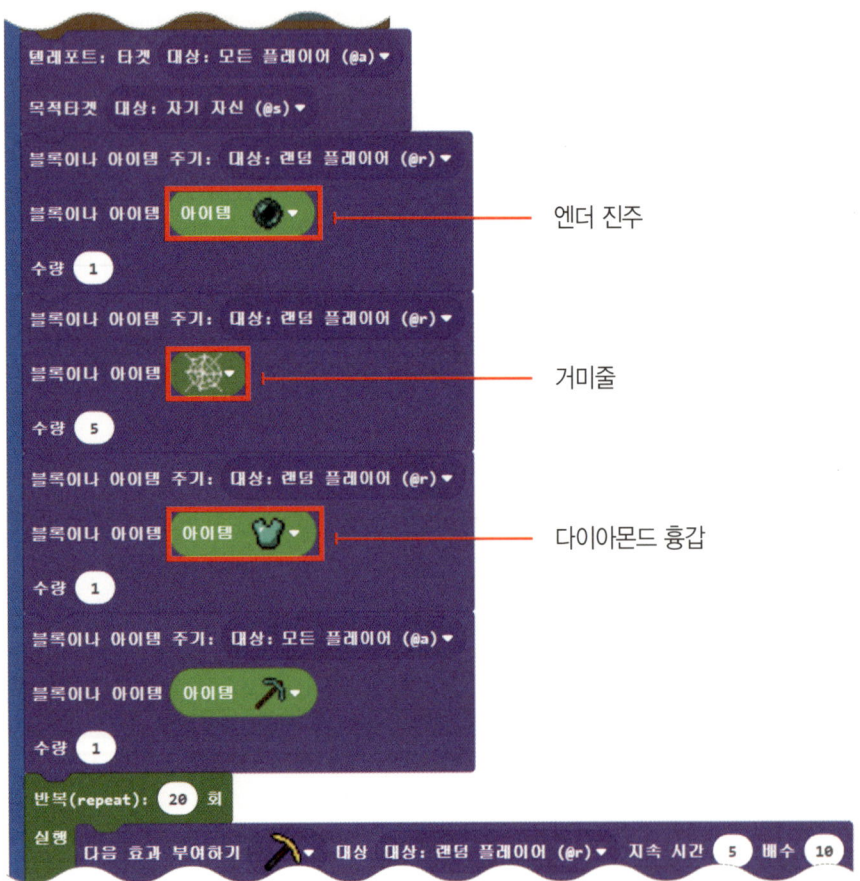

쌤Talk!
엔더 진주는 플레이어를 텔레포트 시켜주는 아이템이에요.

새로운 규칙 적용하기

좀비를 등장시켜 보세요. 플레이어는 좀비까지 상대하면서 추락하지 않게 조심해야 해요.

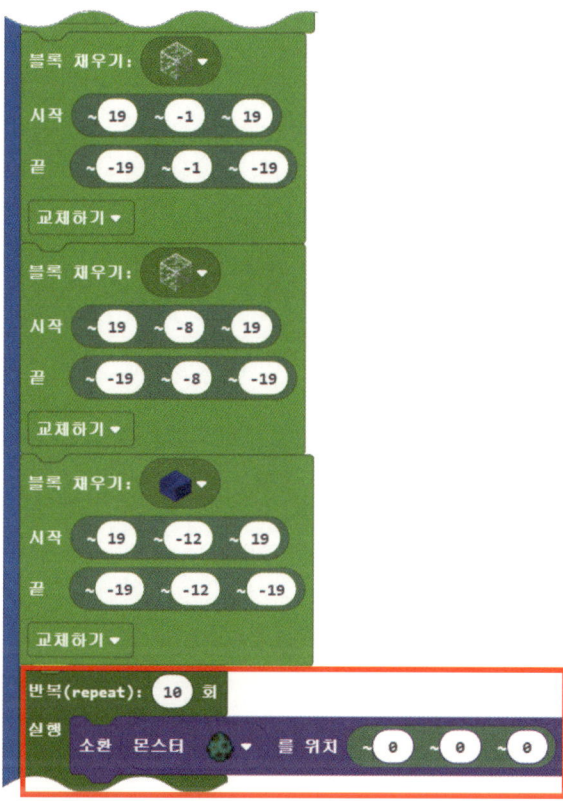

새로운 효과 부여하기

특별한 효과를 부여하면 플레이어에게 역전의 기회를 줄 수 있어요. 다만 너무 과한 효과는 게임의 재미를 떨어뜨릴 수 있다는 것 잊지 마세요.

CHAPTER 11
복불복 블록 뽑기

랜덤(무작위)은 게임에 없어서는 안될 필수 요소예요. 유리한 상황이 불리해지기도 하고 역전할 수 있는 기회가 생기기도 하지요. Chapter 11에서는 조약돌을 모아 블록을 뽑는 게임을 만들어 볼게요.

게임 소개

복불복 블록 뽑기 게임은 조약돌 블록을 모아서 랜덤으로 뽑은 다음, 뽑힌 블록으로 약속한 건축물을 만드는 게임입니다. 건축물을 먼저 완성한 팀이 승리하니 서둘러야 하겠죠?

게임 환경	2인 이상의 플레이어, 무한맵, 서바이벌 모드
학습 목표	논리 명령을 이용해서 복불복 블록 뽑기 게임을 만들어 보자.
완성 파일	11장.mkcd

동영상 강의 보기

게임 규칙

 조약돌 블록을 모아서 복불복 블록 뽑기를 한다.

 뽑기를 통해 특정 블록을 모아 약속한 건축물을 먼저 만드는 팀이 승리한다.

활동 01 조약돌 블록을 모아요

시작 채팅명령어를 입력하면 게임 설정을 완료하고 시작하는 코드를 만들어 볼게요.

01 플레이어 에서 다음 채팅명령어를 입력하면 을 끌어와 채팅명령어를 **시작**으로 바꾸세요.

> 쌤Talk!
> 게임 시작 코드는 한 사람만 작성하여 실행하면 됩니다. 다른 플레이어는 코드를 작성하지 않아도 돼요.

02 게임플레이 에서 게임 모드 변경 을 끌어온 뒤 대상을 **모든 플레이어**로 바꾸세요.

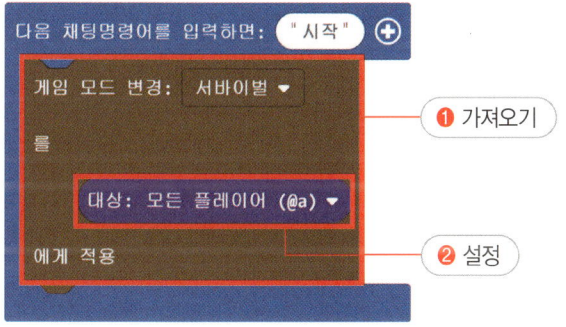

❶ 가져오기
❷ 설정

03 게임플레이 에서 게임 룰 변경 을 끌어오세요.

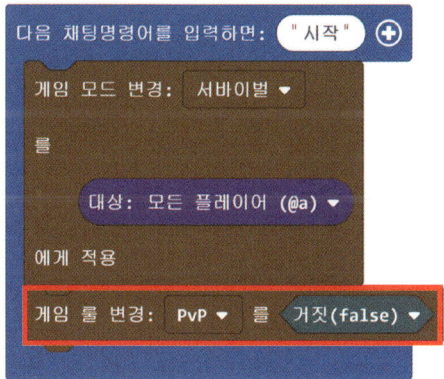

> 쌤Talk!
> 'PvP를 거짓'은 플레이어끼리 피해(게임에서는 흔히 '대미지' 또는 '데미지'라고 해요)를 주지 못한다는 뜻이에요. 즉, 플레이어 간 공격이 금지됩니다.

Chapter 11 복불복 블록 뽑기 ■ 183

04 메시지 보여주기 를 **모든 플레이어**로 바꾸고, 진한 글자는 **게임 시작!**, 일반 글자는 **랜덤 효과가 주어집니다.**로 바꾸세요.

05 몹 에서 블록이나 아이템 주기 를 끌어와 대상은 **모든 플레이어**, 수량은 **5**로 바꾸세요.

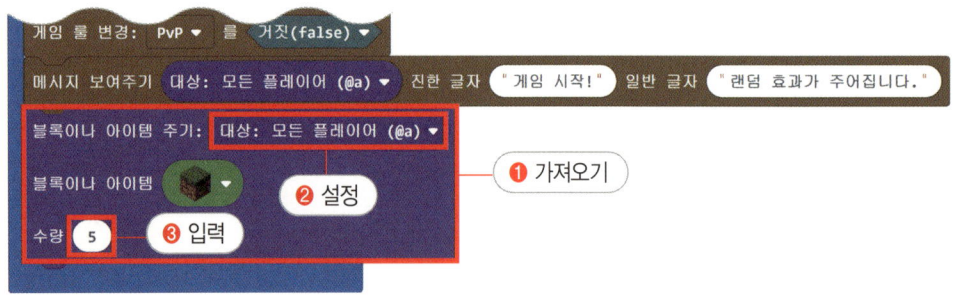

06 블록 에서 아이템 을 끌어와 다음과 같이 연결하고 **다이아몬드 곡괭이**로 바꾸세요.

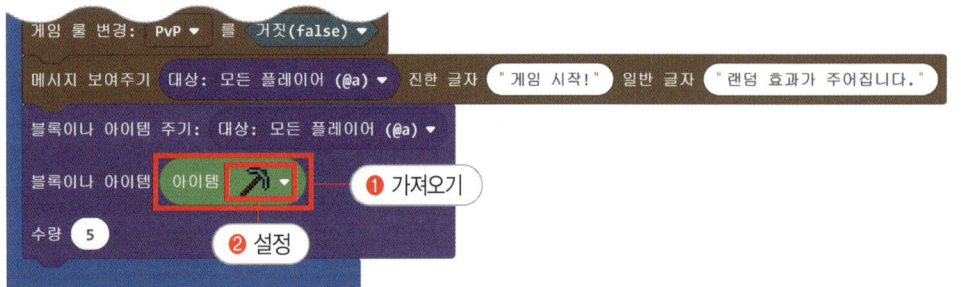

쌤Talk!

다이아몬드 곡괭이는 돌이나 철 곡괭이보다 유리 블록을 빠르게 파괴할 수 있어요.

07 ⟳ 반복 에서 반복(repeat) 실행 을 끌어와 반복 횟수를 100으로 바꾸세요.

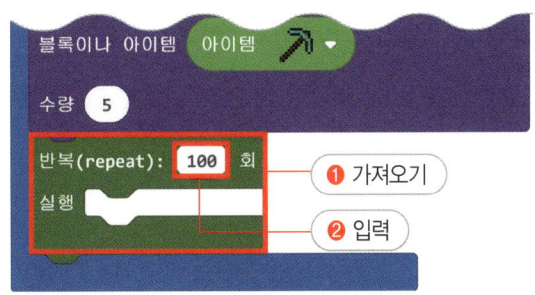

❶ 가져오기
❷ 입력

08 뭅 에서 다음 효과 부여하기 를 끌어온 뒤 대상은 **랜덤 플레이어**, 지속 시간은 **30**, 배수는 **10**으로 바꾸세요.

> **쌤Talk!**
> 기본값은 '신속' 효과입니다. 이 효과를 부여하면 빠르게 이동하기 때문에 더 빨리 조약돌 블록을 모을 수 있어요.

❶ 가져오기
❷ 설정
❸ 입력
❹ 입력

09 뭅 에서 다음 효과 부여하기 를 끌어온 뒤 효과는 **성급함**, 대상은 **랜덤 플레이어**, 지속 시간은 **30**, 배수는 **10**로 바꾸세요.

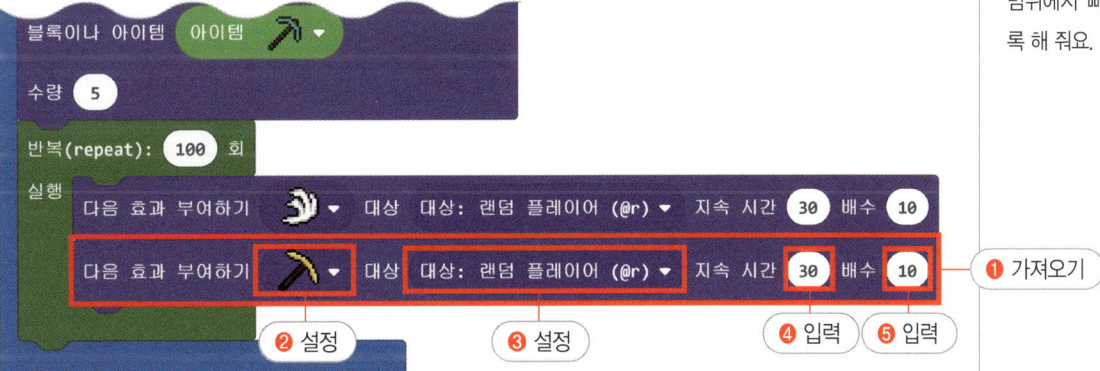

> **쌤Talk!**
> '성급함' 효과는 블록을 넓은 범위에서 빠르게 깰 수 있도록 해 줘요.

❶ 가져오기
❷ 설정
❸ 설정
❹ 입력
❺ 입력

10 `↻반복`에서 `일지중지`를 끌어온 뒤 시간을 **30000**으로 바꾸세요.

> **쌤Talk!**
> 30000ms는 30초를 의미해요. 30초 동안 명령이 중지되지요. `반복(repeat) 100회 실행` 블록 안에 있으므로 같은 블록이 100번 반복됩니다.

활동 02 복불복! 블록을 뽑아요

활동 01에서 열심히 조약돌을 모았나요? 이번에는 채굴한 조약돌 블록을 사용하여 블록을 뽑는 코드를 만들어 볼게요.

01 플레이어에서 `다음 채팅명령어를 입력하면`을 끌어온 뒤 채팅명령어를 **복불복**으로 바꾸세요.

> **쌤Talk!**
> 이 코드는 모든 플레이어가 작성해야 해요.

02 플레이어에서 `다음 치트키 실행`을 끌어와 연결하고, 내용을 clear @s cobblestone 0 20으로 바꾸세요.

① 가져오기
② 입력

> **쌤Talk!**
> 자기 자신의 조약돌 20개를 없애는 치트예요. '다음 치트키 실행' 명령 블록을 이용하면 마인크래프트의 다양한 치트키를 코드로 활용할 수 있어요.

03 변수에서 `랜덤 수` 변수를 만들고 `랜덤 수에 저장`을 끌어오세요.

04 계산에서 `1부터 10까지의 정수 랜덤값`을 끌어와 다음과 같이 연결한 뒤 숫자를 1**부터 100까지**로 바꾸세요.

① 가져오기
② 입력
③ 입력

> **쌤Talk!**
> 랜덤 수는 블록이 뽑히는 가능성을 정하기 위해 필요해요.

Chapter 11 복불복 블록 뽑기 ■ 187

05 논리 에서 만약(if) 아니면(else) 실행 을 끌어온 뒤 ⊕를 눌러 경우를 추가하세요.

쌤Talk!
블록이 뽑히는 경우를 총 세 가지로 나누어요.

06 논리 에서 0=0 을 끌어와 다음과 같이 만약(if) 아니면(else) 실행 의 빈 자리에 끼우세요. 그리고 등호(=)를 '작거나 같을 때(≤)'로 변경하세요.

쌤Talk!
0=0 은 숫자 두 개를 비교/연산하는 블록이에요.

07 변수 에서 랜덤 수 를 끌어와서 다음과 같이 연결하고 뒤에 숫자는 **5**로 바꾸세요. 즉, 5 이하 랜덤 수일 경우에 해당하도록 해요.

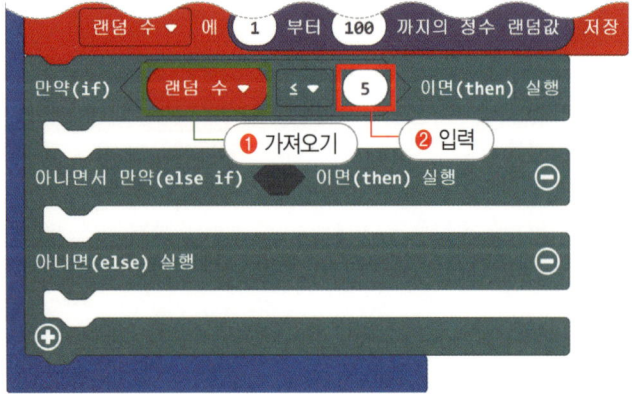

08 같은 방법으로 다음과 같이 **5보다 크고 20 이하 랜덤 수**일 경우에 해당하는 경우를 만들어요.

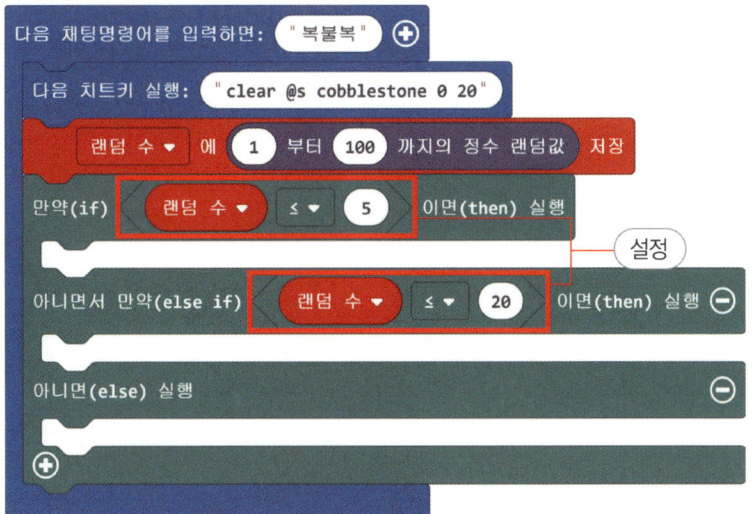

> **쌤Talk!**
> '랜덤 수'의 크기에 따라 세 가지 경우로 나뉘었어요. 1~5 사이일 때, 6~20 사이일 때, 21~100 사이일 때, 이렇게 세 가지 경우에 따라 다른 행동을 하도록 명령을 내릴 거예요. 참, 랜덤 수는 처음부터 1에서 100까지의 정수 랜덤값이라는 것 기억하세요!

09 몹에서 블록이나 아이템 주기 를 끌어온 뒤 대상은 **자기 자신**, 블록은 **다이아몬드 블록**으로 바꾸세요.

> **쌤Talk!**
> 다이아몬드 블록을 얻으려면 1~5 사이의 랜덤 수가 나와야 해요. 나올 가능성이 낮다는 것을 말해요.

10 플레이어에서 채팅창에 말하기 를 끌어온 뒤 내용을 **다이아 블록을 획득했습니다.**로 바꾸세요.

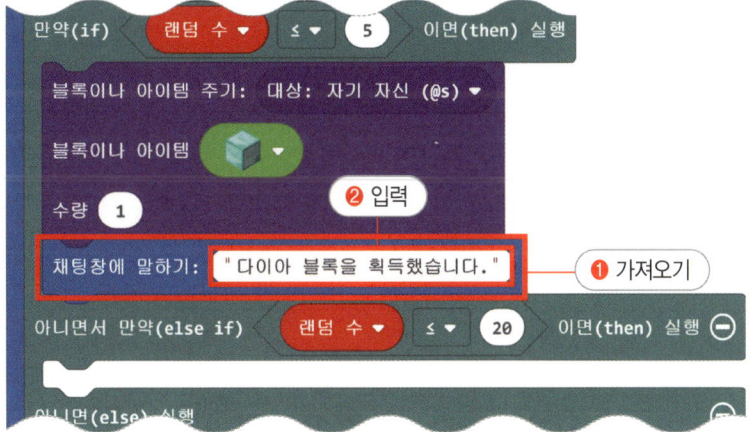

11 같은 방법으로 다음과 같이 랜덤 수가 **5보다 크고 20보다 작을** 경우에는 **황금 블록**을, 그 외의 경우에는 **철 블록** 아이템을 주도록 코드를 만드세요.

> **쌤Talk!**
> 다이아몬드 블록이 나올 가능성이 가장 낮고 철 블록이 나올 가능성이 가장 높아요.

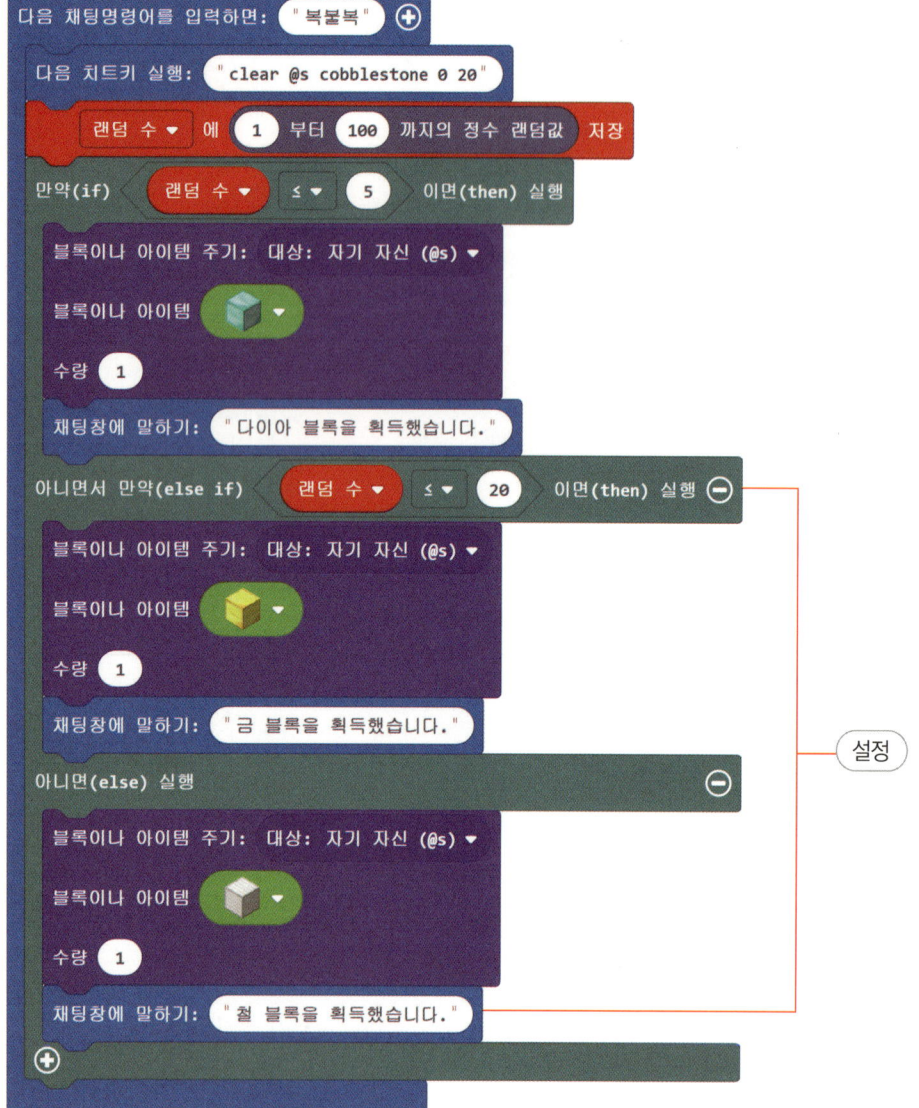

활동 03 게임을 실행해요

01 마인크래프트로 돌아와 **서바이벌 모드**, **무한맵**을 생성하세요. 게임에 참여하는 모든 플레이어는 **활동 02**에서 만든 '복불복' 코드를 준비하세요. 그리고 한 명의 플레이어는 **활동 01**에서 만든 '시작' 코드를 추가로 준비하세요.

> 쌤Talk!
> 어떠한 무한맵이든 상관없지만, 물이 많은 월드에서는 광물을 채굴하기 어려워요.

02 '시작 코드'를 작성한 플레이어가 **시작** 채팅명령어를 실행하세요.

03 빠르게 채굴을 시작하여 조약돌을 모으세요.

04 조약돌을 모아 복불복 뽑기를 해서 블록을 모으세요.

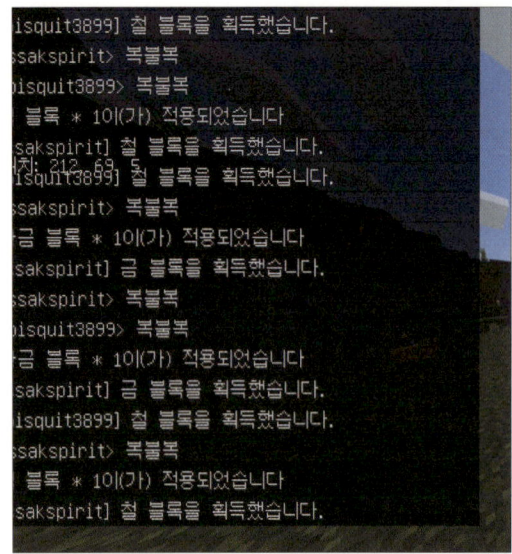

05 약속한 건축물을 먼저 완성하면 승리합니다.

> **쌤Talk!**
>
> 삼각형 모양의 탑을 완성된 건축물로 정해보았어요. 이것 외에도 피라미드 모양, 기둥 모양, 사각형 모양 등 다양하게 정할 수 있어요. 다만 건축물을 만들 때 얻기 어려운 다이아 블록이 많이 필요하다면 게임은 길어질 거예요.

정리해요

지금까지 만든 프로젝트를 정리해 볼까요?

복불복 뽑기 코드

게임을 시작하는 코드

나의 게임 디자인

복불복 블록 뽑기 게임에 여러분의 아이디어를 추가하여 새로운 게임으로 재탄생시켜 보세요.

난이도 조절하기

새로운 블록을 추가하고 복잡한 건축물을 만들게 하면 게임의 난이도가 더 높아질 거예요. 다음과 같이 '조각한 호박' 블록을 추가해 보세요.

🎮 새로운 규칙 적용하기

'블록' 뽑기가 아니라 '아이템' 뽑기면 어떨까요? 다이아몬드 검과 같은 공격 아이템을 넣고 플레이어 전투를 허용해 보세요. 이제는 블록을 모으는 것이 아니라 상대팀을 제압하는 것이 승리 목표가 되는 것입니다.

새로운 명령 블록 활용하기

'신속'과 '성급함'과 같은 유리한 효과 이외에 불리하게 작용하는 효과도 추가해 보세요. 하지만 너무 많은 효과는 오히려 게임을 복잡하게 만들 수도 있다는 것을 기억하세요.

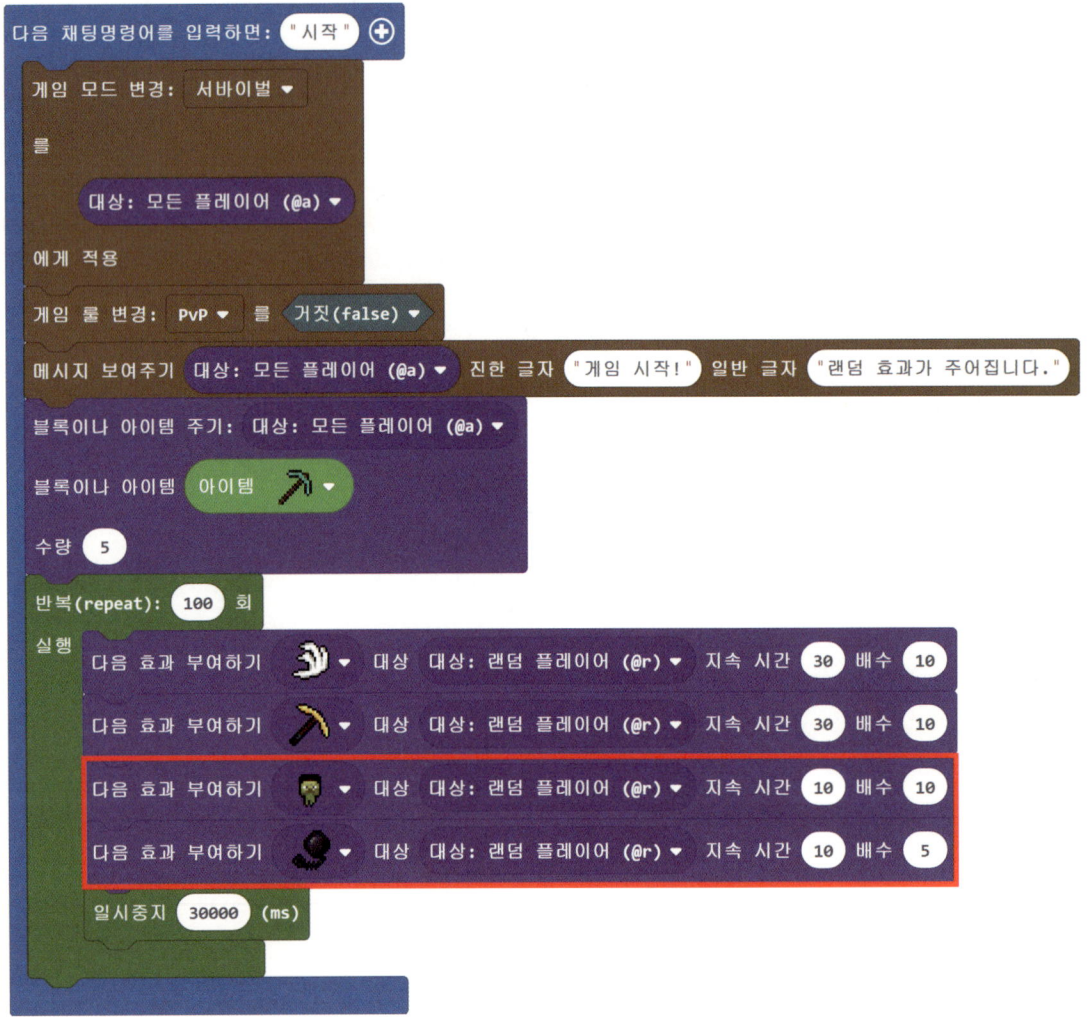

CHAPTER 12

마크 배틀 그라운드

'배틀 로얄'이라고 들어본 적 있나요? 다른 플레이어와 경쟁하여 마지막까지 살아남는 게임 장르를 배틀 로얄이라고 해요. 이번 게임은 배틀 로얄 장르의 대표적인 인기작인 《플레이언노운스 배틀 그라운드》에서 아이디어를 가져왔어요. 바로 '마크 배틀 그라운드' 게임입니다. 함께 만들고 플레이해 볼까요?

게임 소개

마크 배틀 그라운드는 아이템을 빠르게 찾아 자신에게 맞게 이용하여 다른 플레이어를 먼저 제압해야 하는 게임이에요. 생존, 전투, 아이템 조작 등 플레이어의 다양한 능력이 필요하지요. 이 게임에서 승리한다면 당신은 진정한 생존 전문가랍니다.

게임 환경 2인 이상의 플레이어, 올드맵(제작), 서바이벌 모드

학습 목표 반복 명령으로 게임 진행을 구성하고 다양한 효과 명령을 이용하여 마크 배틀 그라운드 게임을 만들어 보자.

완성 파일 12장.mkcd

동영상 강의 보기

게임 규칙

 월드에 숨겨진 아이템과 효과를 사용해서 다른 플레이어를 제압한다.

 마지막 대결이 끝날 때까지 사망 횟수가 적은 플레이어가 승리한다.

활동 01 월드를 만들어요

이 게임은 미리 제작된 월드가 필요해요. 다음 안내에 따라 자신만의 월드를 만들어 보세요.

01 월드 설정에서 **올드맵**을 선택하고 **만들기** 버튼을 누르세요.

> **쌤Talk!**
> 올드맵은 한정된 크기로 생성되기 때문에 플레이하는 공간이 제한됩니다.

잠깐만요 미리 만들어진 월드를 다운로드할 수 있어요!

길벗출판사 홈페이지에서 미리 만들어둔 월드를 다운로드할 수 있어요. 여러분의 월드를 직접 만들어 봐도 되고, 아래 과정을 참고해서 월드를 다운로드해도 됩니다.

❶ 9쪽을 참고해서 예제 파일을 다운로드한 후 원하는 폴더에 압축을 풀고 **마크배그 월드**.mcworld 파일을 확인하세요.

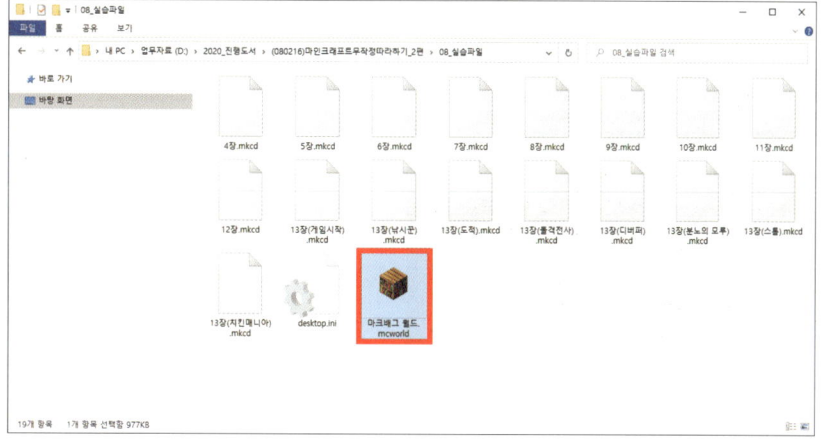

❷ 마인크래프트에서 **플레이** 버튼을 클릭합니다.

❸ 새로 만들기 버튼 오른쪽에 있는 **가져오기** 버튼을 클릭하세요.

❹ 다운로드한 월드 파일을 찾아서 선택한 뒤 **가져오기** 버튼을 클릭하여 실행하세요.

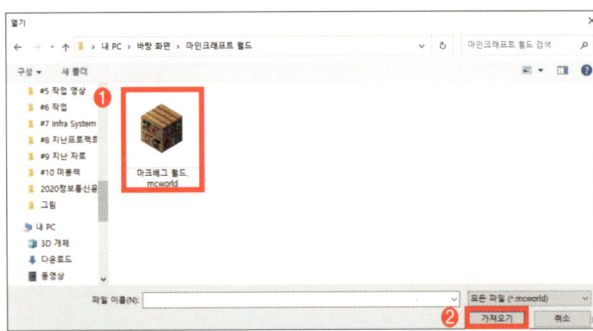

02 월드 '게임 설정'의 다양한 옵션 중에서 **즉시 리스폰, 좌표 보기** 옵션을 체크하여 활성화하세요.

> **샘Talk!**
> 즉시 리스폰 옵션을 활성화해야 플레이어가 사망하면 실행 명령 블록이 정확하게 실행됩니다.

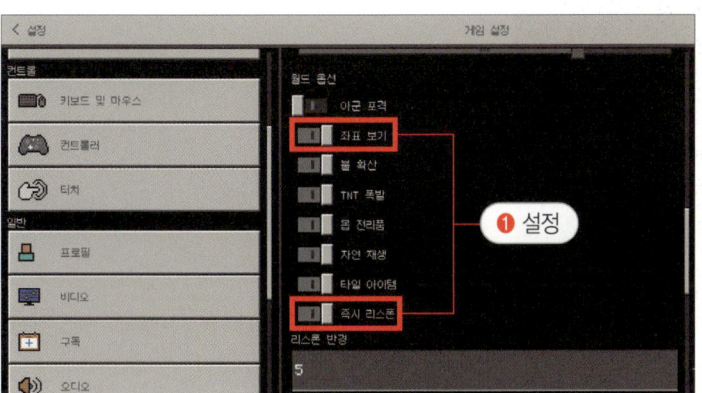

03 플레이어의 처음 위치 좌표를 플레이 화면 왼쪽 상단에서 확인하세요. 이 좌표 값을 메모지에 적어두거나 기억하세요.

> **샘Talk!**
> 처음 시작 위치 좌표는 플레이어가 죽으면 다시 살아나는 스폰 좌표예요. 이 좌표는 코드를 작성하는 데 꼭 필요해요. 책에 표시된 좌표는 59, 68, 29이지만, 여러분의 좌표는 다를 거예요.

04 03에서 확인한 좌표(처음 시작 위치)에 플레이어가 다시 살아나는 곳을 표시하세요.

> **샘Talk!**
> 이 블록은 처음 시작 위치, 즉 플레이어가 다시 살아나는 곳을 표시해주는 역할을 해요. 따라서 멀리서도 잘 보일 수 있게 조금 튀는 블록을 이용하여 만들어 주세요.

Chapter 12 마크 배틀 그라운드 ■ 201

05 월드를 돌아다니며 다양한 아이템을 넣은 상자를 곳곳에 배치하세요.

> **쌤Talk!**
> 생존과 대결에 필요한 아이템을 상자에 넣어 곳곳에 배치해 주세요. 적절한 아이템을 다양하게 배치해야 게임의 밸런스가 잘 맞는답니다!

06 동물(닭, 돼지, 양, 말)을 적절한 수로 소환하세요.

> **쌤Talk!**
> 동물을 없애면 플레이어에게 특별한 효과를 줄 수 있도록 코드를 작성할 거예요. 따라서 플레이어 수보다 4배 정도 많은 동물을 소환하는 것이 좋아요.

> **잠깐만요**
>
> **마크 배틀 그라운드 게임에서 필요한 아이템은 무엇일까요?**
>
> 만약 어떤 아이템을 얼마나 두어야 할지 고민이라면 다음 안내에 따라 배치해 보세요. 주력 아이템은 플레이어와 대결에 중요한 역할을 합니다. 다만 소모되는 아이템이 아니기 때문에 플레이어의 수보다 조금 더 많게 준비해야 합니다.
>
> 반면에 보조 아이템은 꼭 필요하지 않지만 많이 필요하며 주로 소모성 아이템이 많습니다. 그러다 보니 난이도에 따라 배고픔이 빨리 올 수 있으므로 플레이어보다 5배 정도 많은 수량을 준비하는 것이 좋습니다.
>
> 특수 효과 아이템은 플레이어에게 특별한 효과를 주어 재미를 더 해줄 수 있어요. 하지만 특수 효과 아이템이 너무 많으면 게임이 복잡해질 수 있기 때문에 소모성 아이템은 플레이어 수보다 조금 더 많게, 장착 아이템은 조금 더 적게 준비하는 것이 좋습니다. 다음 표를 참고해서 아이템을 준비해 보세요!

	주력 아이템	보조 아이템	특수 효과 아이템
소모성 아이템	TNT(폭발 공격)	– 횃불(주변을 밝게 함) – 화살(활, 석궁 공격 시 필요) – 음식류(배고픈 상태 해소) – 스폰알(동물을 소환)	– 특수 효과 포션(다양한 효과 부여) – 불사의 토템(플레이어가 되살아남) – 엔더 진주(순간 이동 가능)
장착 아이템	– 무기류(검, 도끼, 곡괭이, 활, 석궁, 삼지창) – 방어구(투구, 흉갑, 다리보호대, 부츠, 방패)		– 딱지 날개(낙하 시 비행 가능) – 거북 등딱지(물 속에서 호흡 가능) – 안장(말을 탈 것으로 이용 가능)

> **잠깐만요**
>
> **단순하면서도 매력적인 '배틀 로얄' VS. 모래 사장에서 놀 듯 자유롭게 즐기는 '샌드박스'**
>
> 다른 플레이어와 경쟁하여 마지막까지 살아남는 게임 장르를 '배틀 로얄'이라고 합니다. 배틀 로얄은 넓은 개념으로 보면 생존 게임이지만, 플레이어가 다시 살아나지 않는다는 점, 방대한 오픈 월드에서 플레이 영역을 줄여 나가는 진행 방식이 특별합니다. 마인크래프트의 서바이벌 모드는 배틀 로얄과 비슷한 부분이 있습니다.
>
>
>
> 하지만 마인크래프트는 생존을 넘어 플레이어 자신만의 새로운 게임 목표를 설정할 수 있다는 점에서 샌드박스 게임에 가깝습니다. 마인크래프트 월드에서 플레이어는 자신이 원하는 창의적인 결과물을 만들어 내거나, 새로운 곳을 찾아 자유롭게 모험을 떠날 수도 있습니다. 다른 플레이어와 경쟁을 하든 협동을 하든, 그것도 역시 플레이어의 선택입니다. 이처럼 샌드박스 게임은 특별히 정해진 목표가 없으며 무한한 자유도를 바탕으로 플레이어가 능동적으로 게임을 진행해 나간다는 특징이 있습니다.
>
> Chapter 12에서 제작할 게임, '마크 배틀그라운드'는 배틀 로얄 장르의 대표적인 인기작인 《플레이언노운스 배틀 그라운드(PUBG)》와 어떻게 다른지 한번 비교해 보세요.

	마크 배틀 그라운드	원작 《플레이언노운스 배틀 그라운드 (PUBG)》
게임의 시작	딱지날개로 비행	낙하산으로 착륙
플레이어 사망	사망하면 리스폰	사망하면 게임에서 제외
플레이 영역을 줄이는 방법	일정 시간마다 플레이어를 특정 장소로 강제 이동시킴	자기장으로 영역을 줄여나감
게임의 승리	죽은 횟수가 적으면 승리	끝까지 살아남으면 승리
기타	몹을 죽이면 특별한 효과 획득, 지도를 통해 플레이어 위치 확인 가능	무기와 아이템의 종류가 다양함, 다양한 지형 지물이 존재함

활동 02 생존 대결을 시작해요

먼저 시작 채팅명령어를 입력하면 순서에 따라 게임이 진행되는 코드를 만들어 볼 게요.

> **쌤Talk!**
> '게임 시작' 코드는 한 사람만 작성하여 실행하면 됩니다. 다른 플레이어는 코드를 작성하지 않아도 돼요.

01 플레이어 에서 다음 채팅명령어를 입력하면 을 끌어온 뒤 채팅명령어를 **시작**으로 바꾸세요.

02 게임플레이 에서 게임 룰 변경 을 끌어오세요.

> **쌤Talk!**
> 'PvP를 거짓'으로 하여 게임 초반에는 플레이어끼리 공격하지 못하게 하세요.

03 게임플레이 에서 게임 모드 변경 을 끌어와 연결한 뒤 대상을 **모든 플레이어**로 바꾸세요.

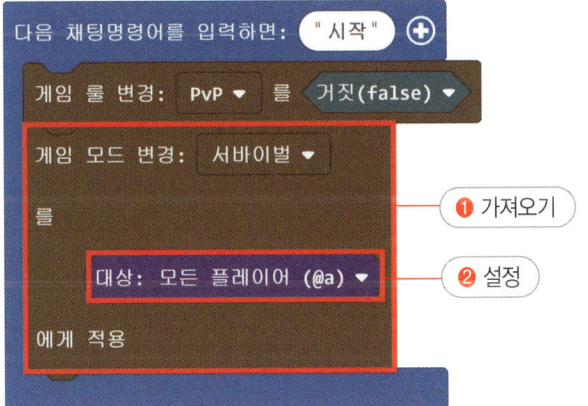

❶ 가져오기
❷ 설정

Chapter 12 마크 배틀 그라운드 ■ 205

04 🔧게임플레이 에서 난이도 설정하기 를 끌어온 뒤 난이도를 **기본**으로 바꾸세요.

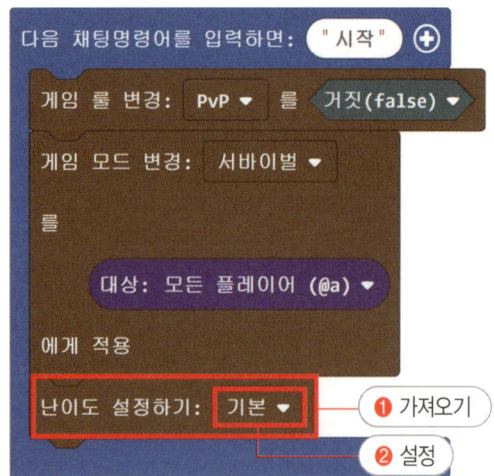

05 🐾몹 에서 블록이나 아이템 주기 를 끌어온 뒤 대상을 **모든 플레이어**로 바꾸세요. 그리고 📦블록 에서 아이템 을 끌어와 블록이나 아이템 에 연결한 뒤 **딱지날개**로 바꾸세요.

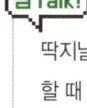

쌤Talk!
딱지날개는 플레이어가 낙하할 때 필요한 아이템이에요.

06 플레이어 에서 채팅창에 말하기 를 끌어온 뒤 내용을 **10초 뒤 낙하가 시작됩니다. 겉날개를 착용하세요.**로 바꾸세요.

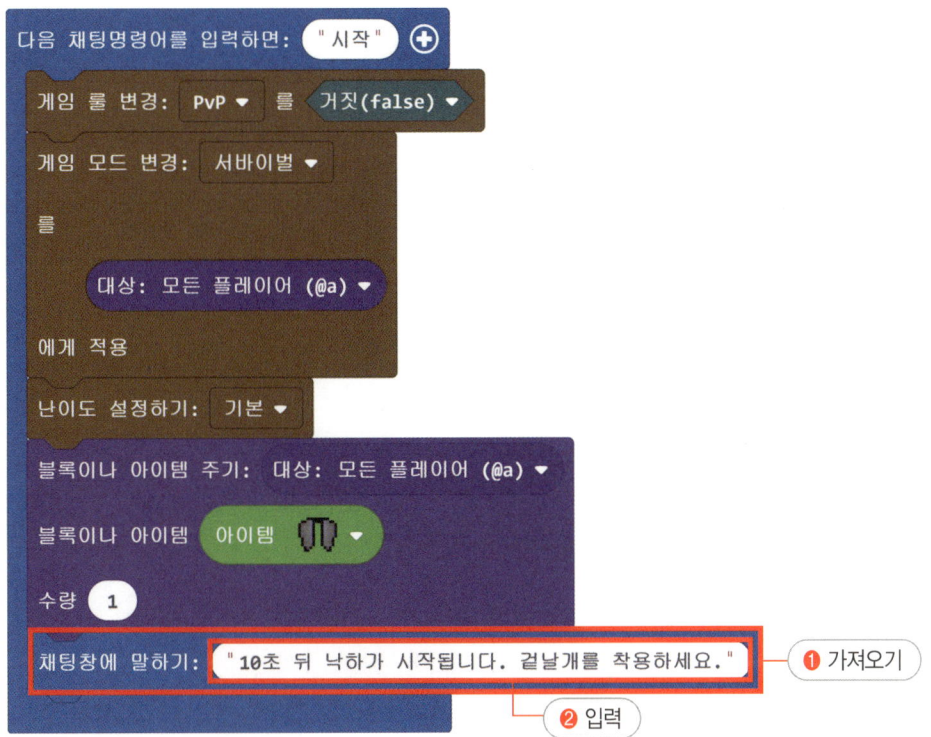

07 반복 에서 일시중지 를 끌어온 뒤 시간을 **10000**으로 바꾸세요.

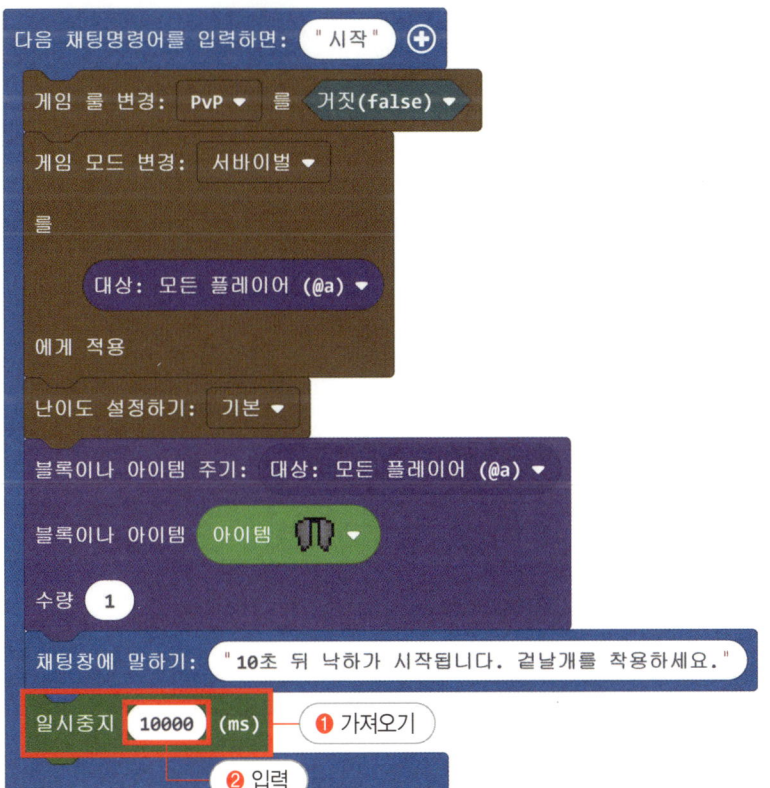

> **쌤Talk!**
> 10초 동안 게임을 준비할 시간을 주기 위해서입니다.

08 🐾몹 에서 텔레포트 타겟 을 끌어온 뒤 대상을 **모든 플레이어**로 바꾸고, 목적지 좌표를 ~0, ~150, ~0으로 바꾸세요.

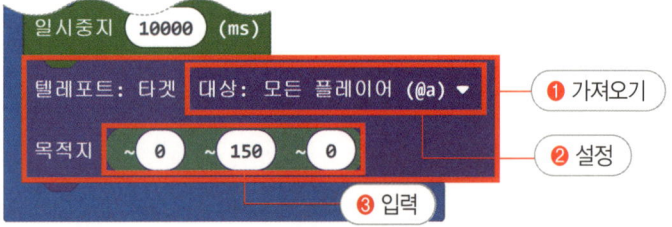

09 🔧게임플레이 에서 게임 룰 변경 을 끌어와 **PvP를 참**으로 바꾸세요.

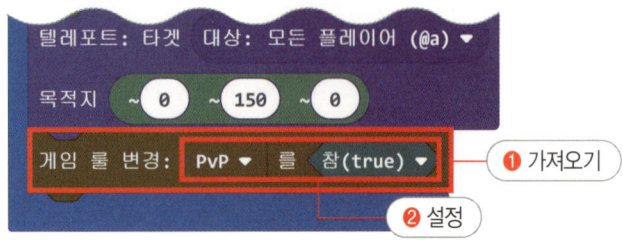

10 🔧게임플레이 에서 메시지 보여주기 를 끌어온 뒤 대상은 **모든 플레이어**, 진한 글자는 **게임 시작**, 일반 글자는 **최후까지 살아남으세요.**로 바꾸세요.

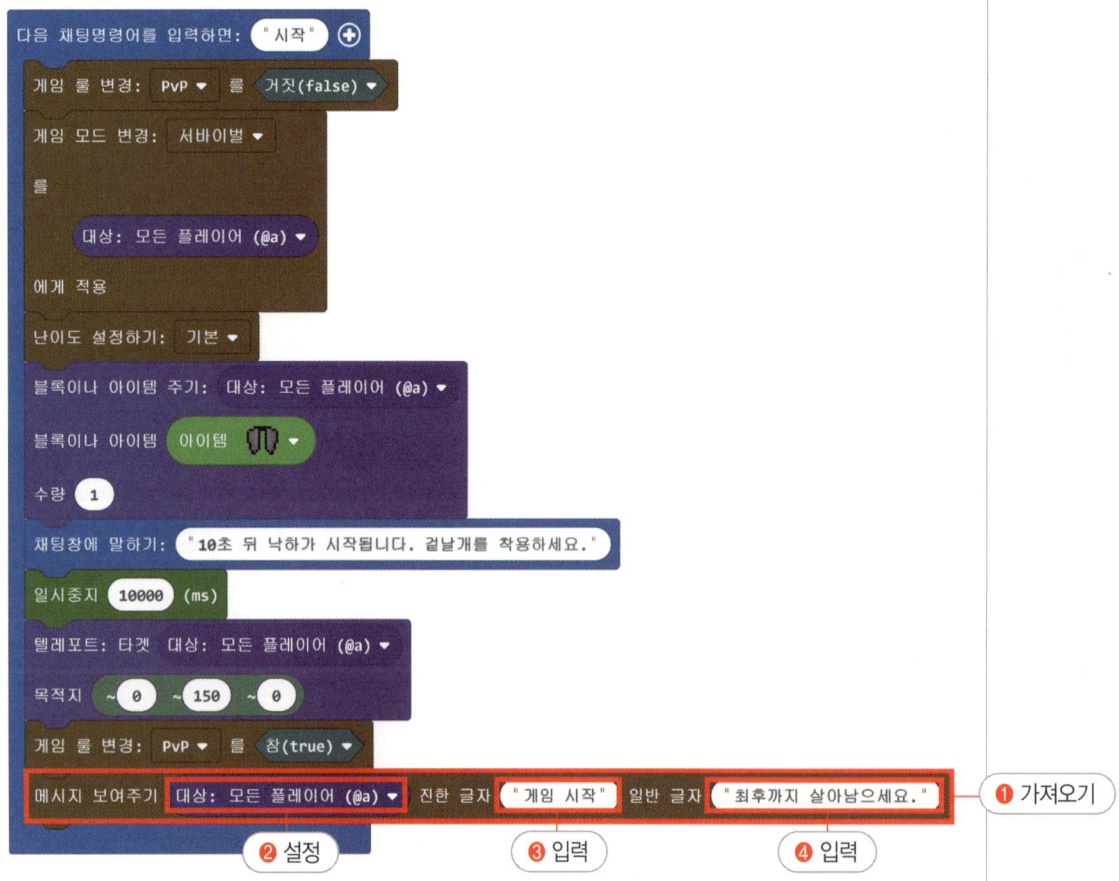

208 ■ 마인크래프트 게임 제작 무작정 따라하기 2

11 ↻ 반복 에서 반복(repeat) 실행 을 끌어온 뒤 반복 횟수를 3으로 바꾸세요.

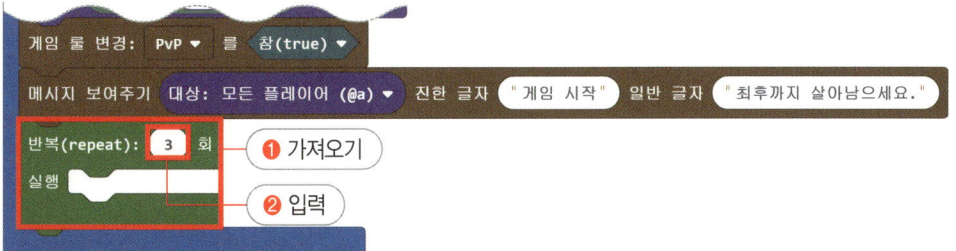

> **쌤Talk!**
> 모든 플레이어를 한 곳으로 텔레포트 시키는 코드를 세 번 반복하도록 합니다.

12 ↻ 반복 에서 일시중지 를 끌어온 뒤 시간을 300000으로 바꾸세요.

> **쌤Talk!**
> 300초(5분)동안 명령을 중지합니다.

13 플레이어 에서 채팅창에 말하기 를 끌어온 뒤 내용을 **10초 뒤 대결의 시간**으로 바꾸세요.

> **쌤Talk!**
> 곧 모든 플레이어가 같은 곳으로 텔레포트 된다는 것을 알려주세요.

14 ↻ 반복 에서 일시중지 를 끌어온 뒤 시간을 10000으로 바꾸세요.

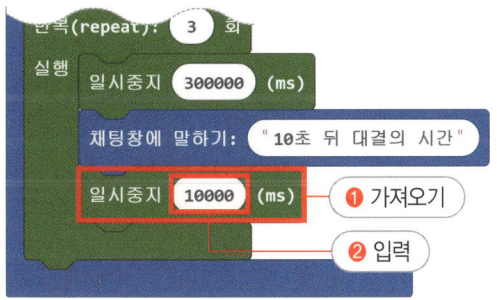

> **쌤Talk!**
> 10초 동안 플레이어가 준비할 시간을 주기 위해서예요.

15 몹 에서 텔레포트 타겟 을 끌어온 뒤 대상을 **모든 플레이어**로 바꾸세요.

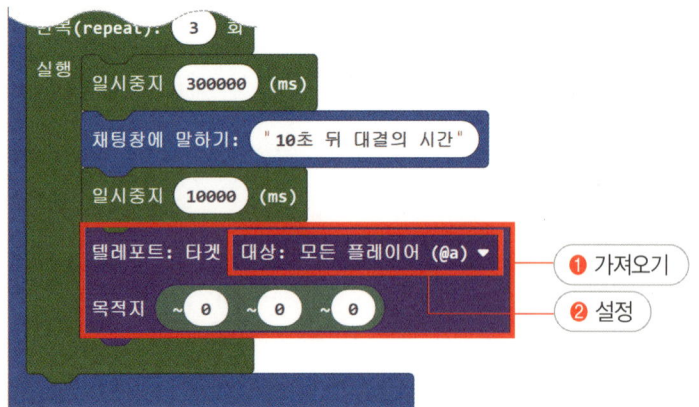

16 위치 에서 월드 좌표 를 끌어와 목적지에 연결한 뒤, 좌표를 **59, 68, 29**로 바꾸세요.

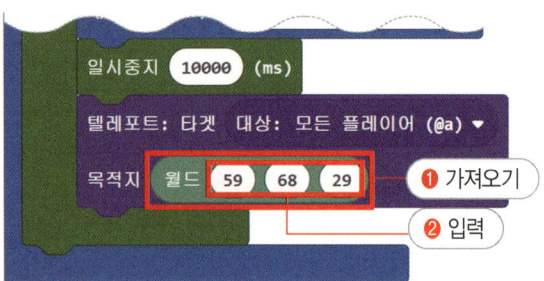

> **쌤Talk!**
>
> 월드 좌표에 입력하는 값은 월드를 생성할 때 확인했던 시작 위치(처음 스폰 좌표)예요. 따라서 이 값은 자신이 제작한 월드마다 다를 수 있어요. 201쪽 **활동 01**의 **03**을 참고하세요.

17 플레이어 에서 채팅창에 말하기 를 끌어와 **10초 뒤 마지막 대결!**로 바꾸세요.

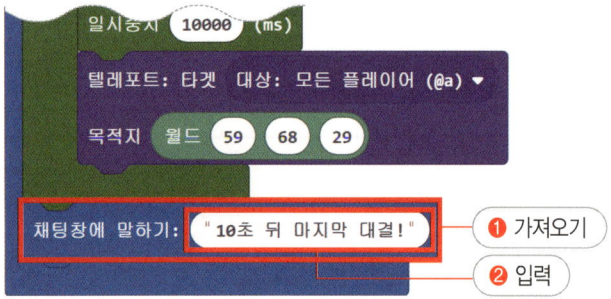

18 고급을 열면 나오는 확장 메뉴에서 ◯모양에서 원모양만들기를 끌어온 뒤 블록은 **바다 랜턴**, 반지름은 **10**, 방향은 **y 좌표(위쪽, 아래쪽)**으로 바꾸세요.

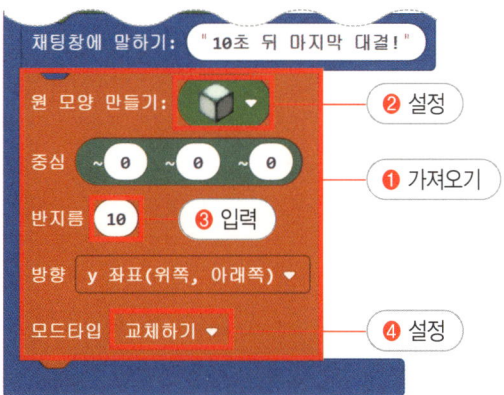

> **쌤Talk!**
> 마지막 대결을 벌일 결투 장소를 원 모양으로 만들었어요.

19 위치에서 월드좌표를 끌어와 중심에 연결한 뒤, 좌표를 **59, 100, 29**로 바꾸세요.

> **쌤Talk!**
> 월드 좌표에 입력하는 값은 월드를 생성할 때 확인했던 시작 위치(처음 스폰 위치)에서 y 좌표만 100으로 바꿨어요. 이렇게 월드 위쪽에 원 모양의 결투장을 만들면 플레이어가 도망가지 못해요.

20 🔄반복에서 일시중지를 끌어온 뒤 시간을 **10000**으로 바꾸세요.

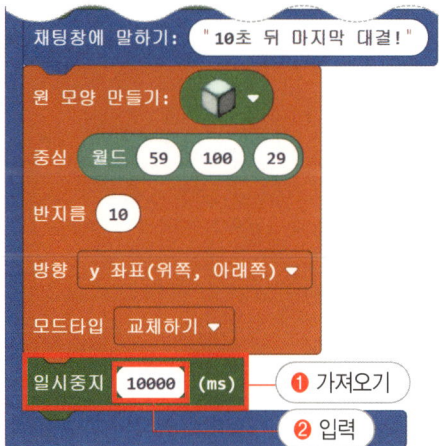

21 몹 에서 텔레포트 타겟 을 끌어온 뒤 대상을 **모든 플레이어**로 바꾸세요.

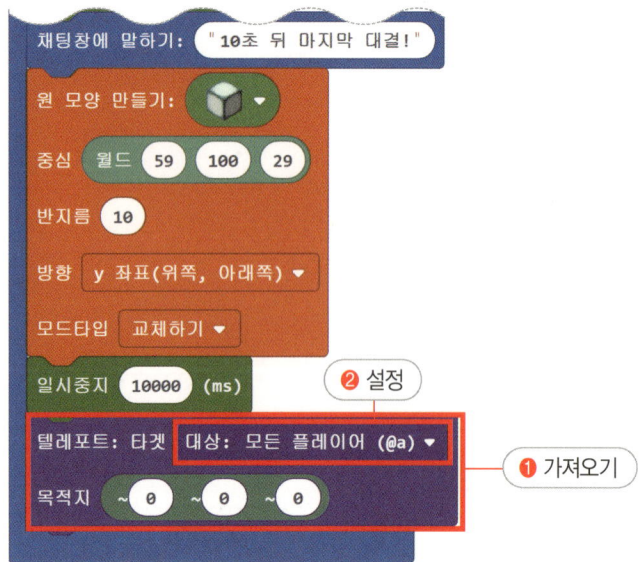

22 위치 에서 월드 좌표 를 끌어와 목적지에 연결한 뒤, 좌표를 59, 105, 29로 바꾸세요.

쌤Talk!

월드 좌표에 입력한 값은 원 모양 만들기에서 사용한 월드 좌표에서 y값에만 5를 더한 것이에요. 이렇게 하면 낙하 피해 없이 결투장 위쪽으로 이동할 수 있어요.

활동 03 플레이어 코드를 만들어요

이번에는 게임에 참여하는 모든 플레이어에게 필요한 코드입니다. 플레이어의 죽음 횟수를 확인하는 코드와 효과를 얻는 코드를 만들어 볼게요.

01 플레이어 에서 다음 채팅명령어를 입력하면 을 끌어온 뒤 채팅명령어를 **준비**로 바꾸세요.

> 쌤Talk!
> 게임에 참여하는 플레이어 모두가 작성하세요.

02 변수 에서 **변수 만들기** 버튼을 클릭해서 **죽음**이라는 변수를 만들고 죽음에 저장 을 끌어오세요.

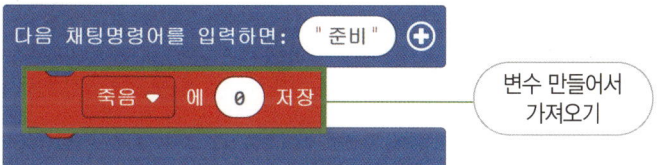

> 쌤Talk!
> 게임 시작 전 죽음 변수를 초기화하는 코드예요.

03 플레이어 에서 플레이어가 사망하면 실행 을 끌어오세요.

> 쌤Talk!
> 새로 시작하는 코드를 옆에 만들어 주세요.

04 변수 에서 죽음 값 증가 를 끌어오세요.

> 쌤Talk!
> 게임에서 사망할 때마다 변수 죽음 값이 증가해요.

05 플레이어 에서 채팅창에 말하기 를, 문자열 에서 연결한 문자열 을 끌어와서 연결하세요. 그런 다음 ⊕를 눌러 문자열을 추가하고 변수 에서 죽음 을 끌어와서 연결하고 문자열은 다음과 같이 **당신은, 번 죽었습니다.** 라고 작성하세요.

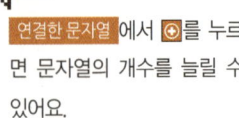

쌤Talk!

연결한 문자열 에서 ⊕를 누르면 문자열의 개수를 늘릴 수 있어요.

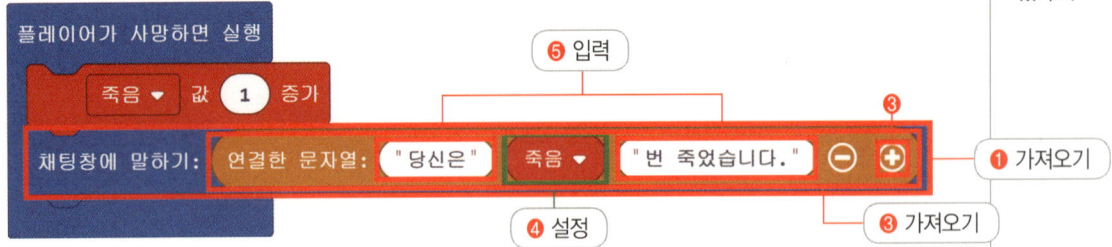

06 몹 에서 몹이 죽었다면 실행 을 끌어오세요.

07 몹 에서 다음 효과 부여하기 를 끌어온 뒤 효과는 **힘**, 대상은 **자기 자신**, 지속 시간은 **60**, 배수는 **5**로 바꾸세요.

쌤Talk!

어떤 동물에 어떤 효과를 부여하는지는 게임 디자이너의 재량입니다. 다만 모든 플레이어가 같은 코드를 사용해야 공정한 게임이 되겠죠?

08 같은 방법으로, 말을 죽이면 **체력증가** 효과를, 양을 죽이면 **투명화** 효과를, 돼지를 죽이면 **성급함** 효과를 주는 코드를 각각 만드세요.

▲ 말을 죽이면 '체력증가' 효과를 주는 코드

▲ 양을 죽이면 '투명화' 효과를 주는 코드

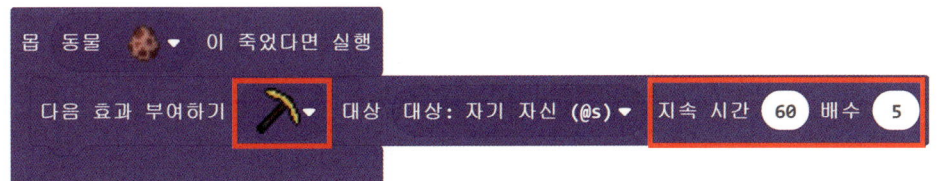

▲ 돼지를 죽이면 '성급함' 효과를 주는 코드

 Talk!

지속 시간과 배수의 숫자 값이 조금씩 다르니 입력할 때 주의하세요!

Chapter 12 마크 배틀 그라운드 ■ 215

활동 04 게임을 실행해요

01 **활동 01**에서 만든 월드를 가져온 뒤, 모든 플레이어는 '플레이어' 코드를 준비하세요. 그리고 한 명의 플레이어는 '시작' 코드를 추가로 준비하세요.

02 모든 플레이어는 **준비** 채팅명령어를 실행하세요.

03 '시작' 코드를 작성한 플레이어가 **시작** 채팅명령어를 실행하세요. 그리고 **딱지 날개**를 착용한 뒤 비행을 준비하세요.

게임을 시작하기 적당한 곳으로 비행하여 가세요.

04 월드에 있는 아이템과 효과를 이용하여 다른 플레이어를 제압하세요. 마지막 대결까지 죽은 횟수가 가장 적은 플레이어가 승리합니다.

정리해요

지금까지 만든 프로젝트를 정리해 볼까요?

나의 게임 디자인

마크 배틀 그라운드 게임에 여러분의 아이디어를 추가하여 새로운 게임으로 재탄생시켜 보세요.

난이도 조절하기

게임의 난이도가 조금 어렵다고요? 기본적인 아이템을 주고 시작한다면 초보 플레이어가 좀 더 쉽게 적응할 수 있습니다. 예를 들어 다음과 같이 시작 아이템으로 '철 곡괭이'와 '익힌 닭고기' 아이템을 주는 코드를 추가해 보세요.

새로운 아이템 사용하기

지도를 사용하면 지형 지물에 대한 정보를 알 수 있습니다. 게다가 플레이어의 위치 정보까지 추가된 지도도 있죠. 그렇다면 숨어 있는 플레이어를 찾아서 제압하는 것도 가능하겠죠?

새로운 규칙 적용하기

팀을 만들어 게임을 해 보세요. 팀별로 같은 스킨이나 아이템을 착용하여 적과 아군을 구별하면 된답니다.

CHAPTER 13
마크 파이터즈 1

지금까지 마인크래프트와 메이크코드를 이용해서 다양한 멀티플레이 게임을 만들어 보았습니다. 이제 마지막 게임을 만들 차례가 되었는데요. 이번 시간에 만들 게임은 바로 '마크 파이터즈'입니다. 한정된 공간의 경기장에서 살아남기 위해 캐릭터들이 치열한 대결을 펼치는 게임이지요. 만들어야 할 코드의 양이 앞의 다른 게임보다 많기 때문에 Chapter 13과 Chapter 14에서 내용을 나누어 만들도록 할게요.

게임 소개

마크 파이터즈 게임에는 다양한 캐릭터가 등장합니다. 그리고 이 캐릭터들은 각자 고유의 스킬을 가지고 있습니다. 따라서 플레이어는 캐릭터의 특징과 스킬을 잘 이해하고 대결에 참가해야 하지요. 또 강력한 스킬과 숙련된 컨트롤로 상대를 제압하는 것이 중요합니다.

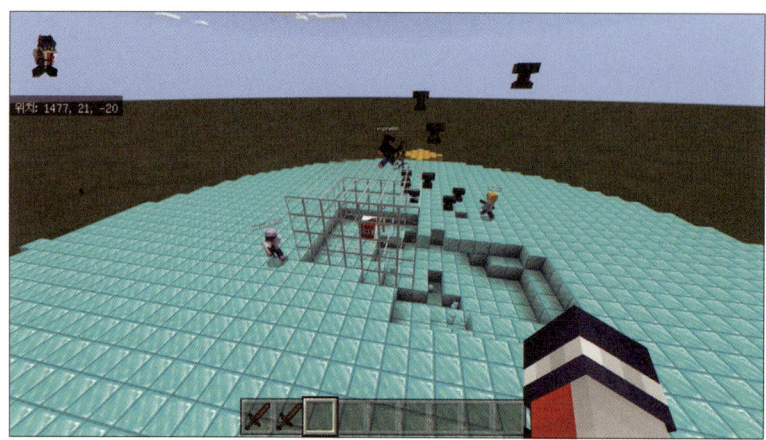

게임 환경	2인 이상의 플레이어, 평면맵, 서바이벌 모드
학습 목표	변수와 논리 명령을 이용한 스킬 코드를 작성하여 마크 파이터즈 게임을 만들어 보자.
완성 파일	13장.mkcd

동영상 강의 보기

게임 규칙

 다양한 캐릭터 중에서 하나를 선택한다.

 다른 플레이어들과 대결하며 살아남는다.

활동 01 경기장을 생성해요

마크 파이터즈 게임은 제한된 공간에서 플레이합니다. 먼저 대결이 이루어질 경기장을 생성하는 코드를 만들어 볼게요.

01 플레이어에서 다음 채팅명령어를 입력하면 을 끌어온 뒤 채팅명령어를 **준비**로 바꾸세요.

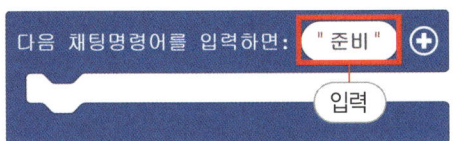

> **쌤Talk!**
> 경기장 생성 코드는 한 사람만 작성하여 실행하면 됩니다. 다른 플레이어는 코드를 작성하지 않아도 돼요.

02 반복에서 반복(for) 값을 증가시키며 실행 을 끌어온 뒤 값을 **10**으로 바꾸세요.

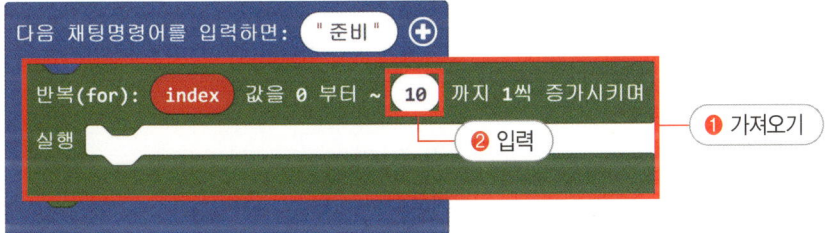

> **쌤Talk!**
> 변수 index는 명령 블록과 함께 생성되는 변수예요. 이 변수는 값이 0부터 10까지 증가하면서 11번 반복을 하는 역할을 합니다. 보통 의미를 두고 만들어 사용하는 변수와는 다르게, index는 필요한 값을 증가시키는 용도로만 사용한다고 보면 됩니다.

03 고급의 ◯ 모양에서 원 모양 만들기 를 끌어온 뒤 블록은 **다이아몬드 블록**, 반지름은 **25**, 방향은 y **좌표(위쪽, 아래쪽)**으로 바꾸세요.

04 변수에서 index 를 끌어와 y 좌표에 연결하고, x 좌표를 26으로 바꾸세요.

반복할 때마다 y값이 증가하여 최종적으로는 원이 층층이 쌓인 원기둥이 만들어져요. 결과가 궁금하다면 여기까지 만든 코드를 실행해 보세요.

활동 02 마크 파이터즈 대결을 시작해요

'시작' 채팅명령어를 입력하면 게임 설정을 완료하고 대결 시작을 알리는 코드를 만들어 볼게요.

01 플레이어 에서 다음 채팅명령어를 입력하면 을 끌어온 뒤 채팅명령어를 **시작**으로 바꾸세요.

> 💬 **Talk!**
> 게임 시작 코드는 한 사람만 작성하여 실행하면 됩니다. 다른 플레이어는 코드를 작성하지 않아도 돼요.

02 게임플레이 에서 게임 모드 변경 을 끌어와 연결한 뒤 대상을 **모든 플레이어**로 바꾸세요.

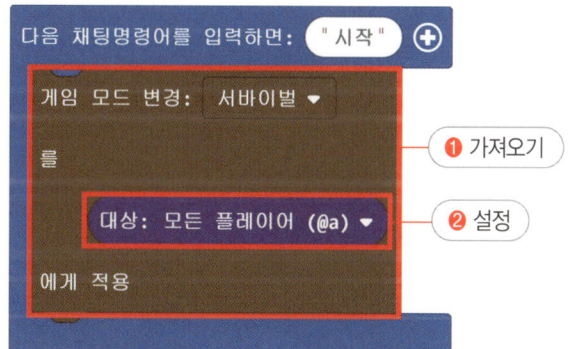

03 게임플레이 에서 난이도 설정하기 를 끌어와 연결한 뒤 난이도를 **기본**으로 바꾸세요.

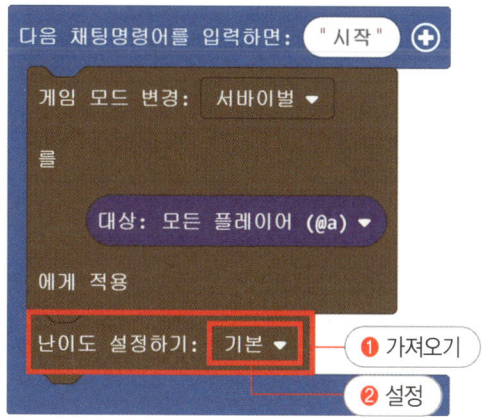

Chapter 13 마크 파이터즈 1 ■ 225

04 🔧게임플레이 에서 메시지 보여주기 를 끌어와 연결한 뒤, 대상은 **모든 플레이어**, 내용은 **마크파이터즈** 그리고 **대결 시작!**으로 바꾸세요.

05 🐾몹 에서 블록이나 아이템 주기 를 끌어온 뒤, 대상은 **모든 플레이어**로 바꾸세요. 그리고 📦블록 에서 아이템 을 끌어와 다음과 같이 '블록이나 아이템'에 연결한 뒤 아이템을 **목검**으로 바꾸세요.

226 ■ 마인크래프트 게임 제작 무작정 따라하기 2

활동 03 캐릭터 공통 코드를 만들어요

이번에는 플레이어가 달리면서 에너지를 모으는 코드를 만들어 볼게요. 에너지는 계속해서 커지지 않도록 최댓값을 정하도록 합니다.

01 플레이어 에서 플레이어가 걷고 있으면 실행 을 끌어와 **달리고**로 바꾸세요.

> **쌤Talk!**
> 모든 캐릭터가 가지고 있어야 할 공통 코드예요. 각 캐릭터의 고유 코드를 작성하기 전에 먼저 공통 코드를 만드세요.

02 변수 에서 **에너지**라는 변수를 만들고 에너지 값 증가 를 끌어오세요.

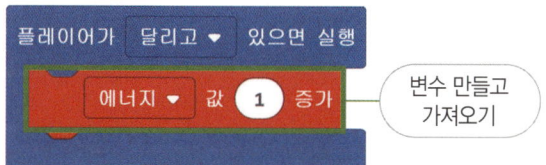

> **쌤Talk!**
> 플레이어가 달리고 있으면 변수 '에너지'의 값을 1 증가시켜요.

03 논리 에서 만약(if)이면 실행 , 0<0 을 끌어온 뒤, '<'를 '>'로 바꾸고 첫 번째 0 자리에는 변수 에서 에너지 를 끌어와서 넣고, 두 번째 0은 **10**으로 바꾸세요.

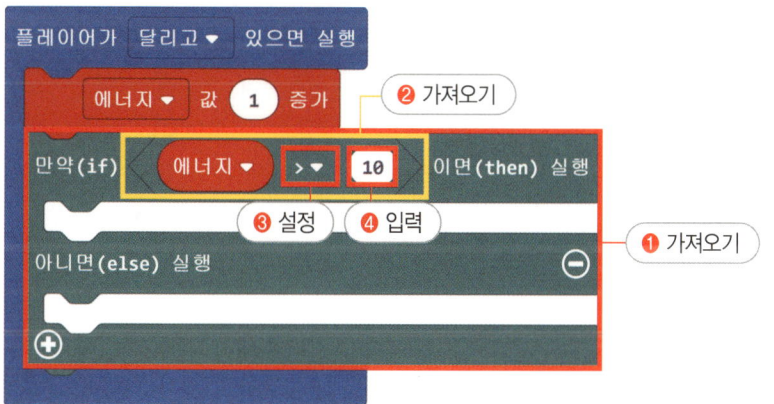

> **쌤Talk!**
> 논리 블록과 변수 블록을 사용하여 '에너지가 10보다 크면' 실행되게 했어요.

04 플레이어에서 말하기를 끌어온 뒤 대상은 **자기 자신**으로, 내용은 **에너지 최대!**로 바꾸세요.

> **쌤Talk!**
> 대상을 '자기 자신'으로 하면 다른 플레이어는 그 내용을 볼 수 없어요.

05 변수에서 에너지에 1 저장을 끌어온 뒤 값을 **10**으로 바꾸세요.

> **쌤Talk!**
> 변수 '에너지'가 10보다 클 경우, 에너지 값을 아예 10으로 고정하여 더 커지지 않게 해요.

06 반복에서 일시중지를 끌어온 뒤 시간을 **1000**으로 바꾸세요.

> **쌤Talk!**
> 에너지 값이 너무 빠른 속도로 커지지 않게 1초 동안 명령을 중지하도록 해요.

07 플레이어 에서 말하기 , 문자열 에서 연결한 문자열 , 변수 에서 에너지 를 각각 끌어온 뒤 다음과 같이 연결하세요. 문자열의 내용은 **에너지:** 로 입력하세요.

> **쌤Talk!**
> 에너지가 증가할 때마다 변수 에너지 의 값을 플레이어에게 보여줘요.

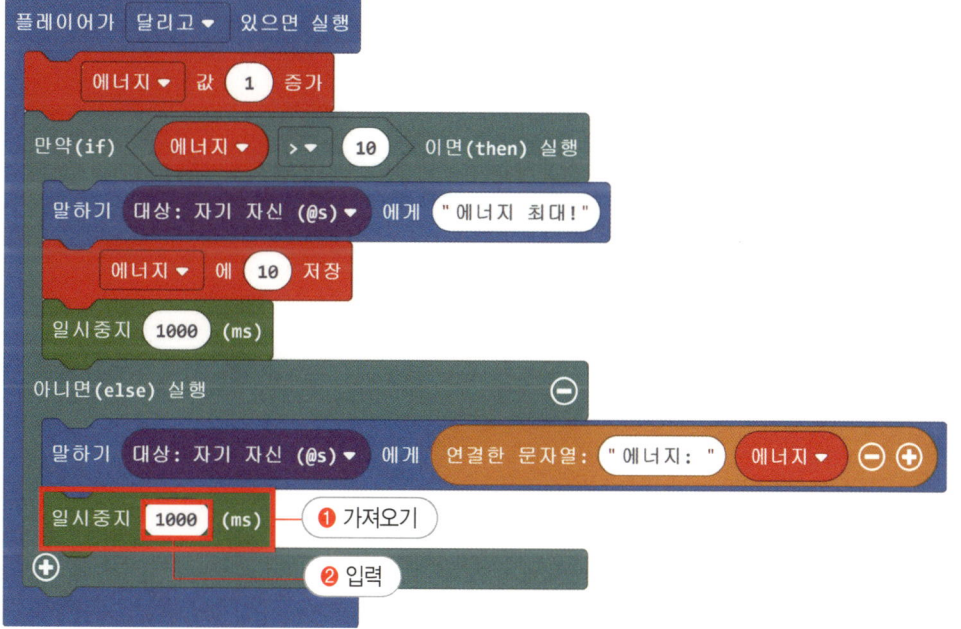

08 반복 에서 일시중지 를 끌어온 뒤 시간을 **1000**으로 바꾸세요.

> **잠깐만요** 게임 속 다양한 캐릭터, 어떻게 나누면 좋을까요?
>
> 롤플레잉 게임(Role-Playing Game, 플레이어마다 각자의 역할을 맡아 진행하는 게임 형식)에서는 적들을 상대하기 위해 각 캐릭터의 능력과 스킬을 바탕으로 역할을 나누어서 플레이해요. '마크 파이터즈'에 나온 캐릭터도 사용하는 스킬과 플레이 방식에 따라 종류를 나눌 수 있답니다.
>
> ❶ 딜러(Dealer)형 캐릭터(공격형)
> 적에게 강력한 피해를 주기 때문에 피해 딜러(Damage Dealer)라고도 해요. 적을 처치하는 주요 역할을 맡으며 공격력이 높아요.
>
> ❷ 탱커(Tanker)형 캐릭터(방어형)
> '탱크'처럼 강한 방어력을 가지고 있다는 의미로 '탱커'라는 말이 붙었어요. 적의 공격을 다른 팀원을 대신해서 받는 역할을 하며, 그에 맞게 강한 체력과 방어력을 가지고 있어요.
>
> ❸ 서포터(Supporter)형 캐릭터(지원형)
> 서포트(Support)라는 뜻에서 알 수 있듯이 다른 캐릭터를 지원해 주는 역할이에요. 우리 팀에게 유리한 효과(버프)를 주거나, 적에게 불리한 효과(디버프)를 주면서 팀의 승리를 돕는 일을 해요. 서포터는 강력한 효과를 주는 대신 공격력과 방어력은 떨어지는 편이에요.

활동 04 낚시꾼 코드를 만들어요

지금부터는 캐릭터별 특징에 맞게 코드를 작성할 거예요. 낚시꾼은 큰 피해를 한 번에 여러 상대에게 주는 딜러형 캐릭터예요. 따라서 낚시꾼을 상대할 때는 계속해서 움직여야 해요. 잠깐 방심하는 순간, 유리벽에 갇힌 채 TNT가 폭파해서 사망할지도 몰라요.

> **쌤Talk!**
> 게임에 참가하는 플레이어는 여러 개의 캐릭터 코드를 작성하여 참여할 수 없어요. 지금부터 작성하는 코드는 낚시꾼 캐릭터를 선택한 플레이어만 작성하세요.

🟩 공격 스킬 코드

낚시꾼의 공격은 여러 플레이어를 동시에 공격할 수 있어요. 상대를 유리벽에 가둔 다음 TNT를 설치하는 코드를 작성해 볼게요.

01 `플레이어` 에서 `만약 아이템 사용하면` 을 끌어온 뒤 아이템을 **목검**으로 바꾸세요.

> **쌤Talk!**
> `만약 아이템 사용하면` 은 목검을 마우스 오른쪽 버튼으로 클릭해서 실행하는 명령 블록이에요.

Chapter 13 마크 파이터즈 1 ■ 231

02 논리 에서 만약(if) 아니면(else) 실행, 0<0 을 끌어오고, 변수 에서 에너지 를 끌어와 **에너지가 6 이상이면 실행**으로 바꾸세요.

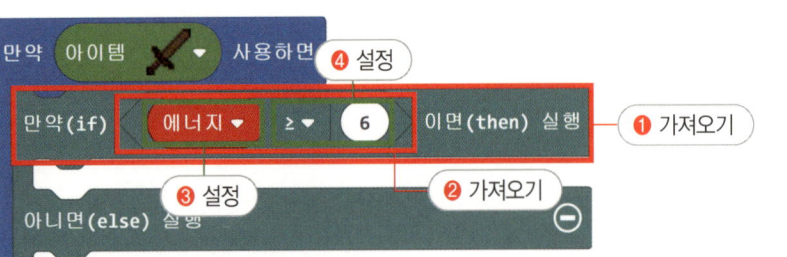

> **쌤Talk!**
> 변수 '에너지'가 최소 6이 되었을 때 조건이 만족되어 명령이 실행되도록 하기 위해서예요.

03 변수 에서 에너지 값 증가 를 끌어온 뒤 값을 **-6**으로 바꾸세요.

> **쌤Talk!**
> '-6 증가'는 6만큼 감소한다는 뜻이에요. 그리고 감소하는 값은 스킬을 사용하는 데 쓰는 에너지량을 말해요. 이 값은 캐릭터의 균형을 맞추는 중요한 역할을 해요. 따라서 캐릭터의 스킬에 따라 쓰는 에너지량은 조금씩 달라요.

04 몹 에서 소환 동물 을 끌어온 뒤 좌표를 **~0, ~1, ~0**으로 바꾸세요.

05 🐾몹 에서 마법발사 를 끌어와 다음과 같이 연결하세요.

> **샘Talk!**
> 불붙은 TNT는 몇 초 뒤에 폭파해서 주변에 강한 피해를 줘요.

06 04~05와 같은 방법으로 다음과 같이 작성하세요.

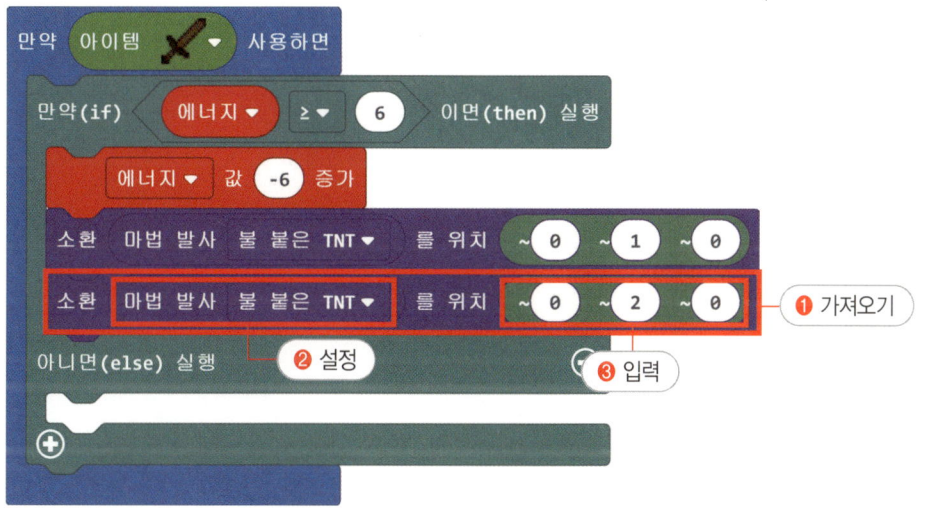

07 📦블록 에서 블록 채우기 를 끌어온 뒤 블록은 **유리**로 바꾸고, 시작 좌표는 ~3, ~3, ~3, 끝 좌표는 ~-3, ~-1, ~-3으로 바꾸세요. 또 **교체하기**는 **외곽선**으로 바꾸세요.

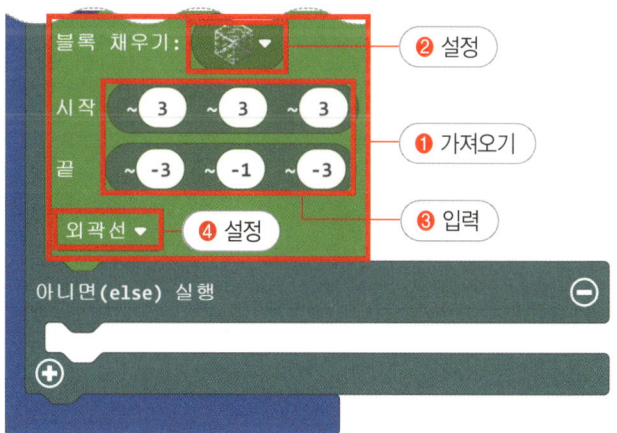

> **샘Talk!**
> 플레이어를 유리 블록으로 가두는 명령이에요.

Chapter 13 마크 파이터즈 1 ■ **233**

08 플레이어 에서 다음좌표로텔레포트 를 끌어온 뒤 좌표를 ~0, ~5, ~0으로 바꾸세요.

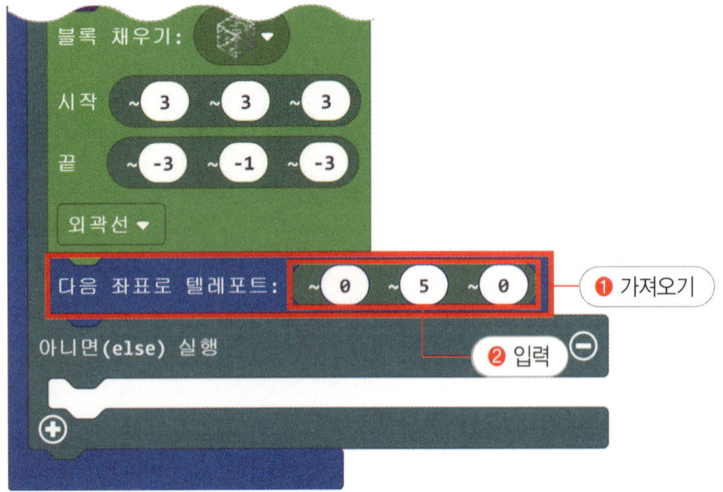

09 플레이어 에서 말하기 를 끌어온 뒤 대상은 **자기 자신**으로, 내용은 **에너지 부족!** 으로 바꾸세요.

> **쌤Talk!**
> 변수 '에너지'가 부족하다는 메시지를 자기 자신에게만 보여 주세요.

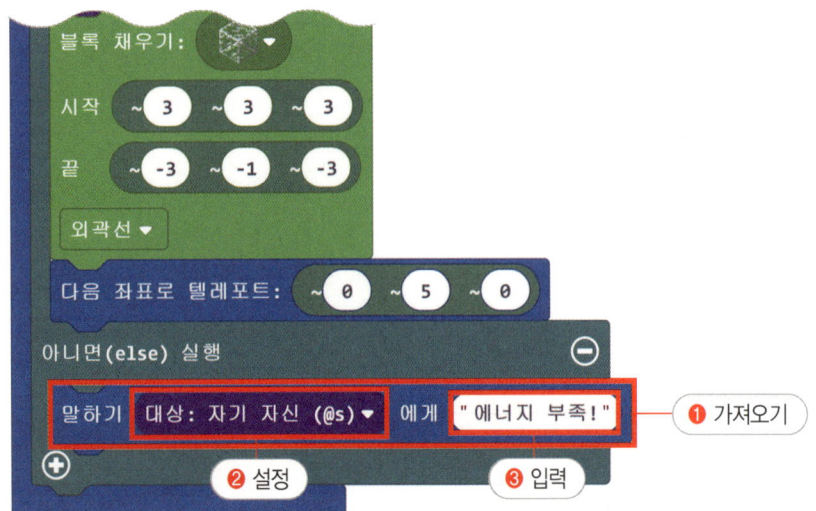

활동 05 도적 코드를 만들어요

도적은 기습 공격하는 딜러형 캐릭터예요. 도적 캐릭터의 공격 전략은 투명 상태로 상대방에게 몰래 접근한 뒤, 순식간에 힘 효과를 얻어 상대방을 기습하는 것이랍니다.

🟩 공격 스킬 코드

도적 캐릭터는 순간적으로 공격력을 증가시켜서 몇 번의 타격만으로 상대를 제압하는 공격 스킬을 갖고 있어요. 지금부터 도적의 공격력을 올려주는 공격 스킬 코드를 작성해 볼게요.

01 🧑 플레이어 에서 만약 아이템 사용하면 을 끌어온 뒤 아이템을 **목검**으로 바꾸세요.

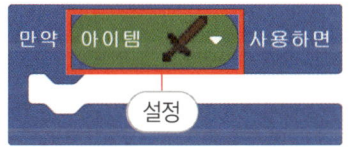

 Talk!

지금부터 작성하는 코드는 도적 캐릭터를 선택한 플레이어만 작성하세요.

02 ⟳논리 에서 만약(if) 아니면(else) 실행 , 0<0 을 끌어오고 부등호를 '크거나 같다 (≥)'로 바꾸세요. 그런 다음 ☰변수 에서 에너지 를 끌어와 **에너지가 6 이상이면 실행**으로 바꾸세요.

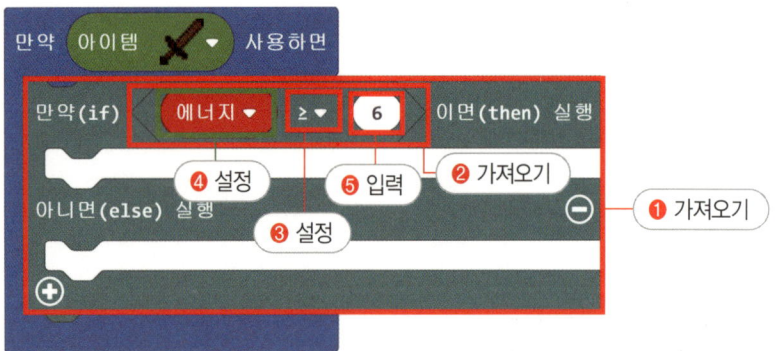

03 ☰변수 에서 에너지 값 증가 를 끌어온 뒤 값을 **−6**으로 바꾸세요.

04 🐾몹 에서 다음 효과 부여하기 를 끌어온 뒤, 효과는 **힘**, 대상은 **자기 자신**, 지속 시간은 **1**, 배수는 **1**로 바꾸세요.

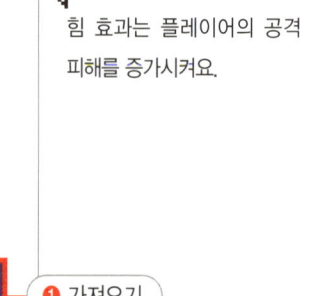

쌤Talk!
힘 효과는 플레이어의 공격 피해를 증가시켜요.

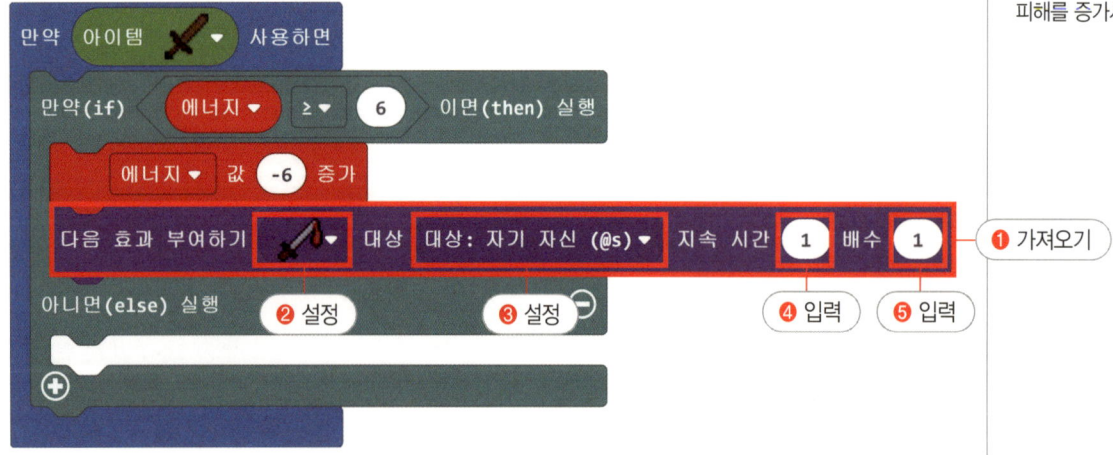

05 플레이어에서 말하기를 끌어온 뒤 대상은 **자기 자신**, 내용은 **에너지 부족!**으로 바꾸세요.

🟩 은신 스킬 코드

은신은 적에게 들키지 않도록, 자기 자신을 안 보이게 숨긴다는 뜻이에요. 웅크리는 행동으로 은신할 수 있는 코드를 만들어 볼게요.

01 플레이어에서 플레이어가 걷고 있으면 실행을 끌어온 뒤 **걷고**를 **웅크리고**로 바꾸세요.

> **쌤Talk!**
> Shift를 누르면 플레이어가 웅크려요. 웅크린 상태에서는 천천히 이동해요.

02 논리에서 만약(if) 아니면(else) 실행, 0<0을 끌어오고, 부등호를 '크거나 같다(≥)'로 바꾸세요. 그런 다음 변수에서 에너지를 끌어와 **에너지가 1 이상이면 실행**으로 바꾸세요.

03 변수에서 에너지값증가를 끌어온 뒤 값을 **-1**로 바꾸세요.

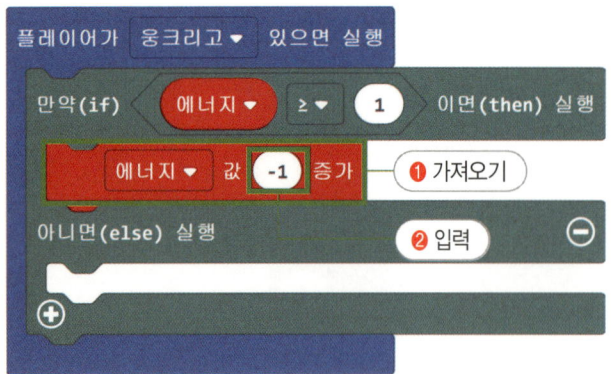

04 몹에서 다음효과부여하기를 끌어온 뒤, 효과는 **투명화**, 대상은 **자기 자신**, 지속 시간은 **1**, 배수는 **1**로 바꾸세요.

> **쌤Talk!**
> '투명화' 효과는 플레이어가 보이게 않게 투명 인간으로 만들어 줘요. 이 효과를 사용하면 에너지를 1 소모하고, 1초 동안 안 보이게 돼요.

05 플레이어에서 말하기를 끌어온 뒤, 대상은 **자기 자신**, 내용은 **에너지 부족!**으로 바꾸세요.

활동 06 분노의 모루 코드를 만들어요

'분노의 모루' 캐릭터는 하늘에서 모루를 떨어뜨려 상대를 공격해요. 다만 모루는 플레이어가 예측할 수 없는 위치로 떨어져요. 모루는 단번에 여러 적을 제압할 수 있지만, 자기 자신도 모루에 당할 수도 있다는 것을 주의하세요.

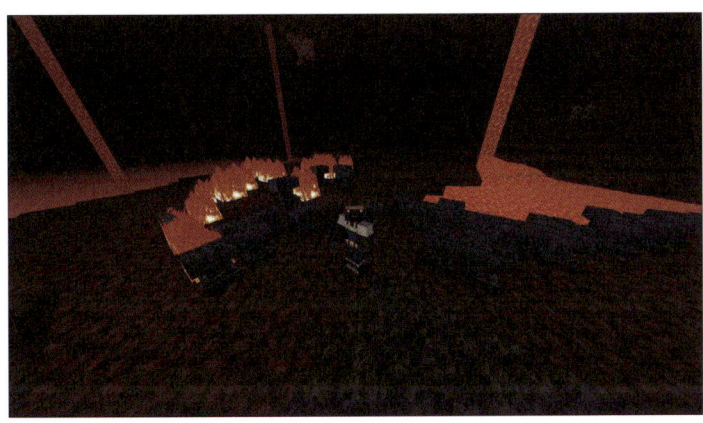

공격 스킬 코드

분노의 모루는 하늘에서 모루를 떨어뜨려 공격해요. 한번에 여러 개의 모루가 랜덤 위치에 떨어지는 코드를 만들어 볼게요.

01 `플레이어`에서 `만약 아이템 사용하면`을 끌어온 뒤 아이템을 **목검**으로 바꾸세요.

> 쌤Talk!
> 지금부터 작성하는 코드는 분노의 모루 캐릭터를 선택한 플레이어만 작성하세요.

02 논리 에서 만약(if) 아니면(else) 실행 , 0<0 를 끌어와서 연결해요. 그리고 변수 에서 에너지 를 끌어온 뒤 **에너지가 5 이상이면 실행**으로 바꾸세요.

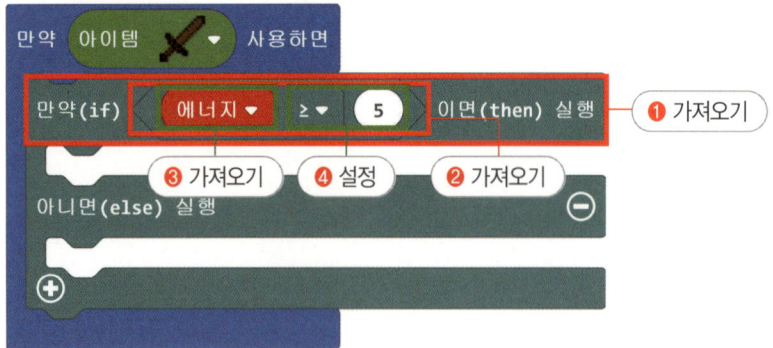

03 변수 에서 에너지 값 증가 를 끌어온 뒤 값을 **-5**로 바꾸세요.

04 반복 에서 반복(repeat) 실행 을 끌어온 뒤 반복 횟수를 **5**로 바꾸세요.

05 ⬛블록 에서 블록에 놓기 를 끌어온 뒤 블록을 **모루**로 바꾸세요.

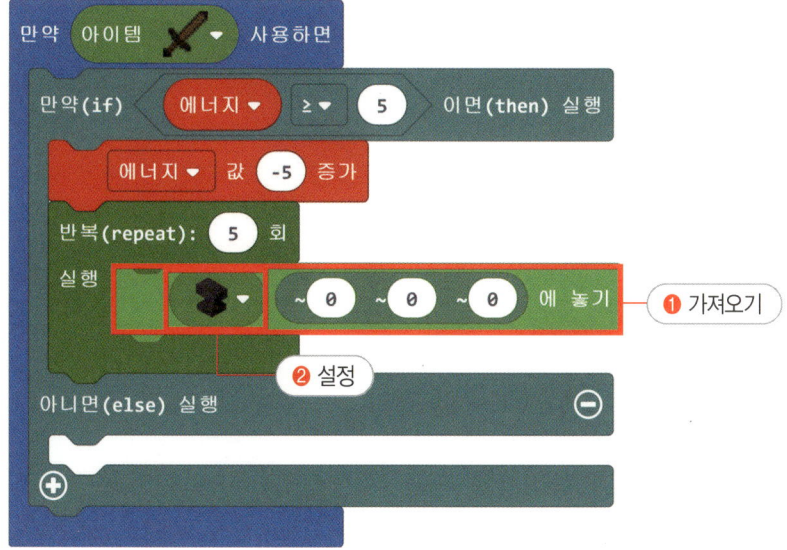

06 ✚위치 에서 랜덤 위치 선택 을 끌어와 다음과 같이 연결한 뒤, 좌표를 ~20, ~15, ~2 에서 ~–2, ~10, ~–2로 바꾸세요.

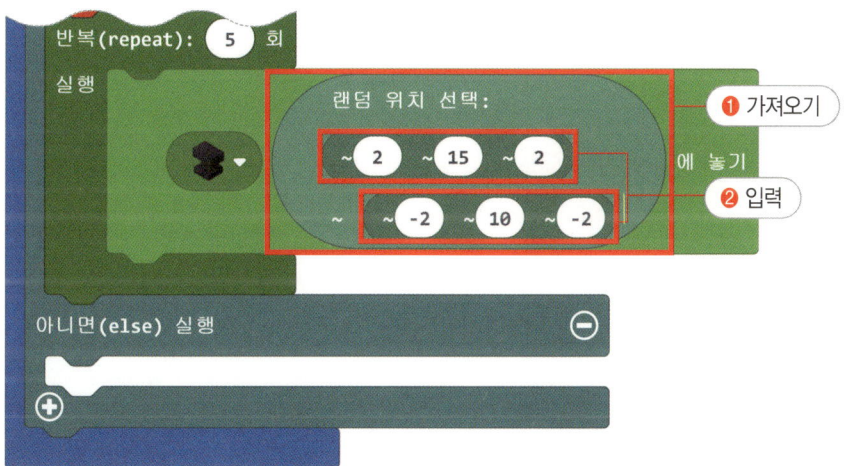

쌤Talk!

이렇게 하면 5개의 모루가 지정한 랜덤 위치 범위 안에서 무작위로 떨어져요.

07 👤플레이어 에서 말하기 를 끌어와 대상은 **자기 자신**으로, 내용은 **에너지 부족!**으로 바꾸세요.

활동 07 캐릭터의 플레이 전략을 이해해요

캐릭터에 맞는 코드를 모두 만들었나요? 이번에는 캐릭터별 플레이 전략을 알아볼게요. 전략을 알고 실행해야 게임에서 승리할 수 있겠죠?

🧟 낚시꾼

낚시꾼의 공격 스킬은 상대방과 가까이 있어야 성공할 가능성이 커요. 뒤로 몰래 접근하거나, 다른 플레이어들끼리 서로 싸우고 있을 때 기습적으로 공격 스킬을 사용해 보세요.

01 상대방에게 가까이 달려간 뒤에 스킬을 사용하세요. 상대가 알아채지 못하게 뒤에서 접근하는 것이 좋아요.

02 스킬을 사용한 뒤, 에너지를 모아 상대가 빠져나가는 쪽에 다시 스킬을 사용하세요. 상대가 빠져나갔다고 방심한다면 TNT와 폭파하여 사망하게 될 거예요.

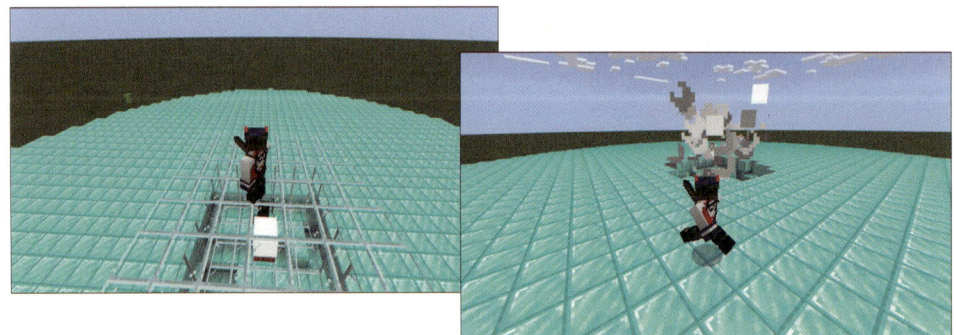

🟢 도적

도적은 은신을 이용해서 기습 공격을 할 수 있어요. 몸을 웅크려서 몰래 접근한 뒤, 바로 공격 스킬을 써서 제압하는 전략을 사용하세요.

01 상대방에게 일정 거리를 유지하고 접근한 뒤 웅크려서 은신 스킬을 사용하세요.

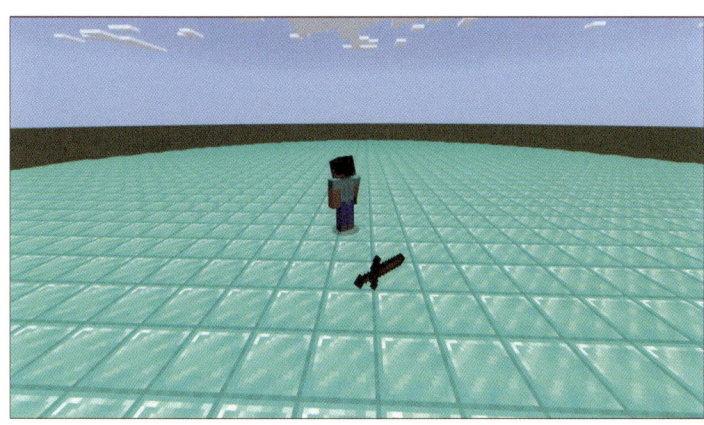

02 상대에게 완전히 접근하여 공격 스킬을 사용한 뒤 빠르게 공격하세요. 은신을 들키지 않고 몰래 접근하는 것이 중요하답니다.

분노의 모루

나 자신도 모루 공격에 당할 수 있으므로 스킬을 조심스럽게 사용해야 해요. 플레이어들이 있는 곳으로 깊숙이 들어가서 스킬을 사용한 뒤 재빨리 빠져 나와야 해요. 혹은 자신을 추격하는 상대로부터 도망치면서 스킬을 사용하는 것이 전략이에요.

01 플레이어가 있는 곳으로 빠르게 접근하여 스킬을 사용하세요.

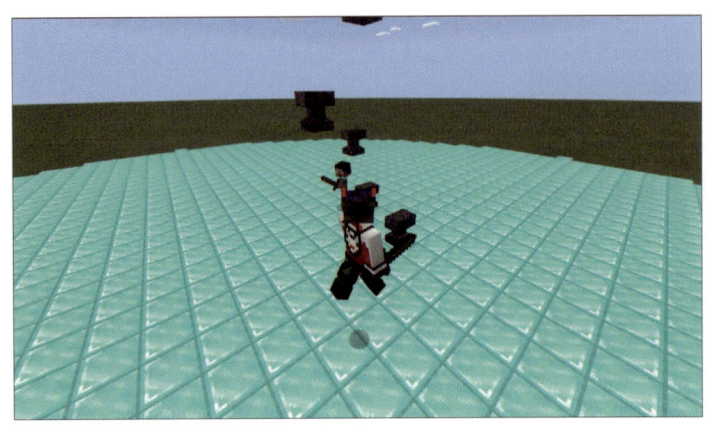

02 모루에 맞지 않도록 그 자리를 피하세요. 운이 좋다면 여러 명의 플레이어를 한번에 제압할 수도 있어요.

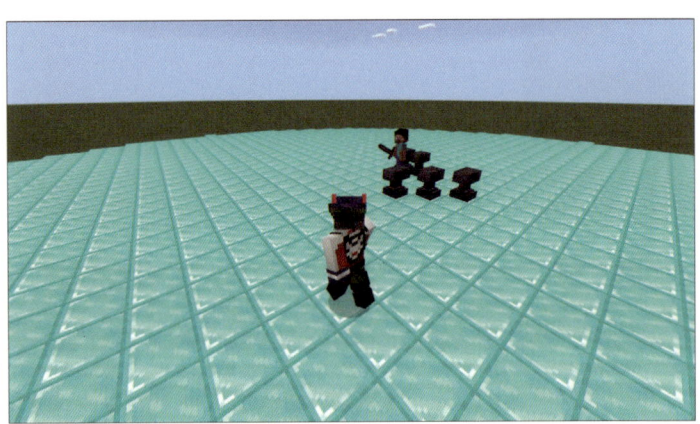

활동 08 서바이벌 게임을 실행해요

게임에 참여할 각 플레이어는 원하는 캐릭터를 선택하고, 캐릭터에 맞는 코드를 준비하세요. 그리고 플레이어 중 한 명이 '경기장 생성' 코드와 '시작' 코드를 추가로 준비하세요.

01 **준비** 채팅명령어를 실행하세요.

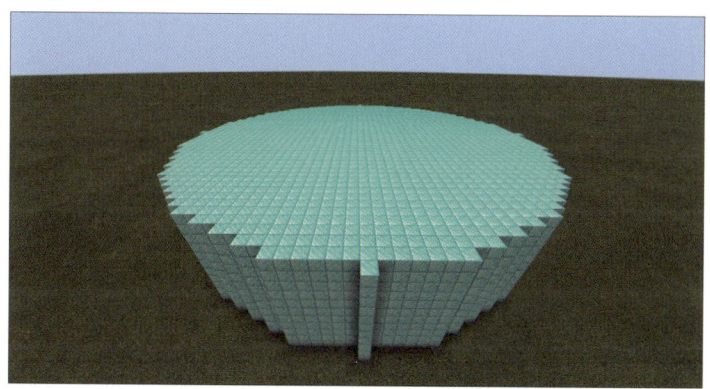

> 쌤Talk!
> 원 모양 만들기는 플레이어 기준으로 만들어지고 있기 때문에, 만드는 도중에 플레이어가 움직이면 경기장이 제대로 만들어지지 않아요.

02 경기장이 만들어졌으면 그쪽으로 이동한 뒤 **시작** 채팅명령어를 실행해서 게임을 플레이하세요.

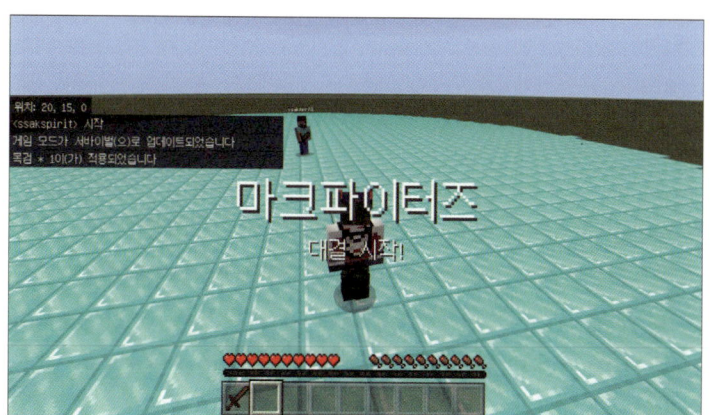

> 쌤Talk!
> 캐릭터에 맞게 스킬을 활용하여 다른 플레이어를 제압하세요. 끝까지 살아남은 플레이어가 승리합니다. 자, 그럼 재미있게 즐겨 보세요!

정리해요

지금까지 만든 프로젝트를 정리해 볼까요?

— 게임 준비 코드(플레이어 1명만 준비)

— 게임 시작 코드(플레이어 1명만 준비)

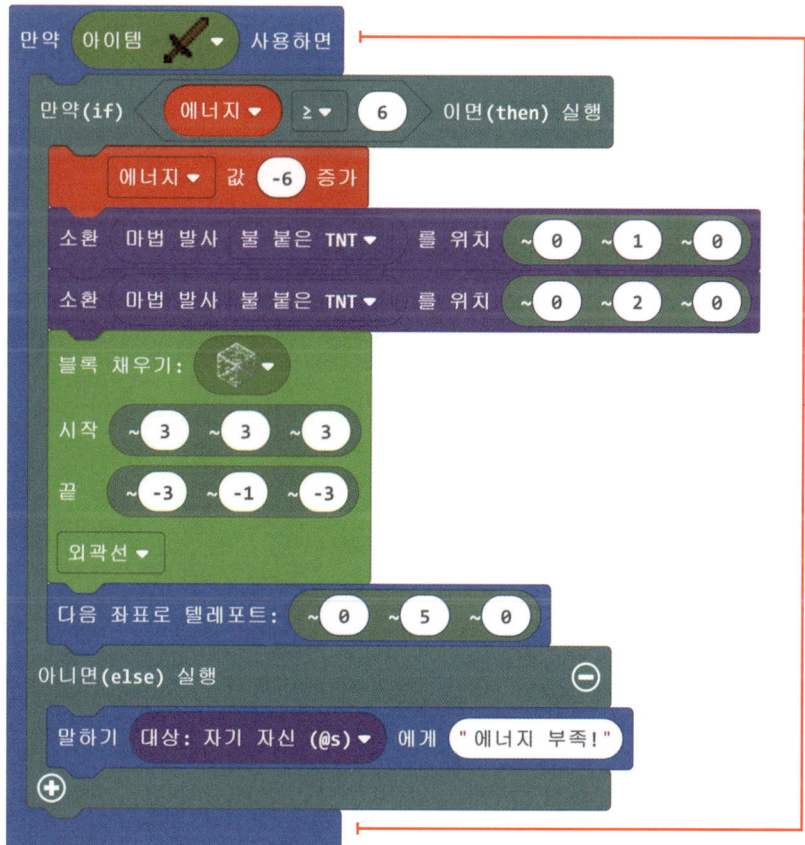

플레이어 공통 코드(모든 플레이어가 준비)

낚시꾼 코드(낚시꾼 캐릭터를 선택한 플레이어만 준비)

도적 코드(도적 캐릭터를 선택한 플레이어만 준비)

분노의 모루 코드(분노의 모루 캐릭터를 선택한 플레이어만 준비)

나의 게임 디자인

마크 파이터즈의 경기장을 새롭게 만들어 보세요. 경기장의 모양, 사용된 블록, 장애물과 같은 여러 요소들은 승부에 큰 영향을 준답니다. 여러분만의 경기장을 만들어 게임을 즐겨 보세요!

모양 바꾸기

돔형 경기장은 어떤가요? 마치 검투사가 된 느낌이 들 것 같아요.

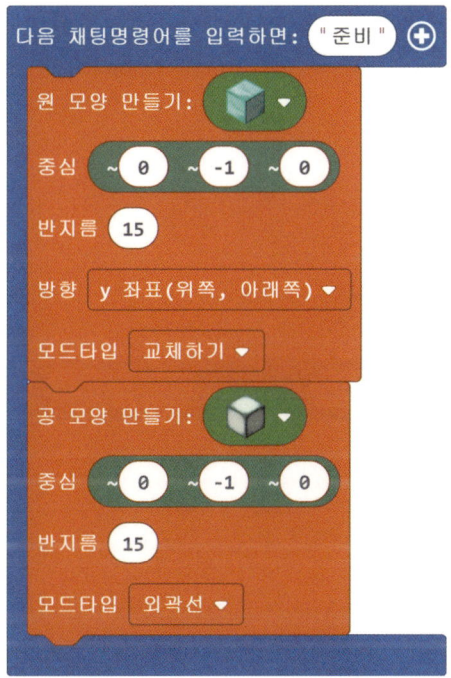

장애물 배치하기

장애물을 배치하면 전투 방법이 더 다양해집니다. 랜덤한 위치에 거미줄을 설치해 보는 건 어떨까요?

몹 생성하기

좀비처럼 성가신 몹들은 경기를 더 혼란스럽게 만들어요. 좀 더 복잡한 게임을 즐기고 싶다면 다음과 같이 좀비 소환 코드를 추가해 보세요.

CHAPTER
14

마크 파이터즈 2

Chapter 13에서 마크 파이터즈 게임을 만들었어요. 친구들과 게임을 즐겁게 플레이했나요? 그런데 게임에 등장하는 캐릭터 종류가 부족해 보이지는 않나요? Chapter 14에서는 마크 파이터즈에 등장하는 새로운 캐릭터를 만들어서 팀 서바이벌 게임을 즐겨 보세요.

게임 소개

Chapter 13에서는 낚시꾼, 도적, 분노의 모루 캐릭터가 등장했어요. 캐릭터가 조금 부족해 보여서 이번에는 새로운 캐릭터를 만들 거예요. 새로운 캐릭터와 스킬은 게임 속에 다양한 전략적 요소를 더해줍니다.

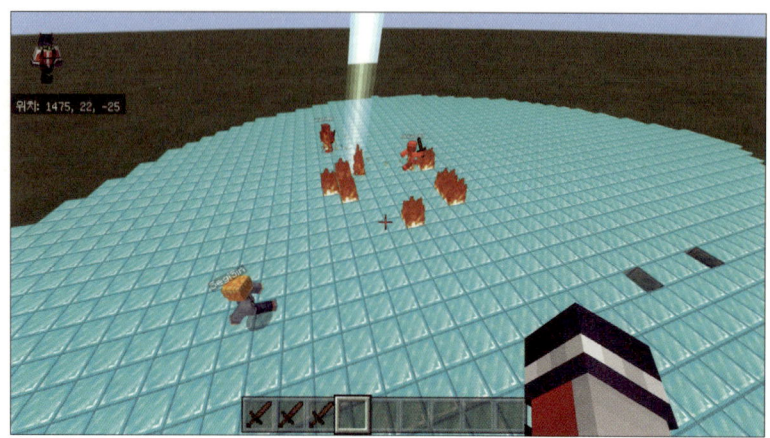

- **게임 환경**: 2인 이상의 플레이어, 평면맵, 서바이벌 모드
- **학습 목표**: 지금까지 배운 코드를 활용하여 마크 파이터즈 게임에 등장하는 추가 캐릭터를 만들어 보자.
- **완성 파일**: 14장.mkcd

동영상 강의 보기

 게임 규칙

 다양한 캐릭터 중에서 하나를 선택한다.

 다른 플레이어들과 대결하며 살아남는다.

활동 01 새로운 캐릭터, 스톰의 코드를 만들어요

이번 시간에 만들 캐릭터는 탱커형 캐릭터 스톰이에요. 스톰은 자신을 번개 덩어리로 만들고 동시에 방어력을 올립니다. 스톰은 한 번에 번개 공격을 연속으로 하기 때문에 순간 피해(대미지)가 강력해요.

> **쌤Talk!**
> 마크 파이터즈 게임에 참가하는 플레이어는 여러 캐릭터에 대한 코드를 동시에 작성할 수 없어요. 지금부터 작성하는 코드는 오직 스톰 캐릭터를 선택한 플레이어만 작성해야 해요.

공격 스킬 코드

스톰은 자신 가까이 있는 상대에게 번개 공격을 해요. 자신에게는 저항 효과를 주면서 라이트닝 볼트를 발사하는 코드를 작성해 볼게요.

01 `플레이어` 에서 `만약 아이템 사용하면` 을 끌어온 뒤 아이템을 **목검**으로 바꾸세요.

02 🔀 논리 에서 만약(if) 아니면(else) 실행, 0<0 를 끌어온 뒤 앞의 첫 번째 0 자리에는 ≡변수 에서 에너지 를 끌어와서 넣고, **에너지가 9 이상이면 실행**으로 바꾸세요.

> **쌤Talk!**
> 논리 블록과 변수 블록을 사용하여 '에너지가 9보다 크면 실행'되게끔 했어요.

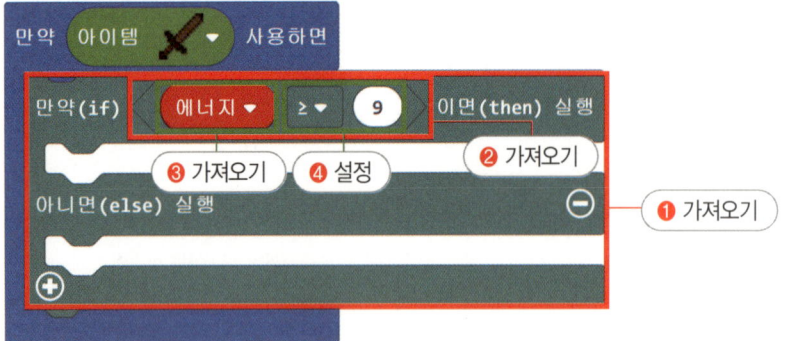

03 ≡변수 에서 에너지값증가 를 끌어온 뒤 값을 **-9**로 바꾸세요.

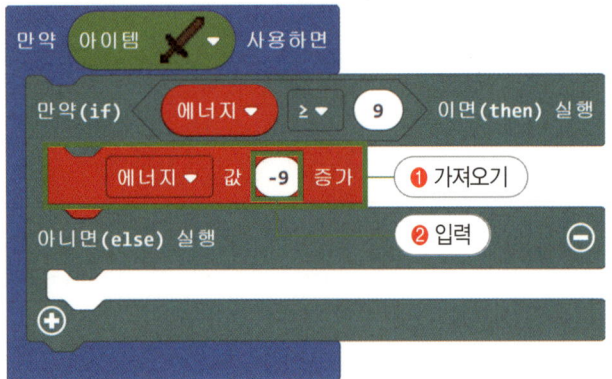

04 🐾 몹 에서 다음 효과 부여하기 를 끌어온 뒤 효과는 **저항**, 대상은 **자기 자신**, 지속 시간은 **5**, 배수는 **5**로 바꾸세요.

> **쌤Talk!**
> '저항' 효과를 부여하면 타격, 화염, 번개와 같은 피해를 적게 받아요. 만약 배수를 5 이상으로 하면 피해를 전혀 받지 않는답니다.

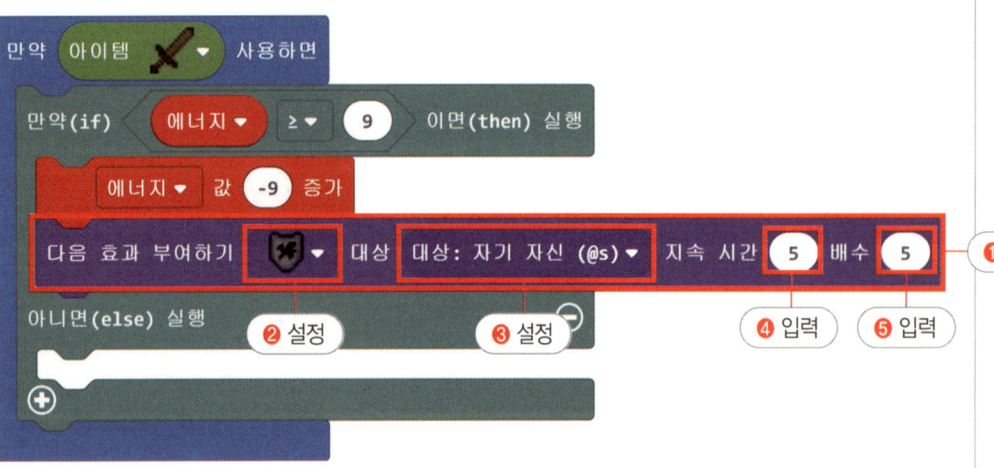

05 🐾몹에서 다음효과부여하기 를 끌어온 뒤 효과는 **화염 저항**, 대상은 **자기 자신**, 지속 시간은 10, 배수는 200으로 바꾸세요.

> **쌤Talk!**
> '화염저항' 효과를 적용하면 번개 때문에 생긴 화염 피해를 받지 않아요.

06 🐾몹에서 다음효과부여하기 를 끌어온 뒤 효과는 **신속**, 대상은 **자기 자신**, 지속 시간은 5, 배수는 2로 바꾸세요.

> **쌤Talk!**
> '신속' 효과를 부여하면 빠르게 상대에게 접근할 수 있어요.

07 C 반복 에서 반복(repeat) 실행 을 끌어온 뒤 반복 횟수를 5로 바꾸세요.

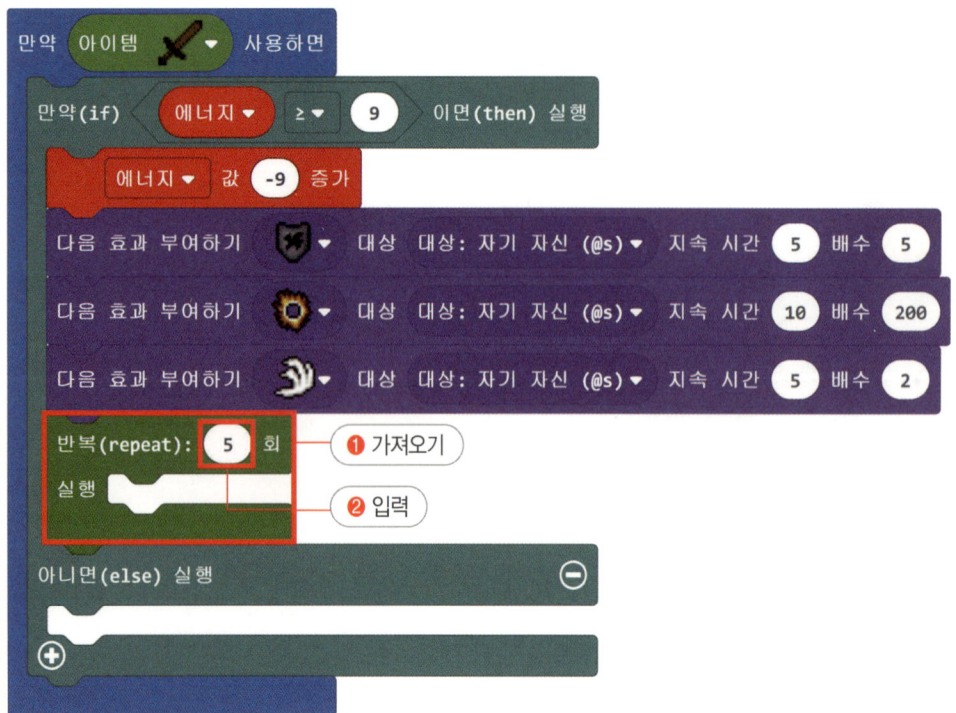

08 몹 에서 소환동물 을 끌어와서 다음과 같이 연결하세요.

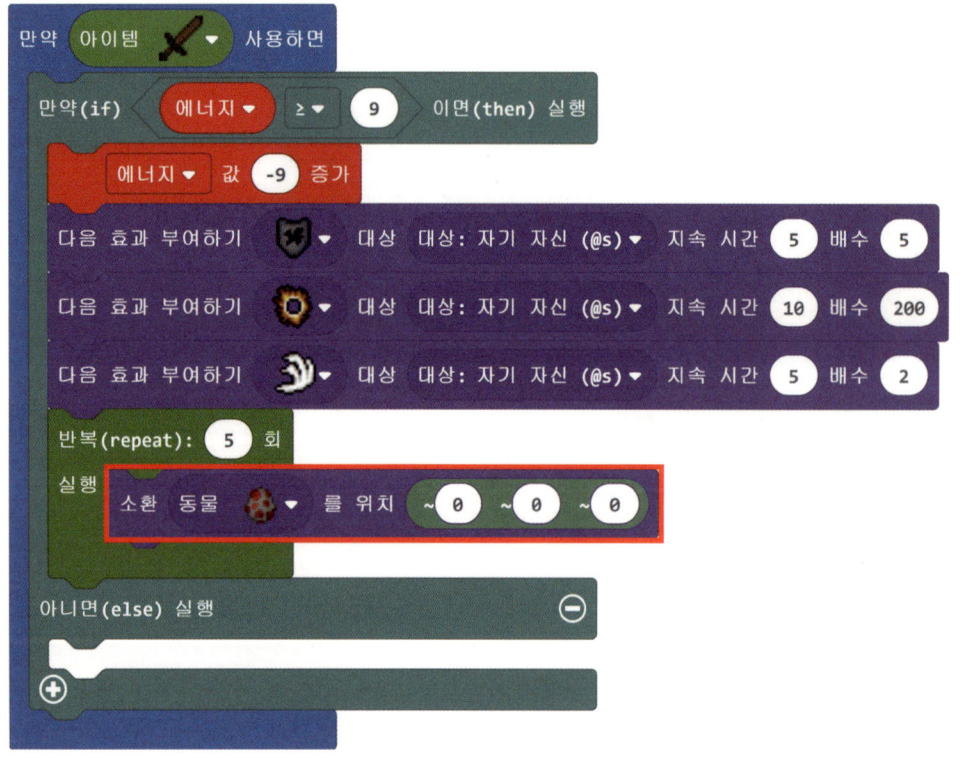

09 몹에서 마법 발사 를 끌어와 동물 자리에 넣고, **불붙은 TNT**를 **라이트닝 볼트**로 바꾸세요.

> **쌤Talk!**
> 자신의 위치에 라이트닝 볼트 마법을 사용해요. 플레이어는 저항 효과를 받고 있기 때문에 피해를 받지 않아요.

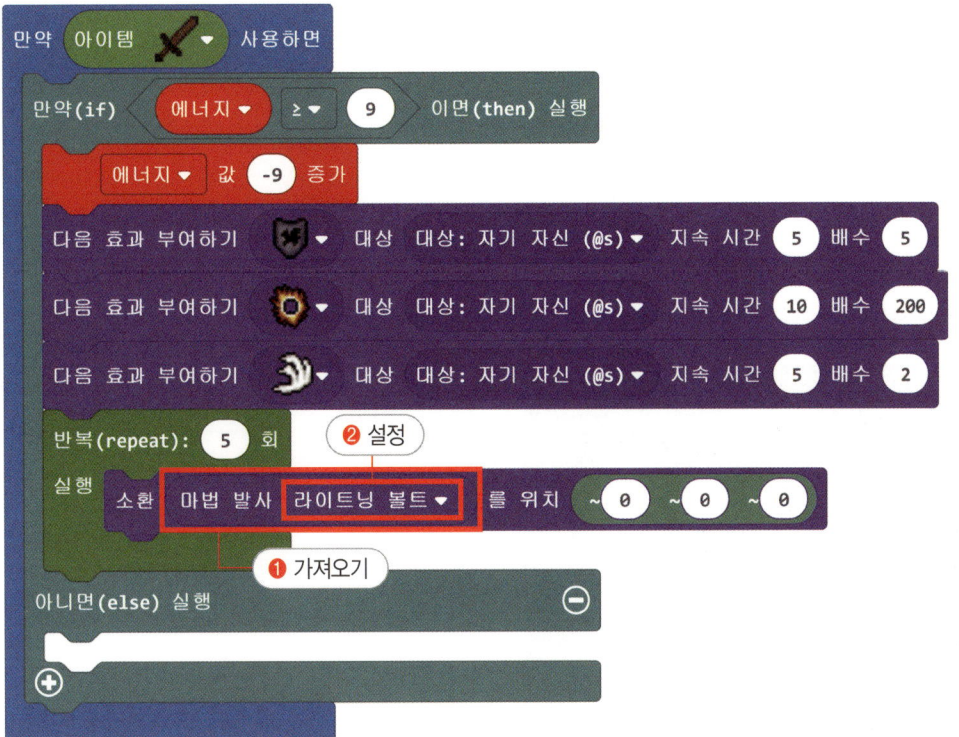

10 플레이어에서 말하기 를 끌어온 뒤 대상은 **자기 자신**으로, 내용은 **에너지 부족!**으로 바꾸세요.

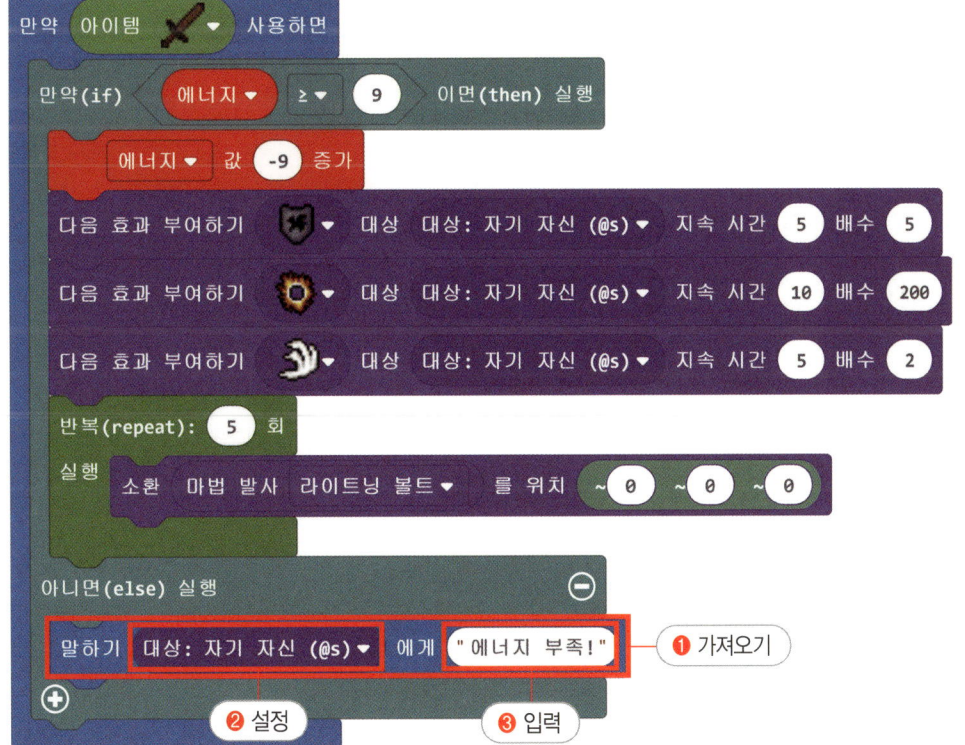

Chapter 14 마크 파이터즈 2 ■ **257**

활동 02 디버퍼 코드를 만들어요

'디버퍼'는 다른 플레이어에게 디버프(불리한 효과)를 부여하는 지원형 캐릭터예요. 공격 스킬은 없지만, 회피 스킬이 있기 때문에 상대방에게 쉽게 제압 당하지 않는다는 특징이 있어요.

디버프 스킬 코드

디버프 스킬은 효과 명령 블록을 이용하면 돼요. 상대에게 불리한 효과를 선택하고, 랜덤 플레이어에게 적용되도록 코드를 작성해 볼게요.

01 플레이어 에서 만약 아이템 사용하면 을 끌어온 뒤 아이템을 **목검**으로 바꾸세요.

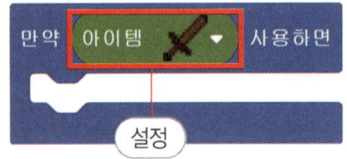

 Talk!

지금부터 작성하는 코드는 디버퍼 캐릭터를 선택한 플레이어만 작성하세요.

02 논리에서 만약(if) 아니면(else) 실행, 0<0 를 끌어온 뒤 부등호를 '크거나 같다(≥)'로 바꾸세요. 그리고 앞의 첫 번째 0 자리에는 변수에서 에너지를 끌어와서 넣고, **에너지가 10이상이면 실행**으로 바꾸세요.

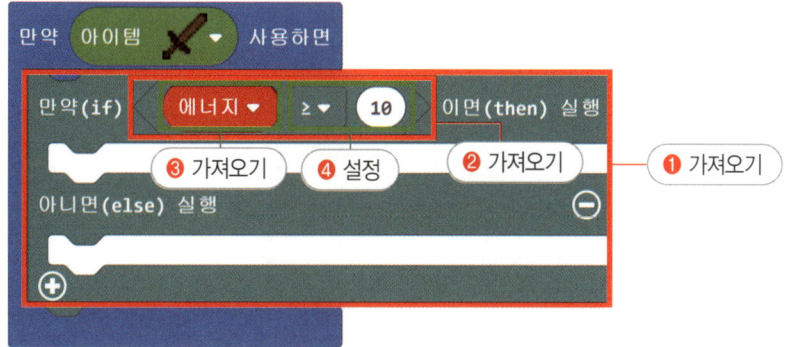

03 변수에서 에너지 값 증가를 끌어와 값을 **-10**으로 바꾸세요.

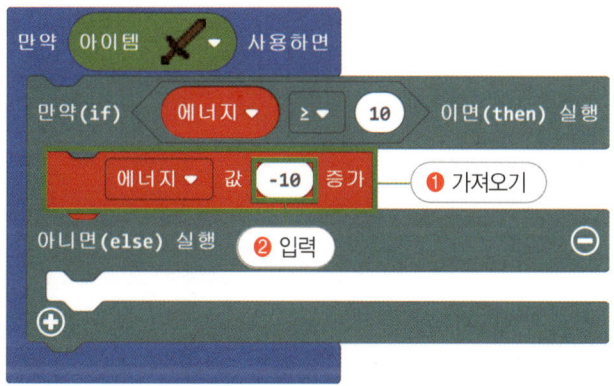

04 몹에서 다음 효과 부여하기를 끌어온 뒤 효과는 **구속**, 대상은 **랜덤 플레이어**, 지속 시간은 **3**, 배수는 **5**로 바꾸세요.

쌤Talk!

'구속' 효과는 이동 속도를 줄이는 역할을 합니다. 즉, 배수가 1씩 증가할 때마다 걷는 속도가 15%씩 줄어들어요. 랜덤 플레이어로 대상을 정하면, 자신을 포함한 모든 플레이어 중에서 하나의 대상을 무작위로 선택해서 효과를 부여해요. 지속 시간은 효과가 계속 유지되는 시간을 말하며, 여기서는 3초 동안 지속돼요.

05 몹에서 다음 효과 부여하기 를 끌어온 뒤 효과는 **멀미**, 대상은 **랜덤 플레이어**, 지속 시간은 **10**, 배수는 **100**으로 바꾸세요.

> **쌤Talk!**
> '멀미' 효과는 화면을 흔들리게 만들어요. 배수의 값이 클수록 흔들림이 심해져요.

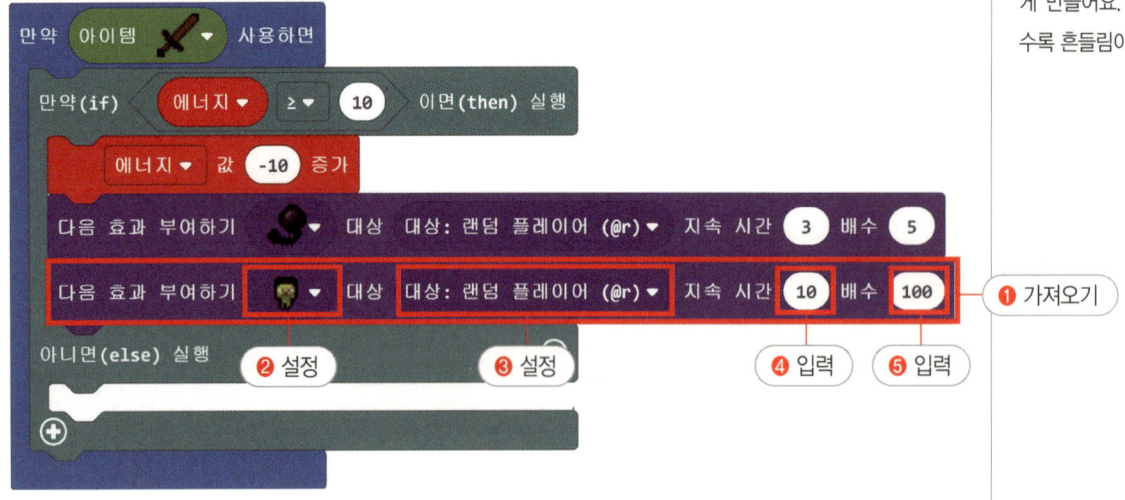

06 몹에서 다음 효과 부여하기 를 끌어온 뒤 효과는 **실명**, 대상은 **랜덤 플레이어**, 지속 시간은 **5**, 배수는 **1**로 바꾸세요.

> **쌤Talk!**
> '실명' 효과에 걸리면 주변 환경이 보이지 않게 돼요. 배수의 값은 10이든 20이든 어떤 수를 넣어도 보이지 않는 것은 똑같아요. 그래서 1로 지정했어요.

07 몹에서 다음 효과 부여하기 를 끌어온 뒤 효과는 **위더**, 대상은 **랜덤 플레이어**, 지속 시간은 **3**, 배수는 **7**로 바꾸세요.

> **쌤Talk!**
> 위더(wither)는 '시들다, 말라 죽다'라는 뜻을 가지고 있어요. '위더' 효과가 지속되는 동안은 공격을 받는 것처럼 생명력이 계속 떨어져요. 배수의 값이 클수록 생명력이 크게 줄어들어요.

08 몹에서 대상에서 모든 효과 제거 를 끌어온 뒤 대상을 **자기 자신**으로 바꾸세요.

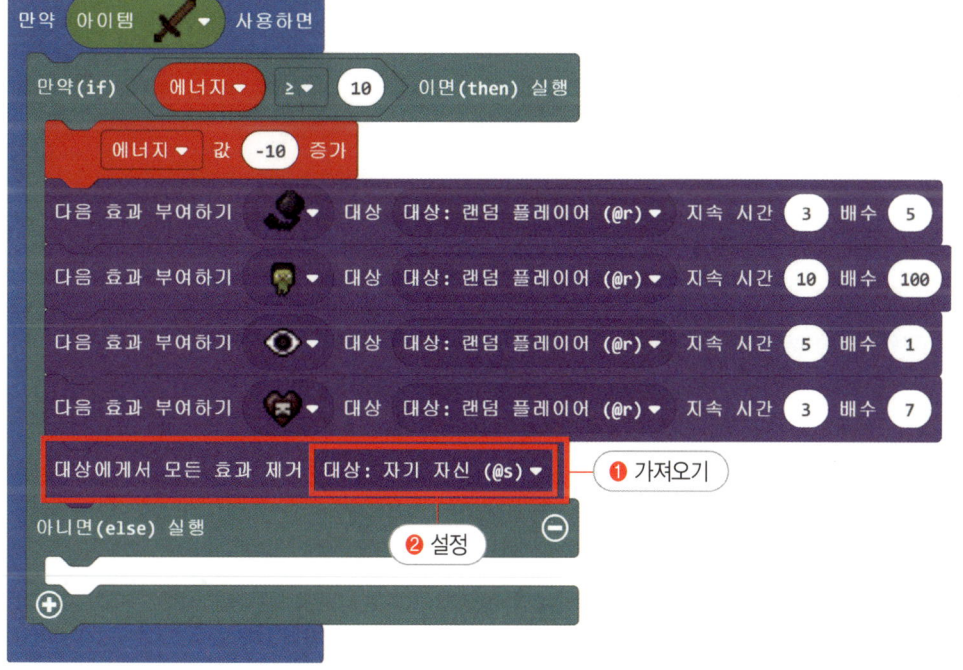

> **쌤Talk!**
> 만약 디퍼버가 효과에 걸렸다면 제거되도록 하기 위함이에요.

Chapter 14 마크 파이터즈 2 ■ 261

09 플레이어 에서 말하기 를 끌어온 뒤 대상은 **자기 자신** 내용은 **에너지 부족!**으로 바꾸세요.

🟩 회피 스킬 코드

지금까지 디버프 스킬을 만들어 보았어요. 이번에는 디버퍼가 상대의 공격을 피할 수 있는 회피 스킬을 만들어 볼게요. 회피 스킬 코드는 웅크리는 동작을 하면 실행 되도록 할 거예요.

01 플레이어 에서 플레이어가 걷고 있으면 실행 을 끌어온 뒤 **웅크리고**로 바꾸세요.

02 ⟨논리⟩에서 `만약(if) 아니면(else) 실행`, `0 = 0`를 끌어오고 등호를 '크거나 같다(≥)'로 바꾸세요. 그리고 ⟨변수⟩에서 `에너지`를 끌어온 뒤 **에너지가 3 이상이면 실행**으로 바꾸세요.

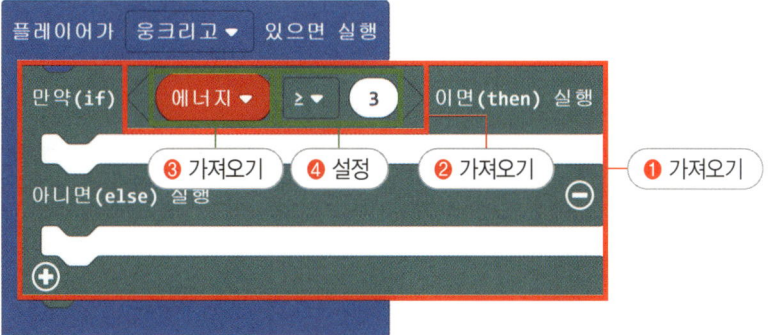

03 ⟨변수⟩에서 `에너지 값 증가`를 끌어온 뒤 값을 **-3**으로 바꾸세요.

04 ⟨플레이어⟩에서 `다음 좌표로 텔레포트`를 끌어오세요.

05 ✥위치 에서 랜덤 위치 선택 을 끌어와 연결한 뒤, 좌표를 ~3, ~5, ~3에서 ~-3, ~0, ~-3으로 바꾸세요.

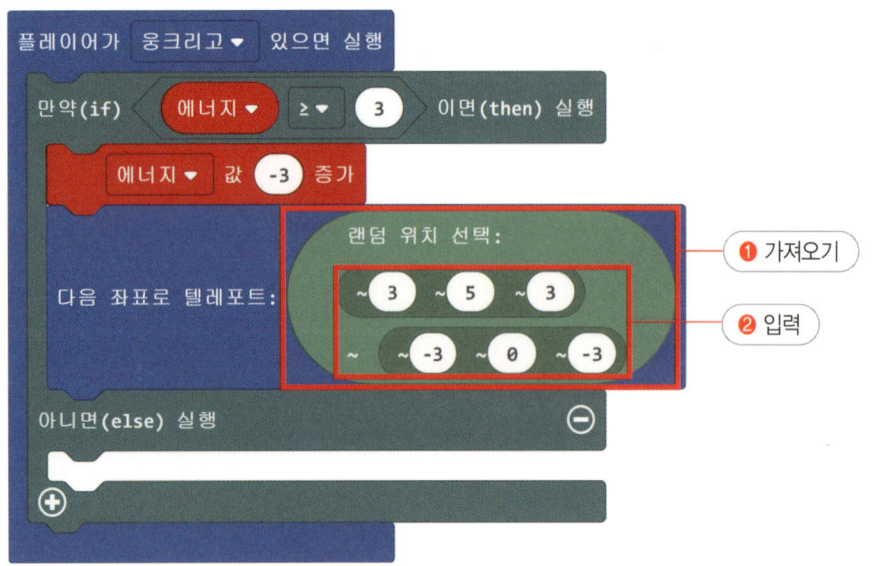

06 🐾몹 에서 다음 효과 부여하기 를 끌어온 뒤, 효과는 **점프 강화**, 대상은 **자기 자신**, 지속 시간은 3, 배수는 3으로 바꾸세요.

> **쌤Talk!**
> '점프 강화' 효과를 얻어 디퍼버는 점프하면서 빠르게 도망칠 수 있어요.

264 ■ 마인크래프트 게임 제작 무작정 따라하기 2

07 플레이어에서 말하기 를 끌어온 뒤, 대상은 **자기 자신**으로, 내용은 **에너지 부족!**으로 바꾸세요.

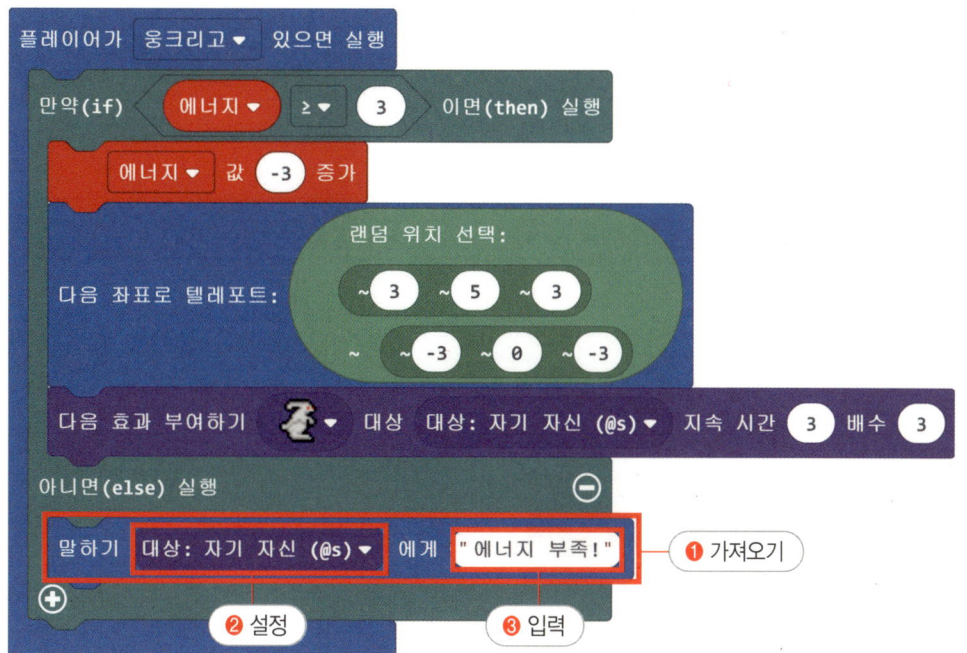

활동 03 치킨 매니아 코드를 만들어요

치킨 매니아는 공격적인 플레이를 하는 딜러형 캐릭터이지만, 닭을 죽여 버프를 얻는다는 점에서 특별해요. 치킨 매니아는 닭을 소환하는 스킬과 닭을 잡아 버프를 얻는 스킬을 가지고 있어요.

🟩 닭 소환 스킬 코드

닭을 소환하는 스킬을 작성해 볼게요. 닭은 버프를 얻기 위한 몹이므로 세 마리 정도 소환할 거예요.

01 `플레이어` 에서 `만약 아이템 사용하면` 을 끌어온 뒤 아이템을 **목검** 으로 바꾸세요.

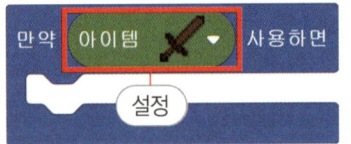

 쌤Talk!
지금부터 작성하는 코드는 치킨 매니아 캐릭터를 선택한 플레이어만 작성하세요.

02 논리에서 만약(if) 아니면(else) 실행, 0 = 0 를 끌어오세요. 변수에서 에너지를 끌어온 뒤 **에너지가 10 이상이면 실행**으로 바꾸세요.

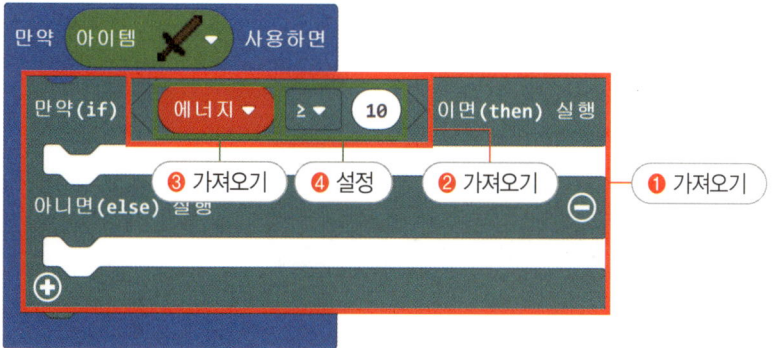

03 변수에서 에너지 값 증가를 끌어온 뒤 값을 **-10**으로 바꾸세요.

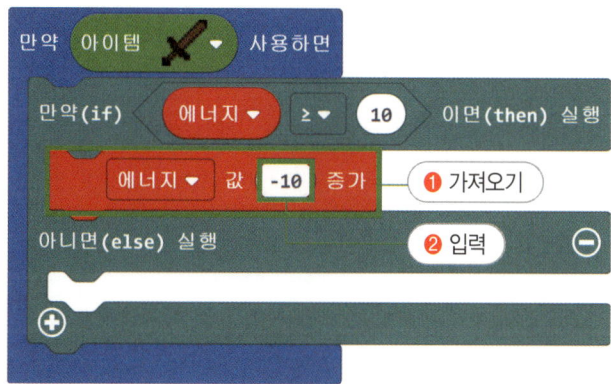

04 몹에서 다음 효과 부여하기를 끌어온 뒤, 효과는 **투명화**, 대상은 **자기 자신**, 지속 시간은 **5**, 배수는 **1**로 바꾸세요.

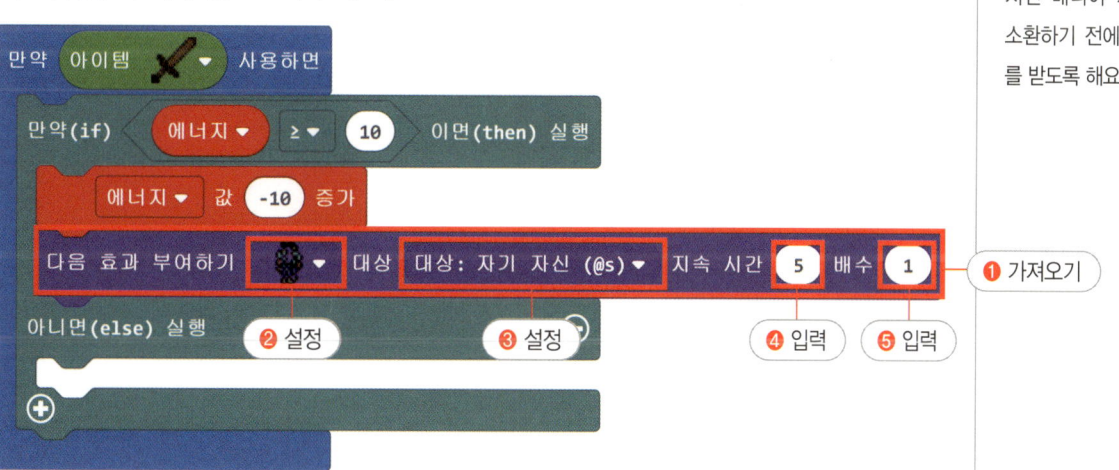

쌤Talk!
치킨 매니아 캐릭터가 닭을 소환하기 전에 '투명화' 효과를 받도록 해요.

05 몹에서 소환동물 을 끌어와 연결한 뒤, 위치를 ~0, ~5, ~0으로 바꾸세요.

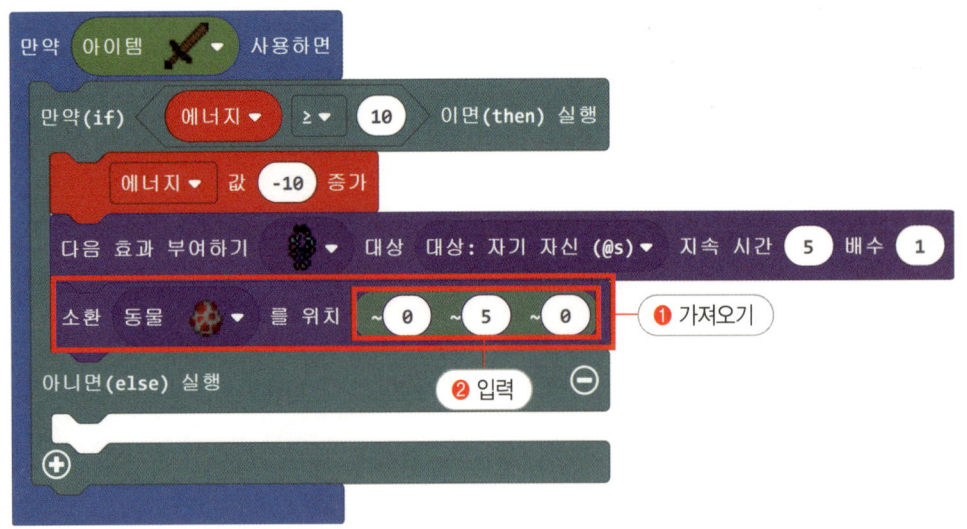

> **쌤Talk!**
> 이렇게 하면 닭이 플레이어 위에서 떨어져요.

06 같은 방법으로 소환동물 을 두 번 끌어와 연결하고 위치 값을 다음과 같이 바꾸세요.

> **쌤Talk!**
> 어느 정도 높이 간격을 두고 닭을 소환해야 하므로 위치 값에 주의하세요.

07 플레이어에서 말하기 를 끌어온 뒤 대상은 **자기 자신**으로, 내용은 **에너지 부족!**으로 바꾸세요.

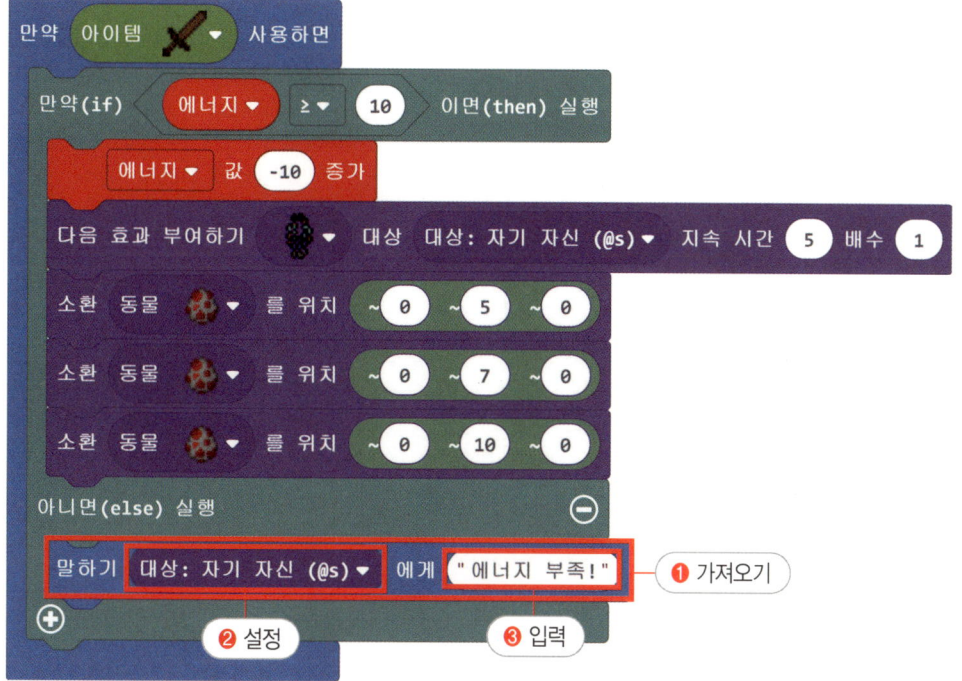

🟩 버프 스킬 코드

이번에는 닭을 죽이면 공격력과 이동 속도가 올라가는 버프 효과를 주고, 랜덤 플레이어에게는 멀미를 주는 디버프 효과가 부여되도록 코드를 작성해 볼게요.

01 몹에서 몹이 죽었다면 실행 을 끌어오세요.

02 몹에서 다음 효과 부여하기 를 끌어온 뒤 효과는 **힘**, 대상은 **자기 자신**, 지속 시간은 1, 배수는 1로 바꾸세요.

03 몹에서 다음 효과 부여하기 를 끌어온 뒤 효과는 **신속**으로, 대상은 **자기 자신**, 지속 시간은 **5**, 배수는 **3**으로 바꾸세요.

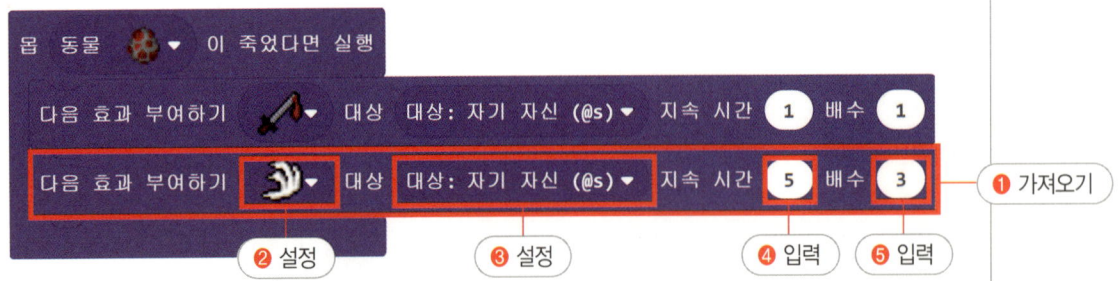

04 몹에서 다음 효과 부여하기 를 끌어온 뒤 효과는 **멀미**, 대상은 **랜덤 플레이어**, 지속 시간은 **10**, 배수는 **3**으로 바꾸세요.

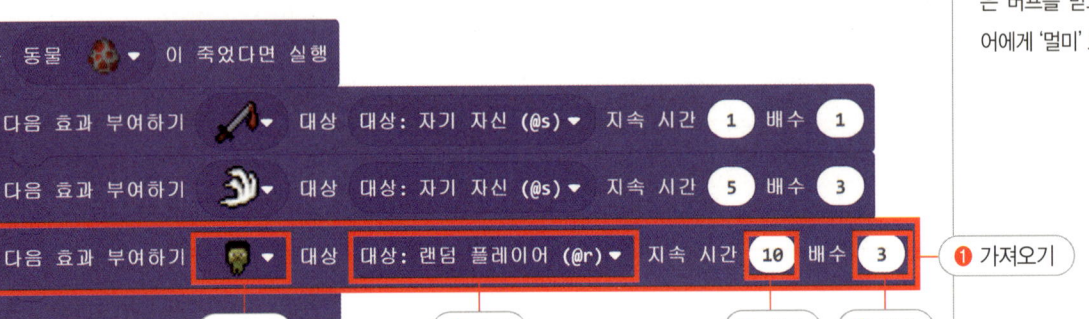

> **쌤Talk!**
> 치킨 매니아는 닭을 잡아 자신은 버프를 받고, 랜덤 플레이어에게 '멀미' 효과를 줍니다.

활동 04 캐릭터의 플레이 전략을 이해해요

이 장에서 새로 추가한 캐릭터들의 플레이 전략을 알아볼게요.

🧟 스톰

스톰이 스킬을 쓰면 번개 공격을 하는 동시에 방어력도 올라갑니다. 따라서 스톰이 스킬을 사용하는 동안은 번개 공격과 동시에 목검을 이용해서 공격하는 것이 효과적이에요.

01 번개 공격은 상대에게 가까이 가야만 피해를 줄 수 있어요.

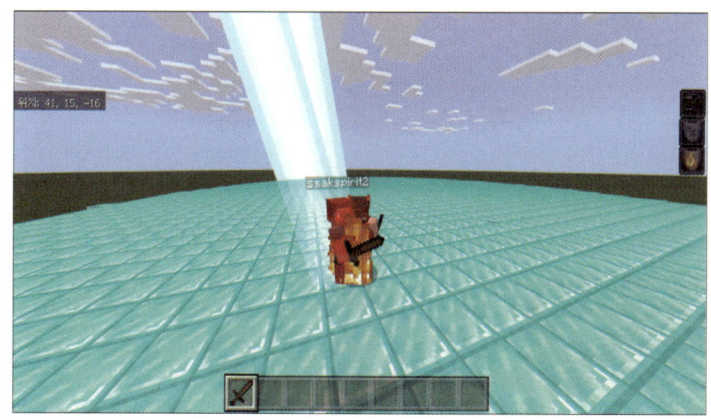

02 번개 공격과 함께 목검으로도 공격하세요. 스톰의 순간 공격력은 엄청 강하답니다.

> **쌤Talk!**
> 번개 공격이 끝나면 나 자신도 상대에게 공격을 당할 수 있어요. 이 점에 주의하면서 생명력을 잘 관리하세요.

🟢 디버퍼

디버퍼는 전면전에 불리해요. 먼저 디버프 스킬로 상대를 약하게 한 다음, 기회를 엿보아 공격해야 해요. 불리한 상황이라면 회피 스킬로 우선 피한 뒤 다음 기회를 노리는 게 좋아요.

01 처음부터 상대와 전면전을 하지 마세요. 상대가 불리한 효과에 걸렸을 때 공격을 시작하세요.

02 위험할 때는 회피 기술을 사용해서 피한 뒤 에너지를 모아 다음 공격을 준비하세요.

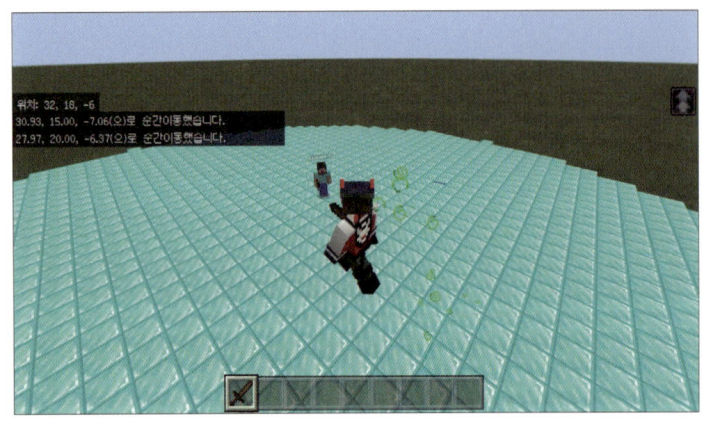

치킨 매니아

치킨 매니아는 버프를 받아야 강력한 공격을 할 수 있어요. 경기장에 닭을 계속해서 소환하여 버프를 지속적으로 유지하는 전략을 사용하세요.

01 닭을 소환한 뒤 다른 플레이어가 닭을 죽이기 전에 먼저 닭을 잡아 효과를 얻으세요.

02 효과를 얻고 빠르게 공격을 시작하세요. 효과가 끝날 때쯤 다시 닭을 잡아 효과를 지속시키는 것이 중요해요.

활동 03 팀 서바이벌 게임을 실행해요

이제 팀 서바이벌을 할 거예요. 먼저 플레이어들을 두 팀으로 나누세요. 각 플레이어는 캐릭터를 선택하고 캐릭터에 맞는 코드를 준비하세요. 플레이어 중 한 명은 '경기장 생성' 코드와 '시작' 코드를 추가로 준비하세요.

 쌤Talk!
스킨이나 착용하는 장비로 팀을 구분하세요.

01 **준비** 채팅명령어를 실행하여 경기장을 만들고 **시작** 채팅명령어를 실행하세요.

02 각 캐릭터의 스킬을 활용하여 상대 팀의 플레이어를 제압하세요.

정리해요

지금까지 만든 프로젝트를 정리해 볼까요?

스톰 코드

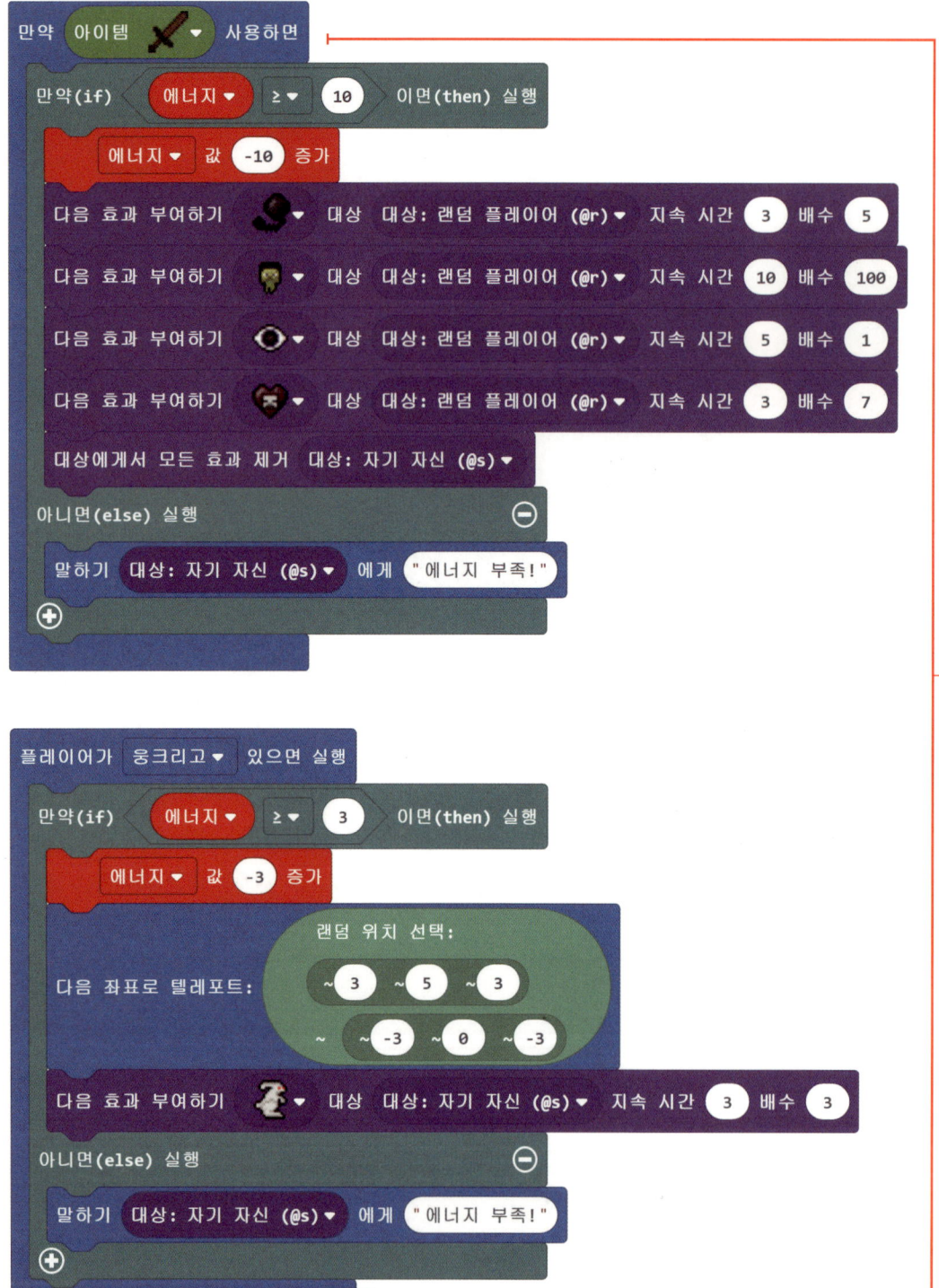

디버퍼
코드

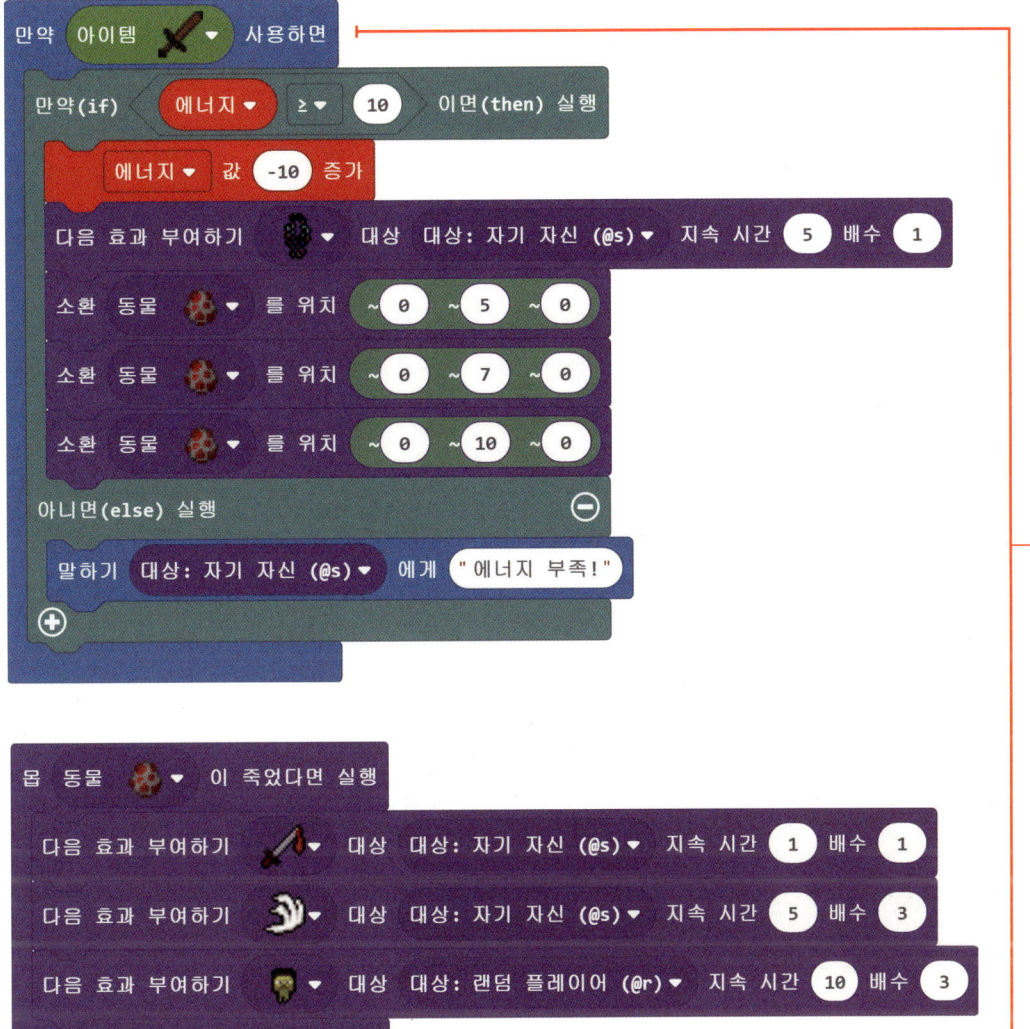

치킨 매니아 코드

나의 게임 디자인

새로운 캐릭터는 언제나 환영입니다. 마크 파이터즈의 새로운 캐릭터를 만들어 보세요. 너무 강력한 캐릭터나 너무 약한 캐릭터가 되지 않도록 균형을 잘 맞추는 게 중요하답니다.

난이도 조절하기 캐릭터의 역할 결정하기
딜러(공격형), 탱커(방어형), 서포터(지원형) 중에서 결정해 보세요. 모든 것이 뛰어난 캐릭터는 재미 없겠죠?

스킬 생각하기
독특하고 개성이 넘치는 스킬을 생각해 보세요. 스킬은 캐릭터의 역할을 보여줘야 합니다. 예를 들어, 돌격 전사는 탱커형 캐릭터이지만, 공격력도 상당해요. 에너지를 모은 만큼 버프를 받는 전투 함성 스킬을 사용합니다.

균형 맞추기
캐릭터를 플레이하면서, 너무 강하거나 약하지 않도록 적당한 능력치로 조정해 보세요.

INDEX

ㄱ - ㄴ

가장 가까운 플레이어	133
게임 모드 변경	133
경우의 수	78
공격형	230
교육용 O365	18
구속 효과	259
나의 에이전트	133
논리 명령	182

ㄷ

다중 선택 구조	74
대리인	74
대미지	253
도움말	46
드래그	40
디버퍼	258
디버프	174
디버터	258
딜러(Dealer)형 캐릭터	230

ㄹ

랜덤	63, 181
랜덤 수	189
랜덤 플레이어	133
렐름	55
로그인	51
롤플레잉 게임	230

ㅁ

마이크로소프트	18
마이크로소프트 스토어	23
마인크래프트 윈도우 에디션	15
마인크래프트 교육용 에디션	18
멀미 효과	260
멀티플레이	51, 54
메이크코드	14, 34
명령 블록	36
모든 엔티티	133
모든 플레이어	133
무작위	80, 181
미로	73
밀리초	100

ㅂ

반복 명령	198
반복 횟수	37, 62
방어형	230
배틀 로얄	197, 203
버프	173
변수 만들기	62
보조 아이템	202
복불복	182

ㅅ

샌드박스	203
서바이벌	245
서버	55
서포터(Supporter)형 캐릭터	230
선택 구조	114, 117
성급함 효과	173
스폰 좌표	201
스피드런	95
신속 효과	255
실명 인증	52
실명 효과	174, 260
실행 버튼	41

ㅇ

야간투시 효과	173
에이전트	28
에이전트 블록 놓기	74
운영자 권한	163
운영체제	14
월드	199
월드 다운로드	199
위더 효과	261
윈도우	14
이동 경로	76
인공지능	74

ㅈ - ㅊ

자바스크립트	43
저항 효과	254
정지 버튼	41
좌표	118
주력 아이템	202
즉시 리스폰 옵션	201
지원형	230
채팅명령어	36, 38
채팅 창	28, 122
초기화	106, 162
치트 활성화	31
친구 추가	54

ㅋ - ㅌ

카운트다운	107
코드 작성기	31
코드 커넥션	23
코딩	14
탱커(Tanker)형 캐릭터	230
텍스트 코드	43

특수 효과 아이템	202
팀 서바이벌	274

ㅍ - ㅎ

파쿠르 게임	113
프로그래밍	14
플레이언노운스 배틀 그라운드	197, 203
플레이어 절대좌표	118
플레이 전략	271
피해	253
한글 입력	122
화염저항 효과	255
회피 스킬	258

A - Z

Agent	28
Buff	173
Code Connection	23
Debuff	174
index	223
Microsoft Store	16
Office 365	18
PUBG	203
Realm	55
Role-Playing Game	230
Xbox 본체 도우미	54
Xbox Live	15, 52